KB099700

청년 보좌관이 말하는
청년의 내일

청년 보좌관이 말하는 청년의 내일

발행일   2023년 9월 12일

지은이   강승우
펴낸이   손형국
펴낸곳   (주)북랩
편집인   선일영   편집   윤용민, 배진용, 김부경, 김다빈
디자인   이현수, 김민하, 김영주, 안유경   제작   박기성, 구성우, 배상진
마케팅   김회란, 박진관
출판등록 2004. 12. 1(제2012-000051호)
주소   서울특별시 금천구 가산디지털 1로 168, 우림라이온스밸리 B동 B113~114호, C동 B101호
홈페이지 www.book.co.kr
전화번호 (02)2026-5777   팩스   (02)3159-9637

ISBN   979-11-93304-44-0 03300 (종이책)   979-11-93304-45-7 05300 (전자책)

잘못된 책은 구입한 곳에서 교환해드립니다.
이 책은 저작권법에 따라 보호받는 저작물이므로 무단 전재와 복제를 금합니다.
이 책은 (주)북랩이 보유한 리코 장비로 인쇄되었습니다.

(주)북랩 성공출판의 파트너

북랩 홈페이지와 패밀리 사이트에서 다양한 출판 솔루션을 만나 보세요!

홈페이지 book.co.kr   •   **블로그** blog.naver.com/essaybook   •   **출판문의** book@book.co.kr

---

작가 연락처 문의 ▸ ask.book.co.kr

작가 연락처는 개인정보이므로 북랩에서 알려드릴 수 없습니다.

강승우

청년 보좌관이 말하는
청년의 내일

서른넷, 9년차 국회 보좌관이 바라보는 청년의 삶

북랩

서문

필자의 직업은 국회의원 보좌진이다. 국회의원을 도와 법안을 만들고, 행정부를 견제하는 역할을 수행한다. 근 10년을 일했다. 그러나 일을 할수록 해소되지 않는 질문만 남았다.

'왜 부정적인 지표만 눈에 자주 보이는 걸까.'

'잘못된 방향으로 가고 있는 것은 아닐까.'

언제부터인지 모르게 머릿속을 괴롭히는 질문이다. 올바른 방향으로 가고 있다면, 각종 사회 지표는 개선되어야 한다. 그러나 사회 지표는 우리 사회가 헬조선임을 여실히 보여준다. 내 몸 하나 건사하

청년 보좌관이 말하는 청년의 내일

기에도 현실은 충분히 고되고, 이런 현실에서 내 아이가 살아가기를 원치 않기에 2세 계획은 엄두도 내지 못하는 사회(저출산 1위 국가). 내일에 대한 기대마저 사라져 주어진 선택이라고는 스스로 생을 포기하는 국민이 많은 사회(자살률 1위 국가). 일하다가 죽는 사람이 세계에서 가장 많은 사회(산업 재해로 인한 사망률 1위). 노인 빈곤율과 노인 자살률이 세계에서 가장 높은 사회. 그럼에도 불구하고 살아남기 위한 무한 경쟁 사회, 이 현실이 우리가 살아가고 있는 헬조선이다.

결과는 거짓말을 하지 않는다. 그렇다면 문제에 대한 해답은 처방이 잘못되었다는 것으로 해석된다. 우리 정부는 앞서 열거한 사회 현상을 해소하기 위해 천문학적인 예산을 투자하지만 상황은 전혀 개선되지 않고 있다. 일례로 출산율 제고에 엄청난 자원을 투여하지만, 출산율은 매해 최저치를 갱신 중이다. 저출산 대책으로 아이 1명을 출산하면 소액의 현금과 각종 육아 용품을 무상으로 지원하고 있지만 정부의 대책이 결과적으로는 큰 의미가 없다. 출산하는 가정에만 복지 차원으로 지원하는 방식보다 출산과 양육 환경을 개선하여 전반적인 부담을 덜어 주는, 종합적이고 본질적인 대책이 필요한 때이다. 복잡한 사회 문제일수록 단지 임시방편으로 '무엇을 더 퍼줄까'를 고민하기보다 시간이 걸리더라도 본질적인 문제 해결책을 고민해야 하는 것은 아닐까.

깊은 고민이 필요하다. 필자는 학문적으로나 정치적 식견으로나 매우 부족한 사람이다. 그럼에도 글로 남기는 이유는 고질적인 문제를 해결하기 위한 고민과 대안을 함께 나누고 싶어서이다.

고질적 문제일수록 많은 사람과 논의해야 한다는 생각이 들었다. 국회가 이러한 거대 담론을 고민할 주체이지만 애석하게도 스스로 그 책임을 내려놓았다. 국민의 삶을 윤택하게 만들기 위해 여러 고민을 국회로 가져와 치열하게 토론해야 할 국회의원은 각자 본인 지역구의 발전에만 관심을 기울이고, 국회는 정당 간 권력 경쟁의 장으로서의 기능만 남은 듯하다. 사람이 죽음으로 희생되어야만 논의도 하지 않았던 법안이 '쟁점 법안'이라는 꼬리표를 달고, 비로소 법안 심사를 시작하는 국회가 이런 거대 담론을 논할 수 있을까.

사회 문제와 그 대안을 함께 고민하기 위해 글을 남기지만, 결국 해답은 정치뿐이라는 결론에 도달했다. 대의 민주주의 사회에서 갈등의 용광로 역할을 하는 곳은 국회이고, 수단은 정치이다. 바로 잡아야 한다. 국민이 어떤 사안이든 이의를 제기할 때 해당 사안을 깊이 있게 논의하는 국회를 만들어야 한다. 바꿔야 할 부분이 많다. 국민이 실상을 알고 채찍을 들어야 한다. 그러기에 이 책에서는 우리 사회의 여러 문제를 소개하여 정치를 잘해야 하는 이유를 기재했고, 정치권의 민낯을 소개하여 정치 개혁이 반드시 필요한 이유를 담았다.

이 책이 뿌리 깊은 사회 문제를 한 번쯤 생각하는 계기가 되었으면 한다.

끝으로 이 글을 쓰기까지 고마운 분들이 많다. 늘 지지해 주고 마음의 쉼터가 되어 주는 가족들, 글을 쓸 수 있는 용기를 준 Y 씨, 세상을 알려 주고 공부 거리를 제공해 주던 많은 인생 선배께 이 자리를 빌려 감사드린다.

CONTENTS

지구를 이렇게 막 써도 될까, 정치가 환경 문제에 조금 더 관심을 기울인다면

모두가 아는 문제지만 바뀌지 않는 이유, 문제는 정치다.

내가 납부하는 세금이 자랑스러워지려면, 세금은 더 낮은 곳으로 가야 하지 않을까?

I

배만 부르면 뭐 하나,
평생 아등바등 살아야 하는데

헬조선. 우리나라의 현실을 관통하는 단어다. 삶이 지옥 같다고 생각하기 때문에 이런 말이 유행한다. 산업화 이전과 비교하면 먹고사는 문제는 어느 정도 해결되었다. 배는 채워졌고, 마음만 먹으면 비록 처우가 안 좋은 자리여도 일자리는 얼마든지 있다. 우리 사회는 분명 산업화 이전과 비교해 천지개벽할 수준으로 좋아진 것은 분명하다. 각종 복지 제도가 생겨 이제는 복지병을 걱정할 수준이 되었으니 말이다.

일례로 근로자가 해고되면 재취업 기간 동안 정부가 생계 지원을 해 주는 '실업 급여' 제도가 있다. 일자리를 잃어 가장 힘들 때 정부가 적은 금액으로나마 생활의 안정을 도와준다는 면에서 국민의 삶을 지켜 주는 좋은 복지 제도이다. 그러나 이를 악용하는 사람도 있기 마련인데, 김학용 국회의원이 고용노동부로부터 제출받은 자료에 따르면 2000년~2022년 23년간 연속으로 한 해도 빠짐없이 실업 급여를 받은 사람이 있다. 실업 급여 대상자가 되려면 180일 이상일을 하면 되는데, 위와 같은 사례의 경우 이를 악용하여 연간 180일만 일하고 나머지 기간은 실업 급여를 받았다. 23년간 이 사람이 받아 간 실업 급여는 자그마치 총 8,519만 원이다. 이외에 22년 연속과 20년 연속이 1명씩 있고, 18년 연속은 7명이었다. 2021년 기준 실업 급여를 5년 이내에 3회 이상 받은 사람이 10만 1,000명에 달한다.[1] 복지 제도의 악용이 많아질수록 피해는 사회적 약자 몫이다. 한정된 자원이 효과적으로 배분되지 않기 때문이다.

이처럼 우리 사회는 복지병을 걱정할 정도로 물질적으로는 풍요로워졌다. 그런데도 우리는 불행하고 불안하다. 삼시 세끼 잘 먹고 배는 부르더라도, 불안은 가시지 않는다. 청년만의 문제가 아니라 모든 계층이 마찬가지다.

우리의 불행은 지표가 말해 준다. 자살의 원인이 불행이라고 단정 짓기는 어렵지만, 대체로 삶의 만족도와 자살률은 서로 관계가 있다. 통계청 통계에 따르면 10대, 20대, 30대의 사망 원인 1위가 '자살'이다. 40대, 50대에서는 2위, 60대에서 4위다. 대한민국의 자살률은 OECD 국가 중 월등히 높은 비율로 1위다. 세계에서 가장 노동 시간이 긴 나라로 악명 높은 멕시코보다 자살률이 4.4배가 높고(인구 10만 명당 한국 25.4, 멕시코 6.7), OECD 국가 중 실업률이 최고 수준인 스페인(실업률 14.8%, 2021년 기준)보다 자살률이 3.5배가 높다. (스페인 자살

률 7.1)[2]

우리는 삶의 만족도 또한 낮다. UN의 '세계행복보고서'에 따르면 국가 간 행복지수를 비교해 본 결과, 우리나라 삶의 만족도는 2019~2021년에 5.9점으로 OECD 평균(6.7점)보다 낮다. 반면, 핀란드, 덴마크, 아이슬란드 등의 북유럽 국가들이 7.6점 이상으로 높게 나타났고, 오스트리아, 호주, 뉴질랜드, 스웨덴 등도 7.2점 이상으로 높은 수준이다. OECD 38개 국가 중 우리나라보다 낮은 나라는 콜롬비아와 튀르키예 2개 국가에 불과했다.[3]

필자는 보좌진이 된 이후 이 문제의 원인에 대해 오래 고민하였다. 정답은 아니겠지만, 필자가 내린 결론은 '미래를 위해 살아가고 있기 때문'이다. 그렇다면 세대별로 불행한 이유를 보자.

1.
20세 이전: 오로지 명문대

20세 이전은 자의든 타의든 목표는 오로지 명문대다. 공부를 조금 한다고 하는 이들은 한 단계 발전하여 의대, 치대, 한의대가 목표다. 소위 말해 SKY 인문계 학위를 받아도 대기업 들어가기가 힘들거니와, 입사하더라도 대감집 노비로 살다가 40대에 은퇴해야 하는 현실을 부모님께 들으며 살았다. 의대, 치대, 한의대에 갈 성적이 안 되는 학생은 대학 간판이 중요하다. 명문대를 나와야 높은 수준의 월급과 현실적으로 누릴 수 있는 복지제도가 많은 대기업에 들어갈 가능성이 높아지기 때문이다. 결국 다음 세대에 해야 할 취업을 위해 입시 전쟁은 매우 어른의 나이부터 시작한다.

취학 전에는 한글과 동시에 영어를 배운다. 언어는 빨리 배우는 게 좋다는 부모의 욕심이 아이에게 투영되어 과거 부유층의 전유물이었던 영어 어린이집, 유치원은 이제 중산층까지 탐내는 교육이다. 한 시민단체가 서울시내 유아 대상 영어 유치원 311곳을 조사한 결과를 발표했다. 학원 비용은 월평균 112만 6,000 원이고, 1년에 1,351만 원이고, 가장 비싼 학원비는 한 달에 265만 원에 달했다.[4] 한편, 교육부가 발표한 2022년 대학 등록금 평균이 676만 원이다.[5] 이를 감안하면, 유아 영어 유치원이 4년제 대학 등록금의 약 2배라는 것이다. 676만 원은 등록금이 높은 의학 계열, 예체능, 공학 등이 포함된 평균치이며 인문 사회 계열은 594만 원으로, 이와 비교하면 유아 영어 유치원비는 매우 비싼 금액이다.

'학원 뺑뺑이'를 돌리는 가구도 많다. 맞벌이 가구는 퇴근하기 전까지 아이를 봐 줄 곳이 필요하다. 조부모가 계시면 다행이지만 그렇지 않으면 대부분 일명 '학원 뺑뺑이'로 아이를 맡긴다. 이왕 하는 학원 뺑뺑이가 되도록이면 아이에게 양질의 교육이 되도록 바라는 게 부모 마음인지라 영어, 수학 학원과 같은 필수로 일컫는 과목들을 일과에 넣는다. 보육과 교육이라는 두 마리 토끼를 다 잡고 싶기 때문이다.

안타깝게도 자녀 교육에 대한 격차는 부모의 재력과 비례한다. 통계청의 조사에 따르면 가구 소득 상위 20%의 교육비 지출액이 하위 20%의 교육비에 비해 20배 이상일 정도로 교육 격차가 심각하다.[6] 내 아이만큼은 돈 걱정 없이 남들처럼 잘 키우고 싶은 것이 부모 마음이고, 특히 아이 교육비만큼은 아끼지 않는다. 이러한 부모의 마음은 금전적, 심리적 부담으로 작용하여 출산에도 영향을 미친다. '1명만 낳아 잘 키우자'로 결론 내리거나, '1명도 잘 키울 자신이 없으니 부부끼리 여유로움을 누리자'로 결론 내려진다. 내 아이를 무한 교육 경쟁에서 승자로 만들 자신이 없어서 출산마저 포기한다.

자녀의 취학 이후, 학원 뺑뺑이는 본격적으로 시작된다. 학원 3~4개는 이미 고정값이다. 중학생부터, 아니 이르면 초등학교 고학년부터 교육 경쟁이 시작된다. 목표는 특목고이다. 초등학교 때부터 높은 성적을 받아야 명문대 진학의 꿈을 달성할 수 있다. 중학교까지는 특목고를 위해 매진하고, 고등학교 진학 후에는 본격적으로 입시 교육에 집중한다. 학교에서 하는 여타의 활동들, 예를 들어 봉사활동, 동아리와 같은 모든 수업 외 활동은 입시에 도움이 되는 영향을 끼치는지 판단하여 결정한다. 물론 모두가 그런 것은 아니다. 그러나 그만큼 많은 사람이 대입에만 매몰되어 '대학만 가면 다 된다'라는 사고가 여전히 지배적이다.

사교육 전쟁이 얼마나 치열한지 여실히 보여주는 통계자료가 있다. 2021년 통계청과 교육부의 조사에 따르면 학생들의 사교육 참여율은 75.5%였다. '방과 후 활동과 EBS 강의를 제외한 사교육을 받은 적이 있나'는 질문에는 초등학생 82.0%, 중학생 73.1%, 고등학생 64.6%가 '그렇다'라고 답했다.[5]

청소년기의 불행이 입시 공부 때문이라고 단정할 수는 없지만, 영향력을 무시할 수 없다. 각 국가 간 15세 청소년을 기준으로 삶의 만족도를 조사해 본 결과, 네덜란드가 90%로 가장 높게 나타났으며, 우리나라 청소년들의 삶의 만족도는 67%로 OECD 국가 중 매우 낮은 수준이었다.[6]

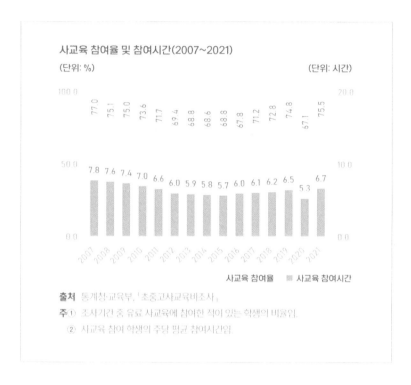

사교육 참여율 및 참여시간(2007~2021)

(단위: %)   (단위: 시간)

출처 통계청·교육부, 「초중고사교육비조사」
주① 조사기간 중 유료 사교육에 참여한 적이 있는 학생의 비율임.
  ② 사교육 참여 학생의 주당 평균 참여시간임.

　　청소년기는 다양한 경험을 쌓고, 미래에 어떤 일을 하고 싶은지 고민하고, 내가 좋아하고 싫어하는 것은 무엇인지 스스로 질문하고 깨달으며, 과연 나는 어떤 취미를 갖고 싶은지 등, 살아가는 데 있어서 매우 중요한 가치관을 확립하는 시기이다. 그런 과정을 지금 교육 체제에서 할 수 있을까. 길게는 15년을 입시에만 매몰되어 정작 자신이 무엇을 좋아하고, 무엇을 잘하는지도 모른 채 성인이 된다. 나에 대해 제대로 알지 못하고, 부모님이 시키는 대로 공부만 한 아이들은 '대학만 가면' 모든 것이 잘될 것이라 믿었다. 그러나 현실은 모든 것이 뜻대로 안 풀리는 시련만 남을 뿐이다.

2.
20세~취업 전: 대학 낭만 따윈 없다,
오직 취업 준비

'대학 낭만'이라는 단어는 사라진 지 오래다. 입학 후 학교 도서 관을 전전하는 고학번 선배들을 보면서 '나는 취업 잘될 거야'라고 다짐하고 1학년부터 취업 준비를 시작한다. 학점 관리를 하고, 방학 때는 봉사 활동을 알아보고, 자격증을 취득하고, 토익을 위해 영어 공부도 미리 한다. 대학 생활의 목표는 다양한 경험과 깊이 있는 공 부가 아니다. 대기업과 공공 부문 정규직 취업이다.

얼마 전까지 공무원도 그 범주에 포함되었지만 열악한 처우, 꼰 대 문화, 공무원 연금 개혁 영향으로 공무원 인기는 낮아졌다. 인사 혁신처 자료에 따르면 공무원 경쟁률은 갈수록 하락세다. 2018년 41 대1, 2019년 39.2대1, 2020년 37.2대1, 2021년 35대1, 2022년 29.2대 1이다. 여전히 높은 인기이긴 하지만 갈수록 하락세를 기록한다는 것은 그만큼 대중의 관심에서 멀어졌다는 의미이다. 어렵게 합격하 고도 퇴사하는 공무원도 많다. 재직 기간 5년 미만 퇴직 공무원 통계 를 보면, 2017년에는 5,181명이 퇴사했으나 2021년에는 1만 693명 이 퇴사했다. 4년 만에 4배가 증가했다. 퇴직 공무원의 90%는 9급과

8급이다.[9] 철밥통이라는 인식과 정년 보장이라는 장점 때문에 한때 최고 인기였던 직업이 이렇게 추락하고 있다.

다시 대기업과 공공 부문 취직 이야기를 돌아가자. 청년들이 대기업 입사를 위해 여러 차례 도전하는 이유는 연봉과 처우이다. 고용노동부의 사업체 노동력 조사에 따르면, 2021년 대기업 대비 중소기업 임금 비율은 54.5%다. 이뿐이겠는가, 처우도 차이가 크다. 대표적으로 육아 휴직을 기준으로 비교해 보자. 2021년 육아 휴직 통계에 따르면 육아 휴직을 사용한 남성은 대기업 재직자는 71%이고, 중소기업 재직자는 29%다. 여성은 대기업 재직자가 62%, 중소기업 재직자가 38%이다. 육아 휴직은 근로자가 법적으로 행사할 수 있는 권리임에도 불구하고, 회사에서 자유롭게 그 권리를 주장하기가 어렵다. 사측의 눈치는 말할 것도 없고, 사측이 육아 휴직 대체 인력을 고용해 주지 않으니 남아 있는 직장 동료들도 눈치를 준다. 대기업도 '눈치 주기'는 여전한데 중소기업은 오죽할까.

이런 처우의 차이가 대기업과 공공 부문 일자리를 갈망하는 이유다. 대기업 등에 목맬 수밖에 없는 사회 환경을 만들어 놓고, 기성세대는 대기업 등을 준비하는 청년들에게 "젊을 때 하는 고생은 사서도 한다."라며 타박한다. 기성세대가 주장하는 그 말은 과거에는 통했다. 중소기업에 일하더라도 열심히 하면 올라갈 사다리가 있었다. 그러나 지금, 그 사다리가 존재하기는 하나? 정부가 부여하는 육아 휴직에 대한 권리도 제대로 행사하지 못하는 직장에서 희망이란 것을 꿈꿀 수가 있을까. 현실이 이러한데 대학의 낭만이라는 것은 가당키나 한 소리일까.

대기업과 공공 부문 정규직 취업을 위한 고난의 행군은 저출산에도 영향을 미친다. 고스펙을 위해 석박사 과정을 이수하고, 수년을 투자하여 전문 자격증도 취득한다. 자의든 타의든 결혼 적령기를 놓친 청춘들은 비혼이 되거나, 만혼으로 자녀를 갖고 싶어도 가질 수 없는 안타까운 현실에 놓이기도 한다. 취업 전쟁이 교육 전쟁으로 이어지고, 꿈꿔온 가정도 형성할 수 없게 만들고 있다.

3.
사회 초년생에서 정년까지: 살아남기 위한 전쟁

대기업과 공공 부문 정규직의 문턱을 넘기 위해 많은 노력을 하지만 대부분 넘지 못한다. 취업 준비 3수, 4수를 하더라도 좁아진 채용 구멍은 통과하기 벅차다. 어렵게 대기업 입사를 하더라도 고생길 시작이다.

정규직으로 입사했지만 파리 목숨인 현실, 동료들과 끊임없이 경쟁해야 하는 현실, 경쟁에 도태되어 자리를 빼는 상사를 보며 느끼는 미래에 대한 불안, 기업의 성장이 개인의 성장으로 이어지지 않다는 무력감. 30년간 대기업 입사를 위해 노력했지만 끝내 목표를 이루더라도 불안함은 가시질 않는다. 사회생활을 하며 이리 치이고, 저리 치이면서 인생의 쓴맛을 다시 느낄 즈음에서야 어떻게 살아야 잘사는 건지, 내가 좋아하는 것은 무엇인지 진지한 고민을 시작한다. 현실과 타협하며 직장을 다니면서 고민하는 사람들도 있지만, 요즘은 새 출발을 위해 퇴사하는 사람들도 많다.

희망퇴직이라고 하면 1997년 IMF 외환 위기를 떠올리는 사람이 많지만 희망퇴직은 여전히 존재하고, 그 숫자도 느는 추세다. 좋은 직장 중 하나로 손꼽히던 은행들이 줄줄이 희망퇴직자를 받고 있고, 대상 연령도 40대로 낮아진 기업도 나왔다. 5대 은행(KB국민은행, 신한은행, 하나은행, 우리은행, NH농협은행)에서 한 해에만 수천 명가량이 떠나고 있다. 희망퇴직은 주된 일자리에서 떠난다는 점에서 근로자로서는 분명 가계의 위기지만, 오히려 노동조합이 사측에 희망퇴직자 정원을 확대하길 원한다는 것은 그만큼 주된 일자리에서 평생 먹고살수 없다는 생각을 가진 사람이 많다는 뜻이 아닐까. 희망퇴직이 앞으로 또 하나의 경쟁일 수 있다는 불안감, 갈수록 치열해지는 승진 경쟁 때문에 차라리 퇴직금으로 인생 2막을 준비하자는 근로자들이 늘고 있기 때문이다. 남은 인생을 국가가 책임을 져 주지 않으므로 하루라도 빨리 인생 2막을 준비하는 것이 필수가 된 세상이다.[10]

조기 퇴사도 더욱 빨라졌다. 커리어테크 플랫폼 사람인이 기업 1,124개 사를 대상으로 '조기 퇴사' 현황을 조사한 결과(2022년도), 1년 이내에 퇴사한 직원이 '있다'라는 대답이 84.7%였다. 전체 신규 입사자 대비 조기 퇴사자 비율은 평균 28.7%로 10명 중 3명이 1년을 채우지 못하고 퇴사한다. 이 조사에서 기업들이 생각하는 직원들의 조기 퇴사 사유 1위는 '직무가 적성에 안 맞음(45.9%, 복수 응답)'이었고, 다음으로 '낮은 연봉(급여)(36.2%)', '조직 문화 불만족(31.5%)' 순이었다.[11] 이 통계가 의미하는 것은 사회생활을 시작하고 나서야, 본인이 무엇을 좋아하고, 잘하는지 고민하고, 꿈을 찾아 떠난다는 것 아닐까.

회사에 남아 있는 자는 새로운 도전을 위해 떠난 자를 부러워한다. '나가서 어떤 일을 하냐', '어떤 준비를 하는 거냐'. 다들 퇴사자가 앞으로 어떻게 살 것인지 궁금한 것투성이다. 당장은 아니지만 본인도 조만간 조직을 떠날 부속품에 불과하기에 '그 언젠가'를 위해 떠날 준비를 하고 싶지만, 막상 퇴사하기엔 두렵다. 이 두려움은 직장 생활 내내 계속된다.

가족이 생기면 불안함은 더 커진다. 결혼과 출산은 지켜야 할 가정이 생긴다는 의미이고, 어깨는 더 무거워진다. 출산 이후 개인의 삶은 오롯이 아이에게 맞춰지고, 자녀 육아와 교육에 매진해야 한다. 그나마 직장 어린이집이 있는 직장에서 근무하는 맞벌이 가정은 덜하지만, 늘 아이 맡길 곳을 고민도 해야 한다. 어린이집에 우리 아이만 종일반으로 맡기는 것은 아이에게 미안하고, 그렇다고 뾰족한 수도 없다. 기댈 곳은 할머니, 할아버지밖에 없어 오죽하면 숲세권, 학세권보다 할세권(할머니, 할아버지가 근처에 삶)이 제일이라는 말도 있다. 다행히 할세권에 살고 있는 가정은 시간과 비용이 덜 팍팍하나, 그렇지 못한 대부분 가정은 아이 맡길 곳을 찾기 위한 전쟁을 해야 한다.

불안함과 동시에 비용 부담도 급격하게 증가한다. 아이가 취학하기 전에는 보육비, 취학 후는 사교육비로 상당량의 월급이 투자된다. 통계청의 조사에 따르면, 2022년 한 해 사교육비 총액은 26조 원이고, 구체적으로는 초등학교 11.9조 원, 중학교 7.1조 원, 고등학

교 7.0조 원이다. 사교육 참여율은 무려 78.3%에 달하며, 초등학교
만 한정한다면 85.2%이다. 학생 1인당 월 평균 사교육비는 초등학
교 37만 2천 원, 중학교 43만 8천 원, 고등학교 46만 원으로 산술적
으로 12년간 사교육비만 약 6,000만 원이다.[12]

　　부모 가처분소득의 대부분을 자녀 사교육비로 지출하더라도 자
녀가 명문대에 가면 보람은 있다. 그러나 대부분 가정은 투자 대비
적절한 성과를 거두지 못한다. 공부를 좋아하지 않는 자녀에게 지출
하는 교육비는 '밑 빠진 독에 물 붓기'라는 의심을 하면서도 어쩔 수
없이 아이를 위해 기꺼이 투자한다. 내 아이만 더 뒤처질 것이라는
불안감 때문이다. 그러나 한창 월급을 많이 받을 중년기에 물 쓰듯
쓰는 사교육비 때문에 노후 준비는 되어 있지 않다. 노후 자금이라
고는 고작 국민연금과 회사 퇴직금밖에 없다.

　　중장년층은 가족을 지키고자 매일 언제 해고될지 모르는 불안
감을 안고 전쟁터로 나갔다. 삶에 '자신'을 잃어버린 지 오래고, 자식
의 엄마, 아빠로 살았지만 남은 것은 빈곤뿐이다.

4.
노년기: 삶마저 위협하는 빈곤

OECD 노인 빈곤율 1위, 노인 자살률 1위. 대한민국이다. 평생을 노력했는데 말년은 배고프고, 자살을 꿈꾸는 삶이 대한민국의 현주소다. 노인 빈곤율은 43.2%. 노인 절반이 빈곤층이다. OECD 평균인 13.1%보다는 3배 이상 높다. 미국(23.1%), 일본(20.0%)에 비해 크게 높은 수치다.[13] 노후 준비라고는 평생 대출이자 내며 '내 집'으로 만들었던 집 한 채뿐이며, 집 한 칸마저 없는 가구는 기댈 곳조차 없다. 그래서 집값에 매우 민감한 사회가 된 것 아닐까.

노인들의 팍팍한 삶은 노인 자살률로 증명된다. 우리나라 노인 자살률은 인구 10만 명당 46.6명이 자살하는데 비해, OECD 국가 평균은 17.2명이다. 압도적 1위 국가, 바로 대한민국이다. 의료 기술의 발달로 몸은 아직 팔팔한데 출근할 직장이 없다는 상실감은 무력감으로 이어지기도 한다. 은퇴 후에 하는 일 없이 집에서 놀면 행복할 것 같지만 일이 주는 행복, 일을 통해 사회의 구성원 중 하나라는 걸 느꼈을 때의 보람은 살아가는 원동력이기도 한데, 이런 사소한 기회도 노인에게 주어지지 않는다.

믿었던 자녀마저 부모 부양에 대한 인식이 바뀌고 있다. 통계청 조사에 따르면, 부모 부양에 대한 견해를 묻는 말에 '가족이 돌보아야 한다는 생각'이 지속적으로 감소하고 있다. 2012년에는 33.2%였던 수치가 2022년에는 19.7%이다. 반면, '가족·정부·사회가 함께 돌보아야 한다는 생각'은 지속적으로 증가했다. 2012년에는 48.7%였던 수치가 2022년에는 62.1%이다.[14] 정부와 사회가 전적으로 노인 부양을 담당하면 좋겠으나 '중부담 중복지' 즉, 세금 적당히 내고, 적당히 복지 혜택을 받는 방향으로 정책이 설계되어 있어 지금은 실현 불가능하다.

설상가상 정년도 빨라지고 있다. 법적 정년은 60세이나 60세까지 일하는 사람은 공무원, 공공 부문 정규직, 대기업 일부 재직자 등 극소수에 불과하다. 통계청 조사에 의하면 주된 일자리에서 퇴직한 연령은 평균 49.3세다. (남성 51.2세, 여성 47.6세) 법적 정년과 실제 퇴직 연령이 10년 이상 차이 난다. 퇴사자 절반이 회사의 권고로 나가는데, 그 사유로는 '사업 부진·조업 중단·휴폐업'(30.9%), '권고사직·명예퇴직·정리 해고'(10.9%)로 나타났다.[15] 이 정도면 법적 정년이 의미가 있기는 한 걸까?

법정 정년은 60세지만 실제 일을 그만두는 나이는 72.3세이다 (2018년 기준)[16] 이는 OECD 국가 중 1위이며, 초고령 사회 대표국인 일본보다 높다. OECD 평균은 65세이고, 룩셈부르크는 61세, 스웨덴·미국에서도 60대 중반이면 실질적으로 은퇴한다. 반면 우리는 오랜 기간 일하고, 헌신했던 직장에서는 49세에 나와서 72세까지 어떻게든 먹고 살기위해 돈을 벌어야 하는 사회다. 지독하게 사회다.

노후에 사용할 가처분소득도 부족하다. 노후 생활을 위해 연금 제도를 도입하였으나 연금만으로 먹고살기에는 힘들다. 통계청 조사에 따르면 60~79세까지 연금 수령자 비율은 전체 고령자 중 66.1%(729만 9천 명)로 10명 중 6명만 연금을 받고 있다. 연금 수령액으로 따지면, 월평균 20~50만 원 수령자는 44.4%로 수령자 절반 정도가 이 금액을 받고 있다. 150만 원 이상 수령하는 사람은 10.7%에 불과하다. 연금만으로 먹고살 수 있는 사람은 10% 내외라는 뜻이다.

국민 대부분이 노후를 위해 가입하는 국민연금도 노후 대비에는 역부족이다. 법적 정년은 60세까지인데, 2034년이 되면 국민연금 수급 연령은 65세가 된다. 5년 동안 소득이 발생할 수 없는 구조다. 더구나 법적 정년을 보장해 주는 직업은 극소수고, 평균 49세에 주된 직장에서 퇴사한다. 정년을 보장하는 직장에 다니더라도 60세가 되면 평생을 다니던 회사에서는 떠나야 하고, 사회는 아무런 보호도 해주지 않는다. 국민연금 개혁 논의는 어느 정권마다 제기되는 단골 주제다. '고갈 시점이 언제이다'라고 재정 건전성만 따질 것이 아니라, 노년기의 삶을 보호할 수 있는 빈틈없는 체계를 만드는 것이 순서 아닐까.

노인의 삶이 이러하기에 갈수록 돈만 집착하는 사회가 되는 것 아닐까. 경제적으로는 빈곤하고, 정신적으로는 불안하고, 소비할 자산은 쥐꼬리만 한 연금뿐인 이 시대 노인의 삶을 보며, 우린 죽을 때까지 한 푼이라도 더 벌기 위해 불안해하며 헬조선을 살아가고 있다.

5.
어떻게 해야 할까?

우리가 느끼는 불안의 원인은 다양하나 '미래에 대한 불안'이 한 몫하는 것 같다. 현재가 불안할수록 생각은 많아진다. '미래에는 잘 살 수 있을까', '뭐 먹고 살아야 할까', '가족은 부양할 수 있을까'라는 불안감을 안고 살아간다. 결국 극소수를 제외하면 한 개인이 열심히 살더라도 현재의 불안감은 가시질 않고, 인생의 종착지인 노년기에는 빈곤층으로 전락한다. 최선을 다하더라도 결과는 정해져 있는 현실에서 우린 어떤 희망을 품고 살 수 있을까. 희망이 없는 사회가 어쩌면 '헬조선'의 본질 아닐까.

평생의 동반자 같은 '불안함'이라는 감정, 그 감정이 만드는 불행을 해소하려면 미래를 위해 현재를 착복하는 삶을 끊어야 한다. (필자의 아둔한 생각일 수도 있다.) '지금 열심히 잘 살면 다음에 행복할 거야.'라는 희망 고문이 현재를 불행하게 만든다. 희망 고문 덕분에 삶이 윤택해지기도 하지만, 그 고문이 과하면 본인의 건강과 가족의 행복마저 등한시한 채 본인의 행복을 팔아서 오지도 않는 미래를 사는 격이 된다. 미래를 위해 노력을 하는 것과 미래를 위해서만 사는 것은 다른 문제이다.

그래서 필자는 삶의 최종 단계인 노년기의 삶을 윤택하게 만드는 것이 우리 사회를 바꾸는 시작점이라 생각한다. 2021년 기준 최저 생계비는 1인 가구 1,096,699원, 2인 가구 1,852,847원이다. 이 정도 금액이면 번듯하게는 아니더라도 먹고살 만큼은 유지되는 돈이다. 열심히 살았던 국민에게 최저 생계비가 보장된다면 평생 아등바등 사는 사람은 줄어들지 않을까. 중장년층이 자녀 교육에 투자하는 이유는 자녀의 성공을 바라는 부모 마음이 가장 크지만, 자녀의 성공을 부모의 든든한 노후라고 생각하는 사람도 분명 있을 것이다. 넉넉하지는 않지만 준비된 노후가 있는데 자녀 교육에 지금처럼 가처분소득 대부분을 투자할 필요가 있을까? 사교육에 투자되는 돈만 줄여도 충분히 노후 자금을 마련할 수 있다. 청년기도 마찬가지다. 결국 대기업에 목숨 거는 이유는 돈과 복지다. 돈과 복지는 개인의 삶과 가족을 위한 유용한 자원이다. 국가가 노년기에 먹고살 수 있는 기반을 마련해 주는데 군이 대기업에 목맬 이유가 없다. 돈보다 자기 적성에 맞는 직업을 찾고 더 행복하게 살 방법을 고민할 수도 있다.

　　소년기도 입시 공부에만 매몰될 필요가 없다. 입시 공부는 결국 좋은 직업을 갖기 위한 수단이다. 좋은 직업이란 삶의 안정과 안락한 노후를 보장하는 직업인데, 노후가 보장된다면 공부를 싫어하는 사람이 군이 지금처럼 입시 공부를 할 필요가 있을까? 공부보다 운동과 악기에 소질이 있거나 그걸 했을 때 행복하다면 그 길로 가는 것이 개인의 삶에 더 좋은 방향이 아닐까. 모든 사람이 입시 공부를 하기보다, 각각의 개인이 다양한 경험을 쌓아서 좋아하고 소질 있는 분야를 빨리 찾는다면 개인에게도 사회에게도 더 좋다.

　'세금으로 그런 나라를 만들자는 말이냐?'라고 생각하겠지만 그건 절대 안 된다. 정부는 그러한 시스템을 만들고, 국민이 노년기를 위해 적극적으로 투자하는 환경을 만들어야 한다. 현재 노년기의 삶을 지탱하기 위한 제도는 1단계 기초연금, 2단계 국민연금, 3단계 퇴직연금으로 구성된다. 기초연금은 65세 이상 노인 중 일정 소득 이하인 자에게 세금으로 지원하는 연금이다. 이 연금을 계속해서 올리면 가장 쉽지만, 재원 문제와 자칫 세대 갈등으로 이어질 수 있다.

　정부는 국민이 국민연금과 퇴직연금을 더 많이 내도록 유도해야 한다. 소득이 비교적 충분할 때 노년기에 투자하도록 유도해야 하고, 정부 재정을 투자해서라도 노후 자금 마련을 위한 유인책은 많아져야 한다. 이러한 재정 투자는 결국 나중에 국민이 사용할 돈이고, 다시 세금으로 들어올 것이기 때문에 세금 낭비라고 할 수는 없다. 다만, 국민연금은 고갈 이야기가 계속 회자되므로 연금 개혁과 함께 정부가 연금 재원이 고갈되더라도 연금을 보장한다는 신뢰를 국민께 드려야 한다.

　퇴직연금은 수익률을 높이는 방향으로 가야 한다. 2020년 퇴직연금 연간 수익률은 2.5%다. 10년간 평균 수익률은 2.56%다. 국민연금(5.5%), 공무원 연금(4.4%)에 비해 크게 낮다. 해외와 비교하면 지난 10년 미국은 8.6%, 호주는 7.7%, 일본은 5.5%다. 공적 연금만으로는 안정적 노후 보장이 힘들다는 것을 모두 알면서도 퇴직연금은 방치하는 수준이다.[17] 퇴직연금 수익률이 10년간 2.56%라면 물가상승률 방어도 못 하는 수준이다. 노후 보장은커녕 물가에 비했을 때 마이너스 저축을 하는 셈이다. 퇴직연금만 손보더라도 노년기의 소득에 큰 도움이 된다. 미국의 퇴직연금 수익률이 높은 이유는 '401K'라는 퇴직연금 제도 덕분이다. 401K 가입 근로자는 주식, ETF, 투자 신탁 등 다양한 자산에 투자할 수 있고, 이는 초장기 투자 상품이므로 안정적인 투자가 가능하다. 주식 폭락 사태에도 퇴직연금은 매달 저축되므로 주식 가격이 저렴할 때도 기계적으로 살 수 있기 때문이다. 401K에 대해 미국 정부도 적극 지원하는데, 투자 수익에 대한 소득세를 유예하며, 은퇴 후 퇴직 적립을 인출할 때 세금 납부를 연기해주는 '과세 이연' 혜택을 제공한다. 특히 근로자가 401K에 가입하지 않겠다는 의사 표명을 하지 않으면 자동으로 가입되도록 설계했다. 이러한 노력 덕분에 401K 연금 자산은 2021년 6월 기준 미국 전체 은퇴 자산의 약 20%(7조 3천억 달러)에 달한다고 한다.[18]

2022년 1월 대통령 선거 당시 더불어민주당 후보가 '한국형 401K'를 추진하겠다고 발표했다. 국민의 안정적 노후와 자본시장 대전환을 정치권이 고민했다는 것만으로도 고무적이다. 누군가 던졌으니 언젠가는 될 것이다.

국민의 노후를 위해, 행복을 위해, 미래에 투자해야 한다. 정부도 노력해야 하지만 국민 개개인도 노년기를 위한 투자를 적극적으로 해야 한다. 실비보험에 가입하는 이유가 혹시 모를 위기 상황을 대비해서 안정적인 소득이 있을 때 저축하고, 위기가 닥쳤을 때 병원비를 충당하기 위해서 아닌가. 보험은 가입하면서 정작 나의 노후를 위해서 투자하기 아까워해서는 안 된다. 정부는 국민이 미래를 위해 투자하도록 환경을 조성해야 한다. 정부가 퇴직연금 개편 등 여러 변화를 꾀하고 있으나 여전히 부족하다.

국민이 미래를 위해 투자하는 금액에 대해 세제 혜택을 더 늘리고, 연금 수익률을 높이기 위해서는 자본시장을 개편해야 한다. 자본시장은 단순히 돈 놓고 돈 먹는 투기장이 아니다. 기업가에게는 자금을 얻는 시장이고, 다수 국민에게는 투자 이익을 얻을 수 있는 말 그대로 '시장'이다. 자본주의 사회라면 절대 죄악시하면 안 되는 시장임을 명심해야 한다. 우리나라 자본시장은 넘어야 할 산이 많다. 한국 자본시장을 낮게 평가하는 '코리아 디스카운트' 현상을 만드는 문제들을 해결하지 않으면 자본시장은 '시장'의 역할을 할 수 없다. 헬조선 해결은 결국 인생의 종착지인 노년기를 행복하게 만드는 것에서 출발해야 하지 않을까.

Ⅱ

서울에는 둥지가 없고,
지방에는 먹이가 없는데
누가 알을 낳나요?

대한민국의 현재 모습이다. 나라가 엉망이다. '둥지'와 '먹이'가 없다는 것은 현재 삶이 시궁창이라는 뜻이고, '알을 낳는다는 것'은 자녀 출생을 의미한다. 현재 삶이 어려운데 자녀 출생은 언감생심이다. 삶이 팍팍한데 자녀까지 잘 키울 자신이 없다. 대한민국 출산율이 매해 최저점을 갱신하는 이유다.

2022년 대한민국 합계 출산율 0.78명. 자녀를 한 명도 안 낳는 시대는 아주 오래전에 접어들었고, 매해 최저점을 찍는다. 속도도 빠르다. 2019년에 발표한 통계청의 장래 인구 특별 추계에 따르면 효과적인 저출산 대책 추진으로 출산율이 점진적으로 유지되는 것을 가정했을 때, 2022년에는 출생아 수 30만 명을 유지할 것으로 전망했지만, 결과적으로 예측치에 한참 밑돌았다. 2022년에 출생한 아이는 24만 9천 명이다. 저출산을 해소하기 위한 대책은 효과가 없다는 의미다.

우리나라 출산율은 OECD 가입국 38개국 중 단연코 꼴찌다. 상황은 계속해서 나빠지고 있다. 왜 그럴까? 정부가 투자를 안 해서 그런 걸까? 그건 아니다. 정부는 출산율 제고에 엄청난 예산을 투자 중이다. 지난 15년간(2006~2020년) 정부는 380조 2,000억을 저출산 문제에 투자했다. 천문학적인 예산을 투자하고도 출산율은 매해 낮아진다. 원인은 돈을 잘못 썼거나, 문제를 잘못 짚은 것이다. 더 정확히는 문제를 잘못 짚어서 돈을 잘못 썼다는 것이 맞을 것이다.

출산 계획은 인생에서 결혼만큼이나 중요한 의사 결정 과정이다. 결혼한다고 해서 바로 출산하는 시대도 아니고 본인이 현재 처한 상황과 가치관, 아이를 출산하고도 미래에 우리 가족이 행복하게 살 수 있을 것이라는 확신이 들 때 2세를 계획한다. 당연하다. 나 혼자만 건사하기도 힘든 세상이고, 현재가 불안해 미칠 것 같은데, 자녀 계획을 하는 것은 말이 안 된다. 그래서 출산율을 높이려면 오늘보다 내일이 더 기대되는 세상, 오늘 열심히만 살면 그냥저냥 하루하루 살아갈 수 있는 평범한 세상을 만들어야 한다. 이런 평범한 세상은 말이 쉽지 가히 종합적 정책 플랜이 있어야 하고, 무엇보다 그 플랜이 제대로 작동되어야 가능하다.

정부도 저출산 고령화 기본 계획이라는 종합 플랜은 있다. 그러나 단지 백화점식 나열인지, 정곡을 찌르는 계획인지는 의문이다. 이

기본 계획을 바탕으로 저출산 해소를 위한 각종 정책이 실행된다. 육아휴직 정책, 아이 돌봄 정책, 임신·출산 지원 정책 등 하나 같이 "출산했으니 돈 몇 푼 줄게. 고생했어."라는 단순 지원 정책이다. 이 돈이 출산에 도움이 안 된다는 의미가 아니다. 그러나 이 돈을 받자고 출산하는 청년은 없을 것이라 본다. 결국 삶의 본질적인 면을 국가가 해결해 줘야 가족계획을 할 수 있다. 우린 늘 눈앞에 닥친 문제 해결에만 급급했지 본질적 문제를 해소하기 위한 해결책은 고민하지 않았다.

저출산 문제는 그 누구의 문제가 아니다. 요즘 청년들을 탓할 문제는 더욱 아니다. 그 누구의 문제도 아닌, 우리 모두의 문제다. 저출산으로 인해 헬조선이 된 것이 아니지 않나. 헬조선이기 때문에 저출산이 된 것이다. 우리 사회의 모든 문제의 총합이 저출산이다. 그래서, 보다 거시적으로 이 문제에 접근할 필요가 있다. 출산이라는 행위는 실행하는 그 순간부터 죽기 전까지 한 개인에게 영향을 미치는 중요한 순간이기 때문이다.

다시 질문을 보자.

"서울에는 둥지가 없고, 지방에는 먹이가 없는데, 누가 알을 낳나요?"

"둥지=집", "먹이=일자리", "알=자녀"라고 놓고 보자. 청년들에게 가장 중요한 문제가 이 문장에 녹아 있다.

1.
서울에는 둥지가 없다

"서울에, 청년들이 살 집(= 둥지)이 있습니까?"
"둥지 없이 가족을 보듬을 공간을 만들 수 있습니까?"

부모님 지원이 없다면 청년 대부분은 서울에 집을 살 수 없다. 통계청이 발간한 「2022 한국의 사회 지표」에 통계청 자료에 따르면 수도권에 있는 주택을 구입하기 위해서는 평균적으로 한 푼도 안 쓰고 10.1년이 걸린다. (PIR 배수: 가계 연 소득 대비 주택 가격 배수, 2021년: 10.1배)[19]

한 푼도 안 쓰는 것은 애초에 불가능하다. 서울에서 숨만 쉬는데도 100만 원은 족히 들어간다. 월급의 절반을 내 집 마련을 위해 저축한다고 가정해 보자. 월급의 절반을 저축하는 것 자체가 엄청 대단한 사람이다. 월급의 절반이나 저축하더라도 수도권에서 집 사는 데 20년이 걸린다. 30살에 직장 생활 시작하면 월급만으로는 50세에 집을 살 수 있다.

물가라는 변수도 있다. 월급 인상 속도보다 집값 인상 속도가 더 빠르다. 15~20년 5년간 근로자 월급 총액은 2015년 299.1만 원에서

2020년 352.7만 원으로 연평균 3.4% 인상된 반면, 같은 기간 전국 아파트 중위 매매 가격 상승률은 연평균 7.4%, 특히 서울은 연평균 12.9% 상승했다.[20]

월급만으로 내 집 마련은 불가능한 시대이고, 은행 대출은 인생의 동반자가 되어 버린 시대이다. 은행 대출은 평생 나를 따라다닌다. 내가 집주인이 아니라 은행이 집주인인 세상. 5년간 대출을 갚더라도 내 집 공간 중 화장실 하나를 내 것으로 만들 뿐이며, 안방부터 부엌까지 집 면적의 대부분은 은행이 주인이다. 월급으로 평생 대출을 갚으며 은행을 주인처럼 모시고 살아야 한다. 은행에 종속된 삶을 살지 않으려면 집값이 오르면 된다. 집값이 계속 상승해서 집을 팔았을 때 매매 차액이 대출금보다 커야만 한다. 집을 소유하는 순간 집값이 내려가면 안 되는 이유다.

대출이 필수인 세상. 대출은 사람의 계급을 나누는 수단이 되었다. 신분제로 사람을 나누던 조선은 1894년 갑오개혁으로 노비 제도가 폐지되면서 신분제는 우리 역사에서 사라졌지만, 자본주의의 등장은 돈을 중심으로 한 새로운 신분제를 탄생시켰다. 은행의 돈이 필요한 사람은 그만큼 재산과 재산에 준하는 든든한 직업이 있어야 하고, 그것을 바탕으로 은행은 대출한도와 금리를 평가한다. IMF 이후 우리나라 은행은 은행이라 하기에 부끄러울 정도이다. '전당포'가 더 어울린다. 담보가 있어야 대출해 주고, 그 담보가 클수록 더 많이 더 싸게 빌려준다. 담보 없는 자는 대출도 어렵다. 가진 자는 더 많이 소유할 수 있고, 없는 자는 소유 자체가 어려운 사회이다.

담보가 없는 사람은 신용 대출이 가능하긴 하다. 신용은 그 사람의 갚을 능력을 평가하는 시스템이다. 당장 가진 것은 쥐뿔도 없어도 능력만 믿고 빌려준다. 이 획기적인 시스템이 탄생되는 순간 소비는 폭발적으로 늘었고, 소비 과잉은 상품 가격 인상으로 이어졌다. 자본주의를 지탱하는 한 축이 신용 대출이 되었을 정도다.

소비는 더 자유롭게, 원하는 것은 더 쉽게 얻을 수 있는 세상이 되었지만, 신용 기반 대출은 '갚을 능력'에 집중하면서 '직업'을 기준으로 한 계급도를 탄생시켰다. 의사, 치과 의사, 한의사 등 고소득 전문직과 비교적 안정적인 대기업, 공무원은 우대 금리를 받았다. 직업의 차이는 금리뿐 아니라, 대출한도에도 차이를 둔다. 불과 몇 년 전, 신용 대출을 규제하기 전에는 직업에 따른 대출 한도액이 현저히 차이 났고, 일부 직군은 연봉의 2배까지 대출을 받을 수 있었다. 반면 대부분의 사람은 연봉 액까지만 받더라도 많이 받는 것이었다. 대출 한도의 차이는 기회의 차이로 이어지고, 기회는 재산 증식으로 이어진다.

이런 현실에서 집을 사는 방법은 간단하다. 첫째, 우대금리를 적용받는 직업을 구하는 것이다. 직업이 안정적이고 월급이 많다면 은행으로부터 더 많이, 더 저렴한 이자로 돈을 빌릴 수 있다. '내 집 마련'을 남보다 빠르게 할 기회가 주어진 사람들이다. 그 기회만 본다면 부럽겠지만, 그 사람들이 모두가 선망하는 직업을 얻게 된 과정은 참혹하다. 놀고 싶고, 자고 싶고, 연인과 사랑하고 싶은 욕구를 참고 또 참으며 그곳에 도달했다. 어릴 때부터 사교육을 받고, 자기보다 공부 잘하는 사람과 끊임없이 비교당하며, 공부가 인생의 전부인 것처럼 귀에 딱지 앉도록 가족과 학원으로부터 '공부 잘해야 한다.', '명문대 가야 한다.'라는 잔소리를 들어 온 사람들이다. 공부로 성공한 사람들만의 이야기는 아니다. 어떤 분야든 남들이 부러워하는 결과를 달성한 사람들 모두가 인고의 고통을 겪으며 살았다. 결과를 이루기 위한 과정의 고통을 누구보다 잘 아는 사람들이다. 이 사람들이 나쁜 사람이 아니라는 말이다. 그저 본인 인생을 열심히 살았던 사람이다. 사람을 비난하기보다 사회를 비난해야 한다.

둘째, 부모 찬스다. 부모가 지원해 주면 간단하다. 수저만 금색에 가까우면 된다. 청년들도 월급만으로 주택 구입은 힘들다는 것을 알기 때문에 부모 지원을 간절히 바란다. 국토연구원의 자료에 따르면, 무주택 미혼 청년 가운데 77.0%는 '내 집을 꼭 소유해야 한다.'라고 생각하는 반면, 이들 중 81.3%가 부모의 경제적 지원을 기대하고 있었다.[21]

자녀에게 일찌감치 증여하는 가정도 늘어났다. 김회재 국회의원이 발표 한 자료에 따르면 2019년부터 2022년 3월까지 미성년자의 주택 구입 건수는 2,719건, 총 주택 구입액은 4,749억 원이라 밝혔다. 또 미성년자 주택 구입 건수는 2019년 332건이었지만 2020년 728

건, 2021년 1,410건 등 매년 증가했다.[22] 부모의 수저 색깔이 자녀의 수저 색깔에도 지대한 영향을 미친다는 것은 굳이 이 통계가 아니더라도 모두가 알고 있는 사실이다.

결국 직업이 탄탄하지 않거나, 부모 찬스가 없는 청년은 수도권에서 둥지 구하기가 어렵다. '본인의 능력 부족 아니냐'라고 쉽게 말할 수 있지만, 모두가 앞서 말한 직업을 가질 수 없고, 부유한 부모를 만날 수도 없다. 스스로 열심히만 살면 집 한 채는 가질 수 있다는 믿음을 주는 사회가 되어야 한다. '노력하면 다 된다'라고 치부하기에는 그 노력이 너무나 고되다. 노력하면 안 되는 것은 없다고 하나, 그 노력으로 한 개인의 세포 하나하나마저 지쳐 버리는 상태가 되어 버린다면 출산할 엄두를 가질 수 있을까.

청년 보좌관이 말하는 청년의 내일

2.
지방에는 먹이가 없다

"아니, 굳이 서울에 살아야 해? 지방 가서 살아!"

누군가는 이렇게 생각할 것이다. 맞는 말이다. 지방으로 가면 살수 있다. 근데 그냥 사는 것이다. 숨만 쉬면서. 왜 그러냐. 지방에는 먹이(=일자리)가 없다. 먹이 없이 내가, 배우자가, 가족이 살 수 있나? 일자리가 수도권에 많기 때문에 청년들이 수도권에서 살고 싶어 하는 것이다. 물론 문화 향유 등 복합적인 이유도 있겠지만 말이다. 양질의 일자리가 지방에도 있다면 굳이 지방에 사는 청년이 수도권으로 상경할 이유가 없다.

통계청 조사에 따르면 수도권으로 이동하는 이유 중 가장 큰 원인이 직업이다. 20대 청년에게 지역을 이동하는 이유에 관한 질문에 40% 이상이 직업을 이유로 들었다.[23] 청년 인구 유출은 지방을 고령화 도시로 만들고 활기를 잃게 만들어 다시 청년이 유출되는 악순환의 시작점이 된다.

부산을 예로 들어 보자. 부산에 양질의 일자리가 많다면 부산에서 태어나서 초중고 교육을 받고, 대학까지 나온 청년이 부산을 두고 서울로 상경할 이유가 있을까? 부산에서 나고 자란 청년이 수도권으로 이사하는 인원은 연평균 9,000명 수준[24]이며 최근 10년간 약 85,000명이 수도권으로 이전했다.[25] 제2의 도시 부산의 상황이 이러하다면 다른 지방은 볼 것도 없이 더욱 심각하다는 것을 짐작할 수 있다.

부산은 청년들이 즐길 수 있는 문화도 많고, 수도권보다 부족한 것은 크게 없다. 청년들이 상경하는 본질적인 이유는 일자리다. '지방에도 일자리 많다.'라고 누군가 말할 것이다. 그 말도 맞는 말이다. 근데 여기서 말하는 일자리는 양질의 일자리다. 7시 출근해서 11시까지 일하는, 근로기준법, 산업안전보건법 등을 가볍게 무시하며 가족 같은 기업을 지향하는 기업 문화가 있는 일자리, 그런 일자리는 아니다.

우리 부모 세대가 그렇게 일했다고 해서, 현시대를 살아가는 청년들도 그렇기를 바란다면 오산이다. 시대가 바뀌었다. 그리고 바뀌고 있다. 그래서 단순히 "요즘 청년들이 배가 불러서 궂은일을 안 하려고 한다."라고 비판하는 것은 무지한 말이다. 궂은일 하는 것 좋아하는 사람 없다. 사람이라면 누구나 궂은일을 하더라도 좋은 대접 받아 가며 일하고 싶은 것이 인지상정이다. 기성세대를 존경하는 이유는 푸대접받더라도 내 가족을 위해 묵묵히 살아왔다는 점 때문이다. 그렇지만 청년들에게 그런 묵묵함을 요구하기에는 세상이 너무 빠르게 변해 버렸다. 친구가 좋은 대접을 받고 일하는데, 나는 이런 푸대접을 받으며 일하는 것을 용납하지 못한다. 이유 있는 차이는 수용하지만, 이유 없는 차이는 최선을 다하여 간극을 좁히고자 노력하는 시대가 되었다.

청년층이 원하는 일자리는 대기업이나 공공 부문 정규직 등 안정된 고연봉 일자리인데, 이는 전체 일자리의 20% 수준에 불과하다. 그마저도 대부분 수도권에 있다. 반면, 지방에서 오랫동안 사업을 해오던 일부 기업은 여러 이유로 근로자의 복지 등 처우 개선을 병행하지 못해 양질의 일자리로 거듭나지 못하였다.

이 시대의 청년들은 양질의 일자리를 얻기 위해서라면 취업 준비로 백수 생활을 몇 년 하더라도 기꺼이 투자한다. 공기업, 공무원, 대기업, 변호사·회계사 등 극소수만 진입할 수 있는 직업에 청년들이 귀한 청춘을 투자하고 있다. 정규직이나 비정규직이나, 대기업이나 중소기업이나, 전문직이나 그렇지 않느냐에 따라 고용 안정성과 임금 수준의 차이가 크고, 이는 평생을 좌우할 수 있는 문제이므로 결혼과 출산을 미루고 '나'에게 투자하는 시간이 늘어나는 것이다. 즉, 양질의 일자리 부족은 일자리 자체만의 문제가 아니라 지방 공동화에도, 저출산에도, 영향을 미치는 중대한 사안이다.

3.
일자리 이전이 대안이 되지 않을까

일자리가 지방으로 가야 한다. 여기서 핵심은 청년들이 바라는 양질의 일자리가 지방으로 가야 한다는 점이다. 서울에서는 내 집 마련을 꿈꾸기 힘들지만, 지방에는 아직까지 희망이 있다.

양질의 일자리가 지방으로 이전된다고 해서 출산율이 오른다는 것은 논리적 비약이라고 생각할 수 있다. 필자도 그렇게 믿었다. 그러나 통계는 현실을 반영하고 있었다. 2022년 우리나라 합계 출산율은 0.78명이다. 그런데 지자체 중에 1.12명을 기록하며 출산율 1위를 기록하는 곳이 있다. 바로 세종시다. 세종시는 노무현 정부가 '행정 수도'를 추진하며 만든 도시다. 서울에서 세종시로 이사한 13개 부처 공무원 모두가 세종시에 사는 것은 아니다. 여전히 세종과 서울을 오가며 출퇴근하는 공무원들이 있다. 그러나 2020년 인구 주택 총조사에 따르면, 세종시의 20대 후반, 30대 초반 주민 중에서 공무원 종사자 비율은 15.0%로, 전국 평균 공무원 종사자 비율인 4.4%에 비해 상당히 높다. 세종시가 출산율 1위 도시인 이유는 여러 가지가 있겠으나, 직업 안정성과 육아 휴직을 편하게 쓸 수 있는 공무원이 많은 도시라는 점도 한몫한다. 양질의 일자리가 지방으로 갔을 때 어떤 효과가 나타나는지 입증하는 좋은 사례다.

반면, 수도권 과밀화는 심각한 수준이다. 2019년 수도권의 인구가 비수도권 인구를 넘어섰다. 수도권(서울·인천·경기) 인구는 약 2,602만 명으로, 전체 인구 약 5,164만 명 중에서 50.4%지만 수도권의 면적은 전체 국토 면적에 11.8%에 불과하다. 좁은 땅덩이에 인구가 계속 유입되면서 수도권은 사람이 많아 문제이고, 비수도권은 사람이 없어 문제이다. 존립 자체를 고민해야 하는 지자체도 있다. 한국고용정보원의 보고서에 따르면, 2022년 3월 기준 전국 228개 기초 지자체 중 소멸 위험 지역은 113개 (49.6%)로 보고되었다.[26]

수도권 과밀화와 지방 공동화는 처방이 같아야 한다. 서울에 거주하는 사람에게 아무리 지방으로 이사가라고 하더라도 가지 않는다. 지방에 일자리가 없고, 생활 터전이 없는데 어떻게 선뜻 갈 수 있겠나. 적당한 인프라만 갖추어진다면, 인구 이동은 개인의 여건에 맞게 자연스레 일어날 것이다.

다음 세대와 국가의 미래가 달린 문제다. 정치권은 정파를 초월하여 진지하게 고민해야 한다. 말로만 "지방을 살리겠다"라는 정치인의 메시지는 더 이상 믿을 수 없는 지경에 이르렀다. 노무현 대통령 이후 모든 대통령이 지방 발전을 공약으로 외쳤지만, 정작 수도권의 힘을 분산시키고 지방을 키우는 정책을 제대로 한 사람은 없다. 노무현의 정신을 이어받겠다고 외친 문재인 대통령도 집권 이후 공공 기관 지방 이전에 소극적이었고, 행정수도 완성에 비전을 보여 주지 못했다.

노 대통령은 행정수도를 이전하여 수도권 과밀을 해소하고, 국가 균형 발전이라는 꿈을 가지고 있었다. 「신 행정수도 건설특별법」을 통과시키고 구체적인 계획도 수립하여 차근차근 추진하고 있었으나, 2004년 헌법재판소가 위헌 결정을 내리며 계획은 전면 중단되었다. 헌법재판소는 조선시대 경국대전을 들먹이며 '서울이 수도'라고 주장했고, 성문 국가에서 법전에도 없는 '관습 헌법'을 내세워 헌법불합치 판정을 내렸다. 헌재의 판정 이후 1년 뒤 청와대와 국회, 일부 행정부처를 제외하고 세종시를 개발하겠다는 '행정중심 복합도시 건설특별법'을 통과시켜 지금의 세종시가 만들어졌다.

말도 안 되는 반쪽 도시 개발 때문에 사회 전체적인 비효율이 커졌다. 세종시에 있는 수많은 행정부 공무원이 입법권이 있는 국회를 방문하고, 행정 수반이 있는 대통령실을 방문한다. 세종-서울을 오가며 길에서 일하는 공무원이 많다고 하여 '길 과장', '길 국장'이라는 말도 생겼다. 국무총리도 '길 총리'인데 부처의 국장, 과장은 당연하다. 헌법에 국무총리의 의무를 명시했는데. 헌법 제86조 제2항은 '국무총리는 대통령을 보좌하며, 행정에 관하여 대통령의 명을 받아 행정각부를 통할한다.'라고 되어 있다. 이 조문을 곰곰이 생각해 보면 국무총리는 대통령을 보좌해야 하는데, 대통령은 서울에 계신다. 그리고 행정각부를 통할해야 하는데, 대부분의 정부 부처가 세종시에 있다. 총리가 세종시로 가서 집무를 보지 않으면 부처 장관과 소속된 수많은 공무원이 서울과 세종에 오가야 한다. 일국의 국무총리도 '길 총리'가 될 수밖에 없는 구조다.

노 대통령은 국가 균형 발전이라는 비전을 시행하기 위해 행정 수도 이전과 함께 양질의 일자리도 지방으로 이전시켰다. 2005년 지방에 혁신 도시 10개를 세우고, 이곳에 공공 기관 153곳의 본사를 옮겼다. 효과는 놀랄 정도다. 혁신도시의 지방세는 지자체의 새로운 수입이 되었다. 혁신도시로 공공 기관을 본격적으로 이전한 2014년 2,198억 원을 시작으로, 2015년 4,193억 원, 2016년 4,552억 원의 세수가 지자체에 생겼다.[27] 지역 일자리 창출 효과도 크다. '혁신 도시 특별법'에 의하면 지역 출신 인재를 전체 채용 인원의 30% 이상 우선 고용토록 명시하고 있다. 지방세, 일자리, 소비 효과로 지방 이전 공공 기관이 지방을 생동감 넘치게 만들고 있다.

노무현 대통령 이후 정권은 괄목할만한 성과를 보여 주지 않았다. 수많은 공무원의 시간이 길에서 버려지고, 그 시간이 국민을 위해 쓰여야 할 시간이라는 것을 잘 알면서도 비난이 무서워 한 발짝도 진보하지 못했다. 노무현 대통령 이후 정치인들이 말한 수도권 과밀화 해소와 균형 발전이라는 비전은 말뿐인 비전에 불과했다. 정부가 기업이나 국민에게 지방으로 이전할 것을 요구하는 것은 말도 안 되는 시대이다. 그렇다면 자연스러운 인구 이동이 발생하도록 유도하는 것이 정부의 역할이다. 그러나 우리 정부는 어느 정권이든 하다못해 서울에 남아 있는 중앙부처마저 세종으로 움직이지 못했다. 외교부, 통일부, 국방부는 안보 부처이므로 대통령 집무실 근처에 있어야 한다. 그런데 법무부와 여성가족부가 서울에 남아 있을 이유가 무엇인가. 부처가 서울에 있다고 해서 일을 더 잘하는 건가. 어느 정권이든 행정수도를 완성했어야 했다. 서울에 남은 5개 부처 이전과 더불어 청와대도 이전하겠다고 밝혔어야 했다. 청와대가 이전하면 국회도 이전할 가능성이 높으므로 행정수도 완성은 자연스럽게 달성할 수 있었다.

행정수도 이전은 특정 정당의 전유물은 아니다. 균형 발전을 행동으로 보여 준 사람은 노무현 대통령이지만, 꿈을 꾼 사람은 바로 박정희 대통령이다. 박 대통령은 행정수도 이전과 서울에 있는 명문 대학을 지방으로 이전하겠다는 계획이 있었다. 서울시는 국제 상업 도시로 발전시키고, 남북한 통일 이후 한반도 통일 시대 행정수도로 염두에 뒀다. 당시 행정수도를 계획했던 김병린 전 서울시 도시계획국장이 2004년 한 언론과 인터뷰한 내용을 발췌했다. 아래는 박 대통령이 했던 말이라 전해 진다.

"이렇게 많은 대학생이 한 지역에 몰려 있는 나라는 우리나라밖에 없다고 하지 않는가. 대학만 바라보고 서울로 올라오는데 어찌 막을 건가. 나는 2~3년 전부터 임시 행정수도 건설을 생각해 왔네. 6·25 전쟁이 끝난 후에 중부 지역으로 수

청년 보좌관이 말하는 청년의 내일

도를 옮겼어야 했어. 그러나 서울에 계속 머무른 탓에 이제는 이러지도 저러지도 못하는 상황이야. 임시 행정수도 건설 외에 무슨 방법이 있겠나."[28]

박 대통령은 수도 이전 계획도 치밀하게 세웠다. 행정수도 후보 지역으로 조치원, 청주, 대전의 삼각 지역을 지정했고, 국토의 중심에 위치하게 하여 전국을 두 시간 이내에 관할하려는 계획을 세웠다. 세부 계획이 나오는 대로 후보지 선정에 착공까지 예정되어 있었으나, 당시 주한미군 철수 문제가 터지면서 박 대통령은 행정수도 건설을 잠시 미루었다. 수도 건설에는 당시 추산으로 5조 원의 예산이 계획됐었는데, 이 예산을 자주국방을 위해 우선 사용해야 한다는 것이 박 대통령의 뜻이었다고 전해진다. 박 대통령의 사망으로 모든 계획이 물거품이 되었고, 그 비전은 진보의 상징인 노무현 대통령이 추진했다. 이 정도면 진영과 이념을 넘어 누군가는 해야 할 일이라는 뜻 아닐까.

4.
보수 박정희, 진보 노무현을 이을
대승적 결단이 필요한 시대

"당장은 대안적인 방법을 써 보겠지만, 언젠가 꼭 해야 하는 일입니다."

헌법재판소의 '관습헌법론' 판결 이후 노무현 대통령이 한 말이다. 행정수도 이전은 언젠가 꼭 해야 하는 일이고, 이는 진보, 보수 진영의 논리를 고려할 일이 아니라는 말이다. 대통령과 국회가 결단만 하면 된다. 당장 실현할 수 있는 것부터 차근차근하면 된다. 민간기업의 이전은 부수적인 효과로 나타날 것이다.

먼저, 국회와 대통령실, 서울에 남아 있는 정부 부처인 외교부, 통일부, 법무부, 국방부, 여성가족부를 이전하고 행정수도가 '세종시'임을 선포한다. 행정수도가 이전되면 우리나라에 주재하고 있는 대사관들도 이전할 가능성이 매우 높다. 대사관은 나라를 대표하여 외교 활동을 하는 거점이고, 주재국 행정부와의 관계 그리고 자국민의 권익과 이익을 대변하는 역할을 하므로 대부분의 대사관은 주재국 수도에 설치한다. 남아 있는 행정부와 입법부만 이전하더라도 파급 효과는 엄청날 것이다.

둘째, 금융위원회, 금융감독원 등 핵심 공공 기관과 공기업을 지방으로 이전해야 한다. 금융위원회와 금융감독원이 이전한다면 그 지역은 지금의 여의도처럼 제2의 금융의 메카가 될 가능성이 높다. 정책금융기관 이전도 고려해야 한다. 수출을 원하거나, 기업 인수 자금이 필요할 때나, 기업이 자금이 필요할 때라면, 저렴한 이자로 돈을 빌릴 수 있는 곳이 정책금융기관이다. 이 기관들은 어느 지역에 있든 돈이 필요한 기업은 찾아간다. 이처럼 굳이 서울에 있을 이유가 없는 공공 기관과 공기업이 많다. 지방으로 이전하고, 접근성만 개선하면 국민 불편도 줄어들고, 지방도 살릴 수 있다.

셋째, 대법원과 헌법재판소도 지방으로 이전해야 한다. 법원조직법 제12조 "대법원은 서울특별시에 둔다."라는 조항이 있다. 아마 서울이 수도이기 때문에 담은 조항으로 보인다. 그런데 서울이 수도가 아니라면 서울에만 있어야 한다는 명분이 없다. 과거에는 국민 편의를 고려해 접근성 때문에 서울에 있어야 했으나 지금은 다르다. 오히려 충청도 같은 대한민국 중심에 있다면 접근성은 더 좋아진다. 대법원과 헌법재판소는 행정부가 아니므로 강요할 수는 없으나, 사법부 스스로 국가의 미래를 위해서 결단해야 한다. 최고법원의 이전은 대검찰청으로, 그리고 법조 타운에 위치한 수많은 로펌의 이전으로 확산될 것이다.

그럼 서울은 어떻게 하면 좋을까. 앞서 말한 행정 기관을 지방으로 이전하는 이유는 서울을 내실 있게 발전하기 위한 필수적인 조치이다. 지금 서울은 적당한 '비움' 없이는 적당한 '채움'을 할 수조차 없다. 서울은 과밀을 해소한 후에 대한민국 경제 중심지로 계속해서 키워나가야 한다. 한국형 실리콘밸리를 만들자는 말이다. 장사하기 이만큼 좋은 도시가 있나? 인구 940만 명이 거주하고, 소비가 활발한 도시고, 도시 인프라도 훌륭하다. 신생 기업이 제품을 테스트하기에도, 제품을 공격적으로 마케팅하기에도, 팔기에도 좋은 도시다. 국회 같은 행정 관청은 창업하는 공간으로 저렴하게 제공한다면, 창업에 따른 비용 부담도 줄어들어 '도전할 수 있는 용기'는 지금보다 커질 것이다. 국회만 하더라도 300개의 국회의원실과 수십 개의 회의실, 상임위원회 운영을 지원하는 국회 직원의 사무실까지, 수천 개의 유휴 공간이 생긴다. 인구와 소비 여력, 편리한 인프라와 풍부한 문화 자원이 넘실대는 서울은 한국형 실리콘밸리로 키우면 좋지 않을까.

청년 주거 정책의 허상

1.
불법 건축물이 많아도 너무 많아

청년들이 부모 찬스 없이 서울에서 누울 곳이 있을까? 물론 있다. 고시원. 겨우 내 몸 하나 구겨 넣을 공간만 있고, 벽은 얇은 합판으로 지어져, 옆방 사람의 숨소리마저 들리는 곳. 정말 잠만 잘 수 있고, TV 시청 같은 여가 생활은 아무것도 못 한다. 샤워 시설은 공용이다. 이 땅에 청년들이 이런 곳에서 꿈을 키우고 산다. 아니, 그냥 살아가고 있다. 필자도 대학생 때 6개월 살아 본 적 있다. 월세를 조금이나마 아끼고 싶어서다. 6개월 동안 살아 봤지만, 하루도 편히 잔 적이 없다. 밤에는 옆방, 아니, 옆 칸에 자는 사람의 숨소리가 다 들리고, 혹여 술에 취한 사람이 있으면 구역질하는 소리도 들린다.

재미난 에피소드가 하나 있다. 어느 날 잠을 자고 있는데, 어떤 사람이 헛구역질하며 몸을 가누기 어려워하는 것 같았다. 혹시나 무슨 일이 있나 싶어서 걱정하며 숨죽여 듣다가 도와줘야겠다 싶어서 가 보았는데, 방문을 두들겨 보니 한 외국인 청년이 방에 토를 잔뜩 한 채 숙취에 고생하고 있었다. 토를 깔고 앉은 채 시름시름 앓고 있었다. 편의점에서 꿀물 3병을 사 와서 마시게 하니 다행히 진정되었다. 우린 그날 이후로 고시원 동기가 됐고, 제법 친하게 지냈다. 중국 학생이었는데, 중국 음식을 대접하고 싶다고 홍대에 있는 중식 맛집에 데리고 간 적도 있다.

필자가 살았던 고시원에는 대부분 대학생이 살았다. 이름은 고시원이지만 고시 공부를 하는 사람은 없어 보였다. 햇빛도 안 드는 공간에서 누가 요즘 공부를 하겠나. 차라리 학교 도서관에서 공부하면 했지, 학교 앞 고시원은 잠만 자는 곳이었다. 그래도 늘 사람이 붐비던 곳이었다. 물론 바퀴벌레도 함께 붐볐다.

6개월 후 제대로 된 집으로 옮겼다. 진정한 휴식은 잠에서 온다는 것, 꿈도 몸이 건강해야 꿀 수 있다는 것을 절실히 깨달았다. 월세는 알바비로 충당하고, 보증금 3,000만 원은 부모님의 지원을 받았다. 다음은 옥탑방이었다. 3,000/35만 원 짜리 옥탑방. 5층 건물이지만 옥탑방은 6층이었고, 엘리베이터는 없었다. 자취방은 옥상을 개조하여 만든 불법 건축물이었다. 간혹 친한 선배와 학교 앞에서 술을 먹고, 자취방에서 2차로 맥주를 마실 때가 있었는데, 그때마다 선배는 "너희 집 올라갈 때마다 술이 다 깬다."라고 할 정도로 6층은 매일 오르내리기 힘든 곳이었다. 그래도 감사했다. 필자는 부모 찬스 덕에 보증금을 구했기 때문이다. 부모 찬스가 없는 청년들은 아직도 햇볕 한 줌도 사치인 고시원에서 현재에만 집중하며 살고 있다.

'젊어서 고생은 사서 한다.', '요즘 정부 주거 복지 정책이 얼마나 많은데 그런 소리 하냐.'라고 말하는 분도 계실 것이다. 맞는 말이다. 박근혜 정부, 문재인 정부를 거치며 청년 주거 복지 정책이 많아졌다.

청년 전용 전세 대출, 청년 전용 월세 대출 등 저금리로 대출할 수 있는 주거 복지 정책이 생겼다. 예전에는 이런 복지 정책이 없었기 때문에 좋은 사회가 된 것은 분명하다. 정부만이 아니라 서울시, 경기도 등 지자체도 경쟁적으로 비슷한 복지 정책을 시행 중이다. 홍보 자료만 보면 '이제 청년들이 집 걱정 덜 하겠다'라는 생각도 들 만큼 완벽해 보이나, 겉만 완벽하다. 청년 모두가 혜택을 누릴 수 있는 정책이라면, 아니 어려운 가정의 청년이 자유롭게 쓸 수 있다면, 왜 청년들이 여전히 죽는 소리를 하겠는가. 이 정책은 치명적인 맹점이 있다.

첫째, 정부에서 돈은 저리로 빌려주나, 집이 없다. 무슨 소리냐면, 청년 대상 정책 대출은 주택법상 '주택'으로 허가받은 주거에 한정하고 있다. 당연한 것 아닌가. 상가 빌리는 데 정부 대출을 저리로 쓰는 것은 목적에 맞지 않기 때문이다. 문제는 '겉은 상업 시설인데 내부는 주택'인 곳이 많다는 점이다. 대표적으로 고시원이다. 고시원은 주택법상 '주택'이 아니고 제2종 근린생활시설 즉, 상업 시설이다. 대학가 같은 원룸 단지를 둘러보면 이런 건물이 정말 많다. 허가는 제2종 근린생활시설인 고시원으로 받고, 내부는 불법 개조하여 원룸으로 운영한다.

"에이, 실제로 그러겠어?"라고 궁금하신 분을 위해서 사례를 찾아왔다. 아래 사진은 영등포 원룸 단지에 거주하는 한 청년의 집이다. 여의도 근처인 영등포는 출퇴근 수요가 많아 원룸 밀집 지역이다. 내부는 취사 시설도 있는 누가 봐도 원룸이다. 사진만 보면 당연히 주택이지만 등기상 제2종 근린생활시설이다. '이 집만 그런 것 아니냐'라고 생각하겠지만, 대규모 원룸 단지에서 주택을 찾기가 더 힘들다. 더구나 대학가는 불법 개조가 심각하여 이런 시설이 더 많다.

고시원은 조리 시설이 있어서는 안 되지만 건축 허가 이후 불법 개조하여 조리 시설 설치	좌측 건물 등기 사항 −제2종 근린생활시설(고시원)

왜 이런 주택이 갈수록 많아질까. 당연히 비용 때문이다. 고시원으로 허가받고 원룸을 만들면 건설비도 덜 들고, 규제도 비교적 느슨하다. 대표적으로 고시원으로 허가받으면 방 개수 대비 주차장을 덜 지어도 된다. 원룸 단지에 주차난이 극심한 이유다. 반면 수도

권의 30평 아파트에 산다면 한 가구에 약 1.4대의 주차 면적을 준다. (이마저도 심각한 문제다. 요즘처럼 1가구에 2~3대 차량이 흔한 시대에 규정상으로는 1.4대만 만족하면 되니 주차장에는 늘 주차 공간이 부족하다.) 아파트보다 심각한 곳은 원룸 단지다. 원룸 단지는 고시원으로 허가받은 건물이 많아 주차 공간은 늘 부족하다. 대부분 '필로티 건물' 1층에 5~6대 주차 공간을 두고, 주차가 필요한 세입자는 추가 비용을 내는 구조다.

이건 불법 아니야? 라고 물음을 던질 수 있지만, 불법이 아니다. 규정을 그렇게 만들어 놓았다. 서울시의 주차장 설치 기준을 보면 고시원은 시설 면적 134㎡당(약 40평) 한 대의 주차 공간만 갖추면 된다. 반면, 정상적인 원룸인 원룸형 주택은 세대당 0.6대의 주차 면적을 확보하면 된다. 40평 정도의 면적을 얼마나 잘게 쪼개어 세대 구분을 할 것인지는 집주인의 마음에 달렸다. 5평으로 방을 쪼갠다면 8세대가 나오고, 8세대 중 주차 공간 1면을 차지하기 위해 눈치 싸움을 하고, 실패하면 골목길에 불법 주차를 해야 한다. 앞서 보여 준 영등포 원룸 단지에 거주하는 한 청년의 건물에는 한 층당 8개 방이 있고, 원룸으로 활용되는 층은 6개 층, 총 48가구가 산다. 그런데 주차 공간은 총 6대다. 48가구 중 자차 소유자가 6명뿐일까? 원룸 단지에 소방차가 지나가기 어려운 이유는 바로 이 때문이다.

왜 이런 편법을 정부가 용인해 줬을까. 기원을 살펴봤다. 고시원은 원래 불법 건축물이었다. 공무원이 보기에도 사람 살기 적절하지 않다고 생각했기 때문이다. 불이라도 날 경우 대형 참사로 이어진다. 방과 방 사이는 벽돌이 아니라 얇은 합판이고, 창문이 없는 방이 대부분이라 환기나 탈출은 불가능하다. 고시원은 화재 사고도 많다. 실제로 2018년 11월 서울 종로구 한 고시원에서 불이 났는데 7명이 숨지고, 11명이 다쳤다. 사람이 살면 안 되는 곳에 사람이 살 수 있는 곳으로 허가를 내 놓으니 생긴 비극이다. 국회는 독버섯처럼 번지고 있는 이런 주거 공간을 막을 법안을 통과시키고, 정부는 모든 행정력을 동원해 불법을 엄벌하여야 했다.

그런데 2009년 이명박 정부는 '고시원을 양성화하겠다.'라고 발표했다.[29] 불법을 엄벌하기보다는 고시원을 준주택으로 지정하여 정부가 관리하겠다고 발표했다. 고시원이 '주택인 듯 주택 아닌 주택 같은 너'가 되었다. 불법을 합법으로 만든 순간부터 허가는 고시원 (제2종 근린생활시설)으로 받고, 나중에 원룸으로 개조하여 원룸 사업을 하는 사람이 늘어났다.

법을 어기는 행위는 늘 진화한다. 진화 속도에 맞게 국회가 법을 개정하면 좋겠으나 법은 범죄가 진화하는 속도에 비해 느리다. 불법이 독버섯처럼 퍼지는 이유는 경제적 이윤 때문. 이런 상황에서 정부가 불법을 합법으로 만드는 순간 독버섯은 거침없이 주변 생태계를 파괴한다. 고시원이라는 독버섯이 원룸 단지를 잡아먹는 것처럼 말이다.

고시원 합법화로 청년이 편히 쉴 곳은 사라지고 있고, 정부 정책이 제 기능을 못 하고 있다. 정치권과 정부는 정신을 차려야 한다. 아무리 좋은 정책이라도 수혜자들이 이용하지 못한다면 잘 만든 정책이라 할 수 있나. 필자가 예전에 국토교통부에 이 문제를 지적했을 때 담당 공무원은 이렇게 말했다.

"그럼 고시원 말고 정상적인 집으로 들어가면 되잖아요."

맞는 말이다. 맞는 말이라 반박조차 할 수 없었다. 원룸에 대한 수요가 높은 동네에 있는 정상적인 집은 모두가 선망하고 있기에 매물이 나오면 빠르면 반나절 만에 나간다. 모두가 선망하는 집이라 공급은 부족하고, 수요만 넘쳐난다. 이런 현실을 책상에 앉아만 있는 일부 공무원은 알 리가 없다. 설령 알고 있다고 해서 나서서 바꿀 이유도 없다. 공무원에게 문제 제기란 곧 할 일이 많아진다는 의미며, '무사안일주의'에 반하는 사고와 행동이다.

잘못된 것을 시정할 생각은 없고 오직 세상 탓만 하는 자세, 지금이라도 고쳐야 한다는 소명 의식이 전혀 없는 그 자세가 청년들의 희망을 꺾고 있다. 지금이라도 바꿔야 한다. 허가는 고시원으로 받고, 불법으로 개조한 원룸이 더 이상 생기지 않도록 법으로 막아야한다. 또 상태가 열악한 고시원은 사람이 살 수 있는 원룸으로 바뀌도록 정부가 지원해야 한다. 그래야만 알바비 버느라, 취직 준비하느라 세포마저 피곤에 지친 청년들이 집에서나마 꿈을 꿀 수 있고, 정부가 지원하는 주거 정책이 효과적으로 발휘할 수 있으며, 우리 동네가 주차난에서 벗어나 쾌적해질 수 있다. 쉬우면서도 어려운 이 문제를 풀 지도자는 어디 있을까.

2.
제발 생색내기용 주거 대책 그만하자

선거철마다 여야 모두 '청년 주택 몇만 호를 공급하겠다.' 선언한다. 과연 이 말을 믿는 청년이 있을지 궁금하다. '주택을 대폭 공급하겠다.'라는 정치인의 말은 양치기 소년의 거짓말 수준을 넘어 그 거짓말조차 이제는 아무도 듣지 않는 듯하다. 국민의 표를 바라는 선거철마다 약속에 약속을 거듭한 것이 지켜졌다면 청년들이 '한 몸 누일 공간'은 당연히 있어야 하지 않겠나. 표를 바랄 때마다 청년에게 던지는 거짓말이 얼마나 허황한 것인지, 정치인의 말과 입법으로 정부가 만든 대책이 얼마나 생색내기용인지 알아보자.

정부가 청년 주택을 직접 공급하겠다는 말을 믿는 사람은 거의 없다. 그렇기에 누구도 그 공약이 실현되었는지 검증조차 하지 않는다. 정부가 저리의 대출을 지원하는 정책도 있다. 주택도시기금을 통해 청년에게 지원하는 형식이다. 이 제도가 얼마나 엉망인지 살펴보자.

먼저, 신혼부부 전용 전세 자금 상품[30]을 보자. 대출 대상은 무주택 세대주이며 혼인 기간 7년 이내 또는 3개월 이내 결혼예정자인 신혼부부 대상이다. 대출 금리는 연 1.2%~연 2.1%로 상당히 저렴하다. 대출한도는 수도권 3억, 비수도권 2억 원 이내이고, 최장 10년 이용할 수 있다. 엄청 좋은 상품이다. 대출한도가 수도권 3억이라서 작고, 낡은 집일 수는 있다. 하지만 부모님 도움 없이 자력으로 집을 구할 수 있어서 가진 것 없는 청년에게는 매우 유용한 정책이다. 그러나 치명적 단점이 있다. 부부 합산 연 소득 6천만 원 이하인 자가 대출 대상이다. 연 소득 6천만 원 이하면 1인당 연봉 3천만 원이다. 최저임금 대상자가 2023년 기준 연봉으로 따지면 월급 2,010,580 원*12개월= 24,126,960원이다. 최저임금보다 조금이라도 월급을 더 받는 사람은 정부가 시행하는 주거 정책의 수혜자가 될 수 없다. 재 있는 사실은, 통계청 자료에 따르면, 2021년 기준 초혼 신혼부부의 연간 평균소득은 6,400만 원이다.

다음은 청년 전용 버팀목 전세 자금이다. 전세를 구하는 청년들이 많이 찾는 상품이다. 이 정책은 부부 합산 연 소득 5천만 원 이하인 무주택 세대주가 그 대상이고, 대출 금리는 연 1.5%~2.1%, 대출한도는 2억 원 이내, 최장 10년 이용할 수 있다. 금리가 매우 저렴해 인기 있는 상품이나, 역시 소득이 문제다. 부부 합산 연 소득 5천만 원 이하이므로 최저임금을 받는 사람 둘이 결혼해야만 받을 수 있는 혜택이다. 일반 버팀목 전세 자금 상품도 마찬가지다. 부부 합산 연 소득 5천만 원 이하 무주택 세대주가 대상이며, 대출 금리는 최대 2.4%이다. 역시 소득이 걸린다.

대기업 근로자와 중소기업 근로자의 복지 격차를 줄이겠다며 정부가 야심 차게 준비한 대책도 현실에서는 쓸모없는 수준이다. 중소기업 취업 청년 전월세 보증금 대출 상품은 부부 합산 연 소득 5천만 원 이하, 외벌이 3천5백만 원 이하인 무주택 세대주를 대상으로 대출 금리 연 1.2%로 1억 원 이내로 이용할 수 있는 상품이다. 연봉을 3천5백만 원 이상으로 받는 중소기업 재직자는 대상이 안 된다. 연봉 3천5백만 원 이상을 받더라도 중소기업 취업을 꺼리는 요즘인데 정부 정책마저 이러니 중기 재직 청년에게 혜택을 주려고 만든 것인지, 편법을 유도하기 위해 만든 것인지 의문스럽기까지 하다. 통계는 없지만 온라인 커뮤니티에서는 이 같은 정부의 말도 안 되는 소득 기준 때문에 신혼부부 중 혼인 신고를 미루는 사람도 존재한다니 편법은 이미 퍼지고 있다고 봐도 무방하다.

청년에게 출산이란, 현재의 삶이 안정되어 있을 때나 품을 수 있는 꿈같은 목표이다. 부부가 알콩달콩 살 수 있는 공간도 없이, 아기와 함께 지낼 공간도 없이 평범한 사람이 출산과 육아를 선뜻 도전할 수 있을까. 청년에게 지원되는 다른 정책을 줄이더라도 주거 문제만큼은 정부가 책임져야 한다. 이를테면 산업 단지 내에 위치한 중소기업에 다니는 청년에게 주는 교통비 정책 같은 탁상공론 정책을 줄여서, 청년 주거 1채라도 더 지어야 한다. 이 정책은 교통비를 월 5만 원 지원하는 사업인데, 5만 원을 정부에서 준다고 한들 청년의 삶이 나아질 리가 없다. 치맥 한 번이면 사라지는 돈이다. 그러나 5만 원을 위해 쓰이는 세금 총액은 2022년 기준 936억 원이다. 교통비 5

만 원 지급하는 예산 936억 원으로 20㎡(약 6평) 크기의 원룸을 얼마나 지을 수 있을까. 그 돈으로 헬조선에서 살아 보고자 애쓰는 청년 30명이 쉴 수 있는 원룸만 공급되더라도 교통비 5만 원으로 쓰이는 세금보다 훨씬 가치 있게 쓰이는 것 아닐까. 정치인들이 선거철마다 주장하는 다양한 공약 중 제대로 그 목표를 실현하는 정책이 몇 가지나 될지 궁금하다.

교통비 5만 원 지원 정책 같은 있으나 마나 한 대환장 정책이 만들어진 원인은 말만 하는 정치인과 생색내기용 수준으로만 정책을 구체화하는 공무원의 합작품이다. 현실을 전혀 반영하지 못하는 정책은 정부에 대한 신뢰 문제로 이어지며, 결국 정부가 나를 보살펴 주지 않는다는 상실감으로 귀결되어, 종국엔 '정부가 날 위해서 뭘 해 준다고 내가 세금을 내야 하나'라는 생각에 이르러 세금도 내기 싫다는 결론에 도달한다. 내가 내는 세금이 어려운 사람에게나 국가의 존립을 위해 필요한 곳에 쓰인다는 생각이 들어야 조세 저항이 없다.

정치인의 공약(公約)은 사전적 정의로 '공공의 약속'을 말한다. 공공의 약속이 허황한 약속인 공약(空約)이 되지 않도록, 정치는 현실에 발을 담그고 이상을 올려다볼 정책을 만들어야 한다. 어쩌면 국민이 바라는 정치인은 '정말 나에게 도움이 되는 정책 몇 가지만이라도 제대로 해주는 사람'이 아닐까. 상품 개수는 많지만 고를 물건이 없는 가게보다, 상품 개수는 적지만 품질은 아주 우수해 지갑을 열

청년 보좌관이 말하는 청년의 내일

고 싶은 가게가 장사가 잘 되듯이, 정부와 국회가 만드는 정책도 그런 방향으로 만들어져야 한다. 비로소 그럴 때 국민은 정치의 힘을 믿는다.

3.
월세와 맞먹는 관리비, 정상인가?

월세 13만 원에 관리비 38만 원 하는 원룸, 전세 8,000만 원에 관리비 67만 원짜리 원룸. 실제 있는 매물이다. 월세보다 비싼 관리비라니 정상이 아니다. 관리비가 제2의 월세로 사용된다.

(사진: 직방 앱 캡처)

이유는 세금을 한 푼이라도 아끼기 위해서다. 2020년 7월 주택임대차보호법 개정으로 임차인은 계약 갱신 요구권을 지니고(제6조의3) 임대료 증액은 5%를 넘지 못하도록(제7조) 법이 개정되었다. 개정안의 취지는 임차인의 주택비용 부담을 덜어 주기 위한 것이다. 임차인에게는 유리하지만 임대인에게는 불리한 법이긴 하다.

전월세 신고제까지 신설되면서 임대인들은 '임대 소득이 과세 당국에 노출되어 세금을 더 내지 않을까'라는 걱정까지 하게 되었다. 국토부가 '신고 정보를 과세 정보로 사용하지 않겠다'라고 여러 번 발표했으나 시장은 '언젠가 과세 정보로 사용될 것'이라는 분위기다. 법 시행으로 대부분 지역에서는 '보증금이 6천만 원을 초과하거나 월세 30만 원을 초과하는 주택 임대차 계약은 관할 지자체에 신고할 의무가 생겼다.

임대료 증액 제한 규정과 임대료 신고제는 임대인으로서는 성가신 규정이므로 편법을 생각할 수 있다. 세금을 많이 내는 걸 반가워할 사람은 없다. 내 것을 남에게 주는 것, 더욱이 국가에 주는 것은 아까운 마음이 들기 마련이다.

요즘만 그런 분위기가 있는 것은 아니다. 조세 저항의 역사는 오래되었다. 1967년부터 1857년까지 영국 정부는 집에 창문 개수에 비례하여 세금을 부과하는 일명 '창문세'를 부과하였다. 집에 달린 창문 개수가 그 집에 사는 사람의 품위와 부를 나타낸다고 본 것이다. 공무원이 가가호호 방문하여 비밀 장부를 찾거나 소득을 파악할 필요 없이 밖에서도 창문 수를 셀 수 있었으므로 과세 당국의 업무도 줄어드는 효과가 있었다. 당시에는 효과적인 대책이었다. 그러나 심각한 부작용이 생겼다. 영국 사람들은 세금을 덜 내기 위해 창문을 벽돌로 막기 시작했다. 통풍과 채광이 되지 않자 국민의 건강 문제가 발생하였다.[31] 이처럼 세금을 덜 내기위한 '납세자의 머리 굴리기'는 늘 있었던 일이고 자연스러운 인간의 본능과도 같은 것 아닐까.

우리도 마찬가지다. 임대료 인상 제한 규정이 생기고, 정부가 임대 소득을 파악하여 과세할 수도 있다는 생각에 납세 대상자들은 편법을 고안했다. 세금은 덜 내고, 월세는 더 받고 싶은 집주인은 월세 대신 규제가 적은 관리비 인상을 택한 것. 집주인 입장에서는 돈을 어떤 명목으로 받느냐가 중요한 것이 아니라, 돈 자체가 중요하기 때문에 임대료를 관리비로 전가하면 쉬운 일이다.

관리비 인상 규제는 아파트를 제외하고 전혀 없다. 아파트는 관리비 내역을 공개하고, 내외부 감사, K-APT 시스템을 통한 운영으로 체계적인 관리를 하고 있다.

임대료를 관리비로 전가하면 여러 가지 문제가 생긴다. 첫째, 임대인은 임대 소득세 대상에서 제외되어 탈세 우려가 있고 건강 보험료를 적게 낼 수 있다. 임대 소득액을 축소하여 신고하면 임대 소득세를 적게 내거나 안 낼 수 있고, 건강 보험료도 줄일 수 있다. 임대인 입장에선 세금을 엄청 아낄 수 있다.[32]

둘째, 주택임대차보호법상 규정된 임대료 증액 5% 상한 규정을 무력화시킬 수 있다. 임대료만 올리지 않으면 되지 관리비를 올리지 말라는 말은 법에 없기 때문이다. 임대인으로서는 목적이야 어떠하든 통장에 들어오는 액수만 중요한 것 아니겠나. 월세는 그대로 묶고 관리비만 천정부지로 올려도 된다. 부동산 중개 사이트를 보면 월세를 30만 원 이하인 29만 원, 28만 원, 27만 원으로 정한 매물이 많은데, 클릭해 보면 대부분 관리비가 월세에 준하거나 월세보다 높다. 이유는 임대차 계약 신고 대상이 '월세 30만 원을 초과하는 임대차 계약'이므로 신고를 회피할 목적으로 30만 원 이하로 월세를 설정하고 나머지 차액은 관리비로 충당한다.

셋째, 세입자가 연말 정산할 시 월세 세액 공제에서 불이익을 받는다. 이 공제는 월세에 사는 사람의 주거 부담을 줄여 주기 위한 제도인데, 월세 연 750만 원 한도 내에서 총급여 7,000만 원 이하인 근로 소득자에게 세액 공제를 해주는 제도이다. 그러나 세액 공제를 받을 수 있는 금액 기준은 어디까지나 '월세'다. 관리비는 포함이 안 된다는 말이다. 월세를 연 500만 원 낸 사람과 월세 연 250만 원과 관리비 연 250만 원을 낸 사람은 비용은 같지만, 정부가 인정해 주는 세액 공제 대상 금액이 다르다. 앞 사람은 500만 원 전액 인정을 받지만, 뒷사람은 월세로 낸 250만 원만 인정을 받을 수 있다. 높은 관리비를 내는 월세에 살수록 세입자에게 불리하다. 가족으로부터 독립한 청년 대다수가 월세에 거주한다는 점을 보면, 가장 큰 피해는 역시나 또 청년들이 보고 있는 셈이다. 청년 1인 가구 중 보증부 월세에 거주하는 비율은 59.4%, 순수 월세는 8.2%로 월세 비율이 매우 높다.[33]

엄밀히 말하면 원래 월세는 관리비를 포함한 금액이다. 공간을 사용한 대가로 임대인에게 주는 비용이 월세다. 관리비라는 개념은 월세 범주 안에 녹아들어 가야 한다. 혹자는 전월세 신고제 때문이라고 비난하지만, 이 제도는 임차인을 보호하기 위한 제도라 꼭 필요하다. 지금까지 월세를 계약하는 경우에 주민 등록 이전과 함께 확정 일자를 받아야 제삼자에 대한 대항력이 생기는데, 임대인의 반대나 임차인의 실수 등으로 신고하지 못하는 경우가 있었다. 이런 문제에 대한 보완으로, 이 제도에 따른 임대 소득을 신고하면, 대항력을 갖출 수 있도록 하고, 확정 일자 판결을 받은 것과 동일한 효과를 내도록 하여 임차인을 보호하자는 취지이다. 주택으로 인한 사기는 막아야 하지 않나.

임대인으로서는 '정부가 과세 정보로 활용하면 세금 폭탄 맞는 것 아니냐'라고 생각하겠지만, 정부가 임대 소득에 대해 투명하게 과세하려고 한다면 이것보다 더 좋은 방법이 이미 있다. 근로자가 연말 정산 시 신고하는 월세 세액 공제 제도만 국세청이 제대로 기획·조사하여 일벌백계한다면, 앞으로 임대 소득을 축소 신고할 사람은 현격히 줄어들 것이다. 근로자가 연말 정산 시 신고하는 자료는 부동산 임대차 계약서와 실제 월세를 납부한 내역 모두 제출해야 하므로 이를 바탕으로 세무 조사가 가능하다. 칼은 칼집에 있을 때 가장 무서운 법인데, 국세청이 언제든 임대 소득을 조사할 수 있다는 신호만으로도 임대 소득 탈루는 적어진다.

관리비 문제는 반드시 해결해야 한다. 보완 입법이 필요하다. 정액으로 월세처럼 납부하는 관리비만큼은 월세로 통합하거나, 그렇지 않으면 월세처럼 관리비 역시 인상률을 제한해야 한다. 월세 거주자는 청년이나 노인 등 사회적 약자가 많다. 이런 것이 민생 입법 아닐까. 정치권은 매일 민생을 외치지만 정작 이처럼 중요한 민생 문제는 늘 뒷전이다. 이럴 때마다 드는 생각은 '하긴, 정치인이 직접 월세를 구해 봐야 이런 것이 문제인지도 알지.'라는 생각만 든다. 경험만큼 중요한 교훈은 없으니까 말이다. 정치는 삶을 개선하기 위한 도구인데, 정치인이 보통 사람의 삶과 멀어져 있으니 영원히 알 수 없을지도 모른다.

IV

저성장 시대,
청년이 원하는 일자리는 무엇일까?
그리고 일자리는
어떻게 만들어야 할까?

1.
자본주의를 발전시키는 힘은 이기심과 공정한 경쟁

"우리가 저녁을 먹을 수 있는 것은 푸줏간 주인, 양조장 주인, 혹은 빵집 주인의 자비심 덕분이 아니라 자신의 이익을 추구하려는 그들의 욕구 때문이다."

경제학의 아버지 애덤 스미스가 한 말이다. 인간의 이기심에 의해 움직이는 시장의 원리를 '보이지 않는 손'이라 명명했다. 인간의 이기심을 최대한 보장하고, 이를 활용하는 체제가 자본주의 체제가 아닐까. 더 잘살고자 하는 욕심, 노력해서 부자가 되려는 포부를 지지하는 체제가 자본주의이며, 인간의 본성을 잘 이해한 덕에 자본주의는 사회주의와의 체제 경쟁에서도 승리할 수 있었다. 인간의 이기심을 활용하는 체제와 이기심을 억압하는 체제의 경쟁에서, 승부는 이미 정해진 것일지도 모르겠다.

인간의 이기심은 서로 충돌할 가능성이 높기에 경쟁은 필연이며, 경쟁에서 승리하기 위한 수많은 노력이 모인 결과가 자본주의의 역사가 아닐까. 경쟁이 없다면 혁신도 없고, 발전도 없다. 자본주

체제가 더욱 발전하기 위해서라도 경쟁은 필수다. 그래서 자본주의를 채택한 대부분 나라는 공정한 경쟁을 유지하기 위해 공정거래위원회나 수사 기관 같은 권력 기관을 운영한다. 인간의 이기심은 최대한 보장해 주지만 그 이기심이 공정한 경쟁을 훼손할 경우, 국가가 나서서 경쟁 시스템을 바로 잡는 것. 이것이 자본주의 체제 유지와 공동체의 질서를 위해 반드시 해야 할 일이다.

자본주의에서 공정한 경쟁 보장은 인간의 이기심을 보장하는 것만큼이나 중요하다. 우리는 자본주의의 역사를 통해서 공정한 경쟁이 막혔을 때 국가 시스템이 얼마나 망가질 수 있는지 배웠다.

역사를 보자. 석유왕 록펠러는 1870년 '스텐더드 오일'이라는 석유 회사를 설립하고, 다른 석유 회사와 적극적인 M&A로 사세를 키웠다. 스탠더드 오일은 몇 개월 만에 뉴욕, 필라델피아, 피츠버그 등에 있는 정유사 27개를 합병하고, 급기야 1873년 미국의 금융 공황 속에 망해 가던 정유사까지 독식한다. 결국 록펠러는 1880년에 미국 석유 시장의 90% 이상을 점유하는 석유왕으로 등극하고, 석유의 생산량과 가격을 자유롭게 조정할 수 있게 되었다.[34] 그런데 이 시기에는 석유만이 아니라 철도, 철강, 석탄 산업까지 독점 자본가가 탄생하여 자유 시장 경제는 무너지고 있었다.

독점 자본의 부작용을 절실히 깨달았던 미국은 1890년 자본주의를 수호하기 위해 '셔먼법(Sherman Act)'이라는 반독점법을 만들었다. 소수의 독점 자본가가 시장에서 공정한 경쟁을 저해하는 것을 방지하고, 경쟁이라는 숭고한 가치를 보호하기 위한 목적으로 만든 법이다. 기업 간 가격 담합과 생산량 조절 담합을 금지하여 이를 위반하면 법원이 기업에 해산 명령을 내리거나 해당 불법 행위에 대해 금지 명령을 내릴 수 있는 강력한 법이었다. 이 법은 효과도 굉장했는데, 끝내 1911년 록펠러 제국인 스텐더드 오일은 30여 개의 회사로 해체되었다.[35]

이후 미국은 더 강력한 후속 법률도 제정하였다. '클레이튼법'과 '연방무역위원회 법'을 만들어, 경쟁을 실질적으로 막거나 독점을 만들어 낼 수 있는 특정한 행위를 규정하고, 끼워 팔기 계약, 배타적 거래 등을 엄격히 금지하는 한편, 독점 행위를 조사할 수 있는 권력 기관을 탄생시켰다. '공정한 경쟁을 저해하는 행위는 가만두지 않겠다'라는 미국 정부의 결연한 의지는 자본주의 역사와 함께 표출되었다.

자본주의의 대표국인 미국은 기업의 자율만 보장할 것으로 보이지만 자본주의를 지키기 위해서라면 어떤 국가보다 경쟁을 저해하는 행위에 적극적으로 개입한다. 공정한 경쟁 보장은 결국 다수 소비자에게 이익으로 돌아가고, 열심히만 하면 부자가 될 수 있다는 기대감도 국민에게 줄 수 있으므로 자본주의 국가라면 반드시 수호해야 할 가치이다.

반면, 우리나라는 어떨까. 기업과 그들의 목소리를 대변하는 일부 언론은, 규제를 완화하여 달라고 주장할 때는 "미국은 이렇게 하는데 우리나라는 후진적 규제를 아직 하고 있으니 풀어 달라"고 말하지만, 미국처럼 "공정한 경쟁을 보장하기 위한 체제를 만들어 달라"는 목소리는 내지 않는다. 공정한 경쟁을 주장하면, 다른 측에서는 '기업 죽이기'라는 주장으로 돌아오고, 잘못에 대한 처벌을 주장하면 '일자리와 투자를 이유로 선처하라'는 주장으로 돌아온다. 미국을 닮고 싶으면 미국의 제도를 배워야 하지만, 그들이 원하는 것은 미국이 아니라 돈을 쉽게 벌기 위한 해외 사례일지 모른다.

그들이 취사선택하여 사례로 말하는 미국을 온전히 닮지 못했기 때문에, 한국 기업들은 공정한 경쟁이 침해당했다는 판단이 들면 우리 정부와 사법부로 가는 것이 아니라 미국으로 간다. LG에너지솔루션과 SK이노베이션 사이의 2차 전지 배터리 영업 비밀 침해 분쟁, 메디톡스와 대웅제약 사이의 영업 비밀 침해 분쟁은 모두 미국 국제무역위원회라는 준사법적 독립 기관에서 판결하였다. 필자는 판사가 아니므로 분쟁의 잘잘못이 누구에게 있는지는 모른다. 그러나 국내 기업 간의 분쟁이 미국 정부 기관으로 간다는 것 자체가 적어도 미국 정부는 공정한 판단을 해 줄 것이라는 신뢰 때문이었을 것이다. 불공정한 행위를 한 자에게 엄벌을 가해 '경쟁'과 '노력'이라는 가치를 지켜 줄 것이라는 확신이 있으므로 미국 정부에 판단을 맡기는 것이다.

앞서 말한 두 분쟁 사례는 그동안 우리 정부와 사법부에 대한 불신이 이 정도였다는 것을 보여 주는 우리 사회의 단면 아닐까. 공정한 경쟁을 수호해야 할 공정거래위원회, 불공정한 범법 행위로 경쟁을 저해한 자를 단죄해야 할 수사 기관인 경찰과 검찰, 정의는 살아 있다는 진리를 구현해야 할 사법부 등 일련의 모든 정부 기관에 대한 신뢰가 높다면, 우리나라 기업 간의 분쟁을 미국에서 해결하려고 할까. 이런 나라에서 억울한 자가 기댈 수 있는 것은 오직 전관예우(前官禮遇)를 받을 수 있는 전직 공무원들뿐이며, 이들의 조력은 판을 뒤집을 만큼 절대적이기도 하다. 인터넷 포털에 '전관예우'라고 검색만 하더라도 홍보용 링크가 넘쳐날 정도이다.

돈 있고, 힘 있는 자가 그 권력을 이용해 더 많은 돈과 힘을 얻을 수 있는 나라가 된 듯하다. 정부와 사법부가 공정한 경쟁을 수호할 역할을 제대로 했다면, 이 정도까지 심각해졌을까. 그 사례는 너무나 많아, 새로운 뉴스가 나오더라도 식상할 지경이다. 불공정한 행태를 고발하는 뉴스를 보며, 분노보다 '그럼 그렇지……'라며 체념하는 감정이 먼저 드는 사람이라면, 한국 사회에 대한 실망이 이미 깊게 자리 잡은 사람일 것이다. 그럼에도 정치는 체념보다는 변화를 이끌어야 할 책임이 있으므로 두 눈 부릅뜨고 현실을 올바르게 바라보아야 한다.

우리나라에서 행해지는 대표적인 불공정 경쟁에 대해 몇 가지 소개하고자 한다. 필자는 대한민국에서 보통의 평범한 청년이므로 소송이 무서우니 기업명은 기재하지 않았고, 출처 역시 정부가 만든 불공정 사례를 가져왔다.

첫째, 계열사 간 일감 몰아주기이다. 상장 계열사의 일감을 총수 일가 소유인 비상장 계열사로 몰아주고, 비상장 계열사의 기업 가치를 크게 높인 후 이 회사를 상장시킨다. 그리고 총수 일가의 부를 키워나간다. 한국 재벌들이 대표적으로 하는 짓이므로 어떤 기업이 그렇게 했는지는 기재하지 않겠다. 포털에 검색하길 바란다. 일감을 비싼 가격에 총수 일가 소유 회사에 넘겨주는 것 자체가 불공정이고 주주들을 배신하는 행위이며, 변칙적으로 부를 이전하여 세금마저 적게 내려는 아주 똘똘한 수법이다. 주식회사의 주인은 엄연히 주주임에도 대주주라는 이유로 기업의 자금이 총수 집안에 변칙적으로 흘러간다면 주식회사라 할 수 있겠나. 아래는 국세청에서 직접 소개한 수법이다.

"그룹 주력사인 A사는 사주 자녀가 설립한 유한책임회사 B사를 기존 매입처와의 거래에 끼워 넣어 사업 기회를 제공했다. 그런데 B사는 공시 의무가 없는 만큼 사업 기회 제공 등 내부 거래 관계를 감추고 실제 주요 업무는 A사가 대신 수행했다. 결국 B사는 아무런 역할 없이 수천억 원의 통행세 이익을 챙겼다. 이 돈으로는 상장사인 A사가 저가로 발행한 사모 전환 사채를 인수한 후 주식으로 교환해 경영권을 편법 승계하기까지 했다. 국세청은 통행세 및 사모 전환 사채 저가 발행에 따른 부당 이익 등에 대해 세무 조사에 나섰다."[36]

"대기업 그룹 사주는 주력 계열사의 주요 사업부를 사주 자녀 지배 회사에 순차적으로 무상 이전했는데, 이로 인해 주력 회사의 매출은 점차 감소하는 반면 자녀 회사의 매출은 급증하면서 세 부담 없이 경영권 승계를 완료했다. 이후 사주 자녀는 회사의 이익 잉여금을 재원으로 수백억 원의 배당금을 수취했다. 또 이를 통해 해외 고가 주택 9채를 취득해 해외 장기간 체류 중인 배우자가 무상 사용하게 하고, 체류비를 우회 지원하는 등 변칙 증여한 것으로 드러났다."[37]

두 번째, 경쟁사나 협력 업체의 기술을 빼앗는 경우다. 다양한 사례를 보여 주는 이유는 그만큼 우리 사회에 만연해 있다는 것을 보여 주고 싶기 때문이다.[38]

(사례 1) 공모전을 빙자한 지적재산권 강탈

그래픽 디자인 회사인 A사는 대기업 B사가 주최하는 콘텐츠 공모전에 참가하여 제품 디자인, 광고 카피 등의 아이디어를 제출했음. 그러나 대기업 B사는 A사의 동의 없이 A사가 제출했던 제품 디자인, 광고 카피 문구를 신제품 디자인에 적용하여 출시.

(사례 2) 핵심 기술 자료 강탈로 이익 편취

교량 시공 전문 업체인 A사는 도로 건설 설계 입찰에 참여한 대기업 B사의 컨소시엄 제안을 받고 핵심 기술 자료를 B사에 제안함. B사는 A사에 아이디어, 핵심 기술 등을 추가로 요구했고, 이를 활용하여 낙찰에 성공하였으나, B사는 핵심 기술을 제공한 A사가 아닌 C사와 함께 공사 진행.

(사례 3) 샘플 요청으로 복제품 생산

대기업 B사는 선박 부품 제조업체 A사에게 기술 설명회를 요청하여 부품 샘플을 제공받고, 타 기업인 C사에 제공하여 복제품 생산을 지시함. B사는 C사를 통해 생산된 복제품을 사용.

(사례 4) 기술 자료 빼먹고 버리기

굴삭기 부품업체 A사는 대기업 B사로부터 납품단가 20% 인하를 요구받았으나, 이를 거절. B사는 A사와의 거래 과정에서 확보한 설계도면 등의 기술 자료를 C사에 제공하여 동일 제품을 개발하게 하고 A사와의 거래 중단.

(사례 5) 경쟁사 기술 유출

경쟁사 간에 기술 유출도 있다. A사는 경쟁사 B사의 핵심 연구 인력을 유인하여 채용하고 B사의 영업 비밀인 기술 자료를 부당하게 취득함.

세 번째, 금융 시장을 이용한 자본시장 교란 행위다. 엄연히 범법 행위이고, 중죄임에도 주식 시장의 허점을 이용해 돈을 버는 기업들이 있다. 아래는 국세청에서 적발한 사례이다.[39]

"주가가 하락할 경우 전환 사채의 주식 전환가액이 하향 조정된다는 점에 착안해 수차례에 걸쳐 금융 기관 등을 대상으로 전환 사채를 되살 수 있는 콜옵션이 부여된 전환 사채를 발행한 다음 사주 자녀에게 콜옵션을 무상 양도했다. 이후 사주 자녀는 주가 상승 초기에 콜옵션을 행사해 전환 사채를 저렴하게 취득한 다음 주식 가치가 급등하는 시점에 주식으로 전환함으로써 거액의 시세 차익을 획득했다."

이 수법이 얼마나 나쁜 짓인지 쉽게 설명하겠다. 전환 사채(convertible bond, CB)는 기업이 자금이 필요한 경우 발행하는 회사채인데, 일정 기간이 지나면 회사채를 주식으로 전환할 수 있는 채권을 말한다. 일정 기간이 지나면 채권을 가진 자가 채권을 주식으로 바꿔 주가 상승에 따른 시세 차익을 얻을 수 있는 구조다. 주식 전환권을 행사하면 그다음부터는 채권이 아니라 주식이다. 전환 사채로 돈을 벌려면 싼값에 전환 사채를 샀다가 주가가 오를 때 주식으로 전환하면 된다. 이 전환 사채를 누구에게 팔지는 기업의 자율이므로 악용할 소지가 다분하다. 이 방법으로 주가 시세 조종을 할 수도 있고, 헐값에 주식을 확보하여 엄청난 시세 차익을 얻을 수도 있다. 시세 차익으로 사업 확장은 물론, 상속·증여세 자금을 마련할 수도 있고, 불법 비자금도 조성할 수 있다.

어떠한가. 우리나라가 공정한 경쟁이라는 숭고한 가치를 지키고 있는 것처럼 보이나. '열심히만 살면 잘살 수 있다.'라는 믿음. 자본주의가 지닌 태생적 힘이라 생각한다. 그 믿음이 현실이 되려면 시장이 '보이지 않는 손'에 의해 작동될 수 있도록, 정부가 강력한 중재자 역할을 해야 한다. 국회 역시 '기울어진 운동장'을 바로잡기 위한 강력한 법을 만들어야 한다. 기업인들이 그렇게나 선망하는 미국처럼 불공정 행위가 심할 경우 기업 해산 명령까지 할 수 있도록 강력한 법이 있어야 함부로 나쁜 짓을 하지 않는다. 남의 것을 빼앗고, 남보다 쉽게 얻으려는 욕심이 실현되지 않도록 잘못된 짓을 하면 기업이 도산할 수도 있는 수준의 법안 말이다.

2.
가고 싶은 '좋소기업' 만들기

산재 공화국, 과로사 공화국, 피로 사회. 우리의 일터를 관통하는 단어들이다. 섬뜩하지만 현실이라는 것을 모두가 알기에 일터와 관련된 새로운 뉴스를 보더라도 '우리나라가 그러면 그렇지.'라는 생각만 할 뿐 참신한 뉴스마저 아닌 세상이다.

우리 사회는 아주 오랫동안 OECD 국가 중 산재 사망률 1위로, 일하다가 죽는 사람이 많은 나라다. 또 OECD 국가 중 노동 시간 상위 5위이며, 이는 OECD 평균보다 훨씬 상회하는 수치(1,716시간)이고, 장시간 노동 대표 국가로 손꼽히는 일본(1,607시간)보다 우리나라(1,915시간)가 더 높다. 참고로 우리보다 일을 많이 하는 나라는 멕시코, 코스타리카, 콜롬비아, 칠레다. 5위로 낮아진 지도 불과 얼마 전이다. 2017년 기준 한국 연간 노동 시간은 2,014시간으로 OECD 국가 중 멕시코(2,257시간)에 이어 2위였으나, 문재인 정부의 '주 52시간제' 시행으로 등수를 많이 낮추었다.

일터에서의 고통은 삶의 만족도로 증명된다. 삶에는 일만 있는 것은 아니지만, 시간 기준으로만 보더라도 일이 삶에서 차지하는 비율이 가장 높으므로 일은 삶의 질과 무관하지 않다. 통계청 자료에 따르면 '현재의 삶에 어느 정도 만족하는지'에 대한 질문에 한국은 OECD 국가 중 뒤에서 3등이다. 꼴등은 튀르키예, 뒤에서 2등은 콜롬비아 순이다.[40] 삶의 질 하락은 곧 불행을 의미하며 심할 경우 생을 스스로 포기하고 싶을 정도로 한 개인을 극한으로 내몬다. 결과는 수치가 증명한다. 벌써 몇 년째인지 모르겠지만 OECD 국가 중 자살률은 항상 1위이다. 이 정도면 우리나라는 안 좋은 것만 1위를 차지하는 것이 아닌가 하는 생각이 들 정도다.

헬조선을 만드는 데 주요 공신들을 하나씩 제거하면 지금보다 더 좋은 나라가 되지 않을까. 그 가운데, 하루 일과 중 가장 오랜 시간을 보내는 직장에서의 문제를 다루려 한다. 왜 청년들이 일부 일자리를 두고 '좋소기업'이라 부르는지, 그곳의 실태는 어떤지, 어떤 부분을 개선해야 하는지 알아보자.

대기업에서 일하고 싶은 이유는 임금, 복지, 근로 환경이 중소기업에 비해 월등히 뛰어나기 때문이다. 이런 격차를 완화하기 위해 정부가 일부 보조금으로 지원하기는 하나 '언 발에 오줌 누기 식'이며, 정부 지원이 과연 적절한지도 따져 봐야 할 일이다. 하나씩 살펴보자.

임금을 정부가 개입하는 것이 옳은가?

임금은 기업이 전적으로 결정할 일이며 정부가 개입하는 것이 효과가 있을지 의문이다. 중소기업의 월급 수준을 대기업 수준까지 끌어올리면 좋겠으나, 이것은 어디까지나 이상에 불과하다. 기업마다 임금 지급 여력이 다르므로 정치권과 정부가 이상만 꿈꾸며 정책과 법안으로 만들어선 안 된다. 특히 중소기업 근로자의 월급을 대기업 수준으로 맞춰 주기 위해 세금을 지원하면 심각한 부작용도 있다. 시장 경제 체제에서 자연스러운 현상은 근로자의 '이기심'이 '보이지 않는 손'이 되어 업계 전체의 임금이 상승하는 것이다. 그러나 정부가 임금을 세금으로 보존해 주겠다는 순간 자발적 임금 상승효과는 억제된다. '보이지 않는 손'이 작동되지 않는다. 또 언제까지 중소기업 근로자에게 세금으로 월급을 보존해 줄 수는 없다. 세금 지원이 끊어질 때면, 그동안 기업이 자발적으로 임금 상승을 하지 않았기 때문에 근로자가 느끼는 월급 하락은 생각보다 클 것이다. 결국 세금으로 중소기업 근로자의 임금을 보존해 주겠다는 좋은 의도가, 자발적 임금 상승을 억제하는 부정적 결과로 이어질 것이다.

세금 지원을 제외하고 자발적 임금 상승의 다른 변수는 외국인 근로자다. 요즘 농촌과 어촌에서는 외국인 근로자가 없으면 일손 구하기가 매우 어렵다. 이분들은 농어촌 경제를 뒷받침하는 역할을 하고 있다. 문제는 외국인 근로자의 대량 유입으로 시장에서 자발적으로 일어나야 할 임금 상승 효과가 미비하다는 점이다. 일자리는 한

정적인데 외부 변수로 근로자의 규모가 증가한다면 임금 상승은 일어나지 않고, 일자리의 질은 개선되지 않는다. 장기적으로는 우리 국민이 일할 만한 일자리가 되지 않는다. 농어촌 일자리가 현재 그렇다. 어촌 다큐를 보면, 일터에는 외국인 근로자가 더 많고, 한국인은 대부분 오랫동안 일해오던 중고령자다. 농촌도 마찬가지다. 이제 농어촌은 외국인 근로자 없이는 지역 경제가 돌아갈 수 없다. 일례로 코로나 감염병 사태로 외국인 근로자 유입을 억제할 때 문제는 여실히 드러났다. 농어촌에서 일할 사람이 없다는 곡소리가 여기저기서 터져 나왔고, 외국인 근로자 허가 인원을 늘려 달라는 민원이 빗발쳤다. 코로나 대유행이 잠잠해진 지금은 다행히 근로자 유입이 다시 원활해졌고, 농어촌 일손 부족 문제도 해결되어가는 듯하다. 필자는 이번 사태를 보고 우리나라가 장기적으로 우리 국민과 외국인의 일자리가 분절되는 현상이 더 고착될 것으로 생각했다.

법적으로 보장하는 복지제도는 보장되어야 한다.

다시 본론으로 돌아가서, 그렇다면 복지와 근로 환경도 정부가 개입해서는 안 될까? 임금은 시장에서 정하는 것이 타당하지만 복지는 다르다. 법적으로 근로자에게 부여되는 일부 복지제도는 기업 규모를 가리지 않고 적용되어야 한다. 근로자에게 부여하는 복지제도는 사실 근로자 개인의 삶을 위해서이기도 하지만 국가가 국민을 보호하기 위한 정책 수단이기도 하다.

대표적으로 육아 휴직을 생각해 보자. 이런 제도라도 만들어야 만 아이를 낳고, 양육할 용기가 생기지 않을까. 아이를 낳았다는 이유만으로 직장에서 해고된다면, 안 그래도 취업이 어려운 나라에서 누가 출산을 계획할까. 더욱이 개인의 삶이 갈수록 중요하게 여겨지는 시대. 평생을 노력한 결과물이 출산과 육아로 물거품이 된다면 본인의 생존을 위해서라도 출산은 머릿속에서 지울 것이다.

찰스 다윈도 진화론에서 그렇게 지적하고 있다. 동물 세계에서는 주변에 자기와 같은 종이 넘쳐나면 출산하지 않는데, 이는 낳아봤자 경쟁이 치열해 살아남을 확률이 떨어지기 때문이다. 오히려 동물은 이럴 때 출산 대신 자기 경쟁력을 높이는 쪽으로 힘을 쓰고, 경쟁력을 높인 다음 짝짓기하는 것이 번식에 유리하기 때문이다.[41]

사람도 마찬가지다. 경쟁은 갈수록 심해지는데, 자기 경쟁력이 낮아진다는 압박감은 생존 본능으로 이어져 출산과 육아는 꿈도 꾸지 못한다. 저출산이 심각한 수준이라고 누구나 말하지만 상황은 바뀌지 않는다. 육아 휴직은 근로자라면 누구나 누릴 수 있는 기본적 권리이지만, 이런 기본도 지킬 수 없는 나라가 우리나라다. 출산율이 얼마나 더 바닥으로 떨어져야 기본이라도 지킬 수 있는 나라가 될까.

다행히도 육아 휴직 사용률은 매해 높아지고 있지만 개선해야 할 부분이 많다. 육아 휴직 급여가 소득을 대체하지 못한다는 문제 (육아 휴직 급여는 최초 3개월간은 최대 월 150만 원을, 이후 종료일까지는 최대

월 120만 원을 받는다), 사측의 눈치와 압박 때문에 근로자의 권리임에
도 자유롭게 쓸 수 없다는 문제, 남성 근로자의 사용 비율이 낮고(육
아 휴직 사용률 : 2022년 기준 남성 28.9%, 여성 71.1%), 육아를 여성이 책임
져야 한다는 사회적 인식 문제, 기업으로서는 근로자가 육아 휴직을
사용하면 대체할 인력을 구하기 어렵다는 문제, 인건비 경감을 위해
기업이 육아 휴직 대체 근로자를 뽑지 않으면 나머지 근로자들이 일
을 나눠서 해야 하는 문제, 무엇보다 중소기업의 근로자는 '먹을 수
없는 굴비'처럼 현실적으로 사용할 수 없는 제도라는 문제가 있다.
(2021년 기준 기업 규모별 육아 휴직 사용률은 300인 이상 대기업 64.5%, 50인 이
하 중소기업 21.4%)

근로자의 권리만 강요할 수 없고, 사용자의 이해만 목 빠지게 바
라는 것은 안 된다. 종합적인 사회 문제이므로 처방도 종합적이어야
하고, 문제 해결 방법도 어느 한쪽의 양보를 요구하는 방식으로 결
론지어져선 안 된다. 어느 한쪽의 양보는 결국 '시혜'로 이어져 이행
하지 않아도 되는 정책으로 남을 뿐이다. 정부와 정치권은 기업에 육
아 휴직을 자유롭게 사용할 수 있는 문화를 만들라고 강요만 할 것
이 아니라 육아 휴직으로 인해 겪게 될 부작용 완화할 대책을 함께
처방해야 한다.

유급 휴가도 마찬가지다. 근로기준법 제60조 ①항 〈사용자는 1
년간 80퍼센트 이상 출근한 근로자에게 15일의 유급 휴가를 주어야
한다〉, 〈이를 사업자가 위반하면 2년 이하의 징역 또는 2천만 원 이

하의 벌금에 처한다(근로기준법 제110조)〉. 이렇게 우리 법은 휴가를 자유롭게 쓸 수 있도록 설계되었지만, 실제 휴가를 자유롭게 쓸 수 있는 사람은 극소수다. 또 직원에게 휴가를 주지 않았다고 징역이나 2천만 원 이하의 벌금을 받은 사장을 본 적이 없다. 정부는 감독할 생각은 없고, 사용자도 지킬 마음이 없다. 법이 없어서 문제가 아니라 법을 지키려는 노력을 하지 않기 때문이다.

회사 눈치 안 보고 법적으로 본인에게 주어진 휴가 사용 권리를 행사하게끔 만들어야 한다. 누군가는 '기업이 바쁠 때 휴가 달라고 하면 기업 운영이 되겠냐?'라고 반문하겠지만, 법에도 근로자가 청구하는 휴가일에 휴가를 부여하는 것이 사업 운영에 지장이 있는 경우에는 그 시기를 변경할 수 있도록 하고 있다.(제60조 ⑤항). 문제가 될 게 없다는 뜻이다. 직원 한두 명 휴가로 기업이 운영 안 된다면, 그 기업의 문제이지 휴가의 문제가 아니다.

유급 휴가 사용 보장은 돈도 적게 들고, 사측에 피해도 적으며, 직원에겐 자유로운 휴식을 보장하는 일석삼조의 효과를 낼 수 있는 가성비 높은 정책이다. 기업 문화만 바꾸면 될 일, 기업 문화가 안 바뀐다면 정부가 조금만 계도하면 될 일을, 지난 수십 년간 바뀌지 않았다는 것이 개탄스럽다. 이런 노력도 없이 양질의 일자리를 만들겠다는 정부의 발표는 공허한 외침일 뿐이고, 가족 같은 회사라며 '우리와 함께 하자'는 중소기업은 가족이라 생각하지 않는 직원만 함께 하는 사업장이 될 뿐이다. 기본은 제발 좀 지키자.

안전하게 일할 권리는 누구에게나 보장되어야 한다.

다음은 근로 환경이다. 가장 중요한 부분이다. 기업이 반드시 지켜야 할 의무 사항이 법에 명시되어 있고, 이를 잘 지킬 수 있도록 지원하는 것이 정부가 할 일이다.

특히 '다치지 않고 일할 수 있는 환경'은 매우 중요하다. 대기업은 스스로 환경을 조성할 돈이 있지만, 애석하게도 다수의 중소기업은 직원 월급 주기에도 빠듯하다. 안전을 위한 투자는 언감생심이다. 안전에 대한 투자가 적으니 사고도 잦다. 고용노동부 자료에 따르면 산재 사고 사망자 다섯 명 가운데 네 명은 50인 미만 사업장 소속이었다. 그중 5인 미만 사업장이 가장 심각한데, 그 비율은 전체 산재 사망자 중 무려 35.4%였다.[42]

다행히 국회는 산재 공화국의 오명을 벗어나기 위해 발버둥을 치고 있다. 더불어민주당 주도로 '중대재해 처벌법'이라는 강력한 산재 예방법이 2021년 1월 국회를 통과했다. 상황은 나아졌을까? 2022년 11월 기준 한 뉴스 매체의 기사 제목이다.

"중대재해 처벌법 이후 산재 사망 오히려 늘어… 1~9월 510명 [43](출처: 연합뉴스)"

민주당은 중대재해 처벌법으로 산재가 현격히 줄어들 것으로 예상했지만, 보란 듯이 예상은 빗나갔다. 지금보다 법이 강화되더라도 산재는 계속해서 발생한다. 법이 만능이 아니라는 말이다. 일터에서 근로자가 죽으면 사장을 처벌하겠다고 아무리 엄포를 놓아도 효과는 미비하다. 앞서 언급했다시피, 대부분의 산재 사망 사고는 50인 미만 사업장에서 일어난다. 이들 사업장은 안전 분야에 투자할 여력이 부족하고, 비교적 안전한 사업장인 대기업만 안전 분야에 투자를 할 수 있다. 통계는 '중소기업은 안전에 투자해야 합니다'라고 말하고 있지만, 중대재해 처벌법에는 50인 미만 사업장은 법 적용 대상 사업장이 아니라고 규정하여, 규제 사각지대로 두었다. 처방전은 '이렇게 처방하세요'라고 말해 주는데, 약사가 제대로 된 처방을 못하면 병이 나을 리가 있겠나. 현재 우리나라는 산재 예방이라는 치료를 위해서 가짜 약을 주고, 병이 나을 것이라고 기도하는 '위약 효과'만 바라는 격이다.

중대재해 처벌법이 쓸모없다고 말하는 것은 아니다. 안전에 투자할 여력이 있는 대기업에는 큰 변화가 있었던 것은 사실이다. 대기업들은 앞다투어 안전에 투자하겠다고 보도 자료를 뿌리고, 안전사고가 발생하면 발 빠르게 대처하는 모양새도 보인다. (실질적 변화가 있는지는 따져 볼 일이지만 말이다.)

문제는 중소기업이다. 중대재해 처벌법 대상에 50인 미만 사업장도 포함하면 가장 편하지만, 중소기업의 어려운 여건을 생각하면 자칫 지키지도 못할 법을 만들어, 법이 사문화될 우려도 있다. 직원들 월급 주기도 빠듯한 기업에게 대규모 안전 투자를 하라는 것은 마른 수건 쥐어짜기에 불과하다.

필자가 생각한 방법은 세금을 이용하는 것이다. 안전한 일터를 명목으로 대폭 보조금을 지급하여 직접 변화를 끌어내거나, 정부가 자주 잔소리하는 것이다. 세금 지원은 가장 간단한 방법이니 논외로 하고, 정부의 잔소리는 근로 감독을 의미한다.

경찰차가 눈앞에 있는데 신호 위반하는 차는 없지 않나. 방법은 정부가 일자리 안전을 자주 점검하는 것이다. 정부가 상시 점검할 수 있다는 시그널만 줘도 변화는 클 것으로 예상한다. 이는 근로 감독의 주된 목적과도 부합하다. 근로 감독은 처벌이 목적이 아니다. 감독을 통해 법 위반을 발견하고, 이를 시정하는 사후적 교정이 목적이다. 그러나 현재 우리나라는 근로 감독관이 부족하여 대형 사건이 있는 경우나 정기 근로 감독이 아니면 평상시 관리 감독 행위는 없다시피 한다. 문제가 터지면 해결을 하는 것도 중요하지만 문제가 생기지 않게 행정지도 하는 것이 더 중요하다. 잘잘못을 따지기 전에 정부가 미리 잘못된 부분을 알려 주고 관리해야 한다.

그렇게 하려면 근로 감독도 현행처럼 사후 점검 중심이 아닌, 사전 점검 중심으로 행정 체계를 개편해야 한다. 공무원이 현장을 언제든 나갈 수 있게 만들어야 사용자도 행정 행위에 부담을 느껴 일하는 환경을 변화시킬 것이다. 이런 것이 자발적 변화를 이끌 수 있는 가성비 높은 정책 아닌가.

사고가 나기 전 사전 점검을 통한 계도가 제대로 된 효과를 발휘하려면 몇 가지 개혁할 과제도 있다. 먼저, 근로 감독관이 사업장에 사전 통지 없이 감독할 수 있도록 해야 한다. 지금은 근로 감독 전에 '감독 나갑니다'라고 사업장에 통지한다.[44] 그런데 대부분 국가는 사전 통지 없는 방문을 원칙으로 한다. 일본, 미국, 프랑스 등 대부분의 국가에서 사전 통지 없는 방문을 원칙으로 하고, ILO 협약 역시 '사전 통보 없이' 그리고 '낮과 밤을 가리지 않고 어느 시간대나' 근로 감독관이 자유롭게 사업장을 방문하여 근로 감독을 수행할 수 있어야 한다고 규정하고 있다.

근로 감독관의 업무 능력도 향상해야 한다. 하루 중 가장 많은 시간을 보내는 곳이 직장이다. 직장에서는 사용자와 근로자가 서로의 위치에서 최선을 다하며 때론 치열하게 대립하기도 한다. 서로 양보할 수 없는 부분이 있기도 하지만, 타협할 수 있는 여지가 있는 곳이기도 하다. 회사가 잘 되는 것이 곧 내가 잘되는 것이기 때문이다. 그런데, 근로자가 절대 물러설 수 없는 분야가 있다. 작업장의 안전이 그것이다. '근로자의 안전'을 수호하기 위해서라면 근로 감독관이 적극 개입할 필요가 있다. 그렇게 하기 위해서는 업무 능력이 상당해야 한다. 특히 산업 안전 분야를 감독할 시에는 더욱 그렇다. 사업장내의 안전을 위협할 작업 환경을 지적할 수 있는 능력은 전문적인 지식만이 아니라 현장 경험도 매우 중요하다. 어쩌면 감일 수도 있지만 '위험할 것처럼 보인다'라는 경험에서 나오는 감이 중요하다.

　많은 경험을 쌓게 하려면 오래 일하는 방법밖에 없다. 근로 감독관만큼은 순환 보직에서 제외하고 고유 직렬로 만들어 지식과 경험이 오래 축적되도록 해야 한다. 보통의 공무원과 별도로 채용하고, 교육 훈련도 강화해야 한다. 현재 공무원은 2~3년마다 순환 보직을 하는데 이렇게 해서는 전문성을 키울 수 없다. 사업장마다 설비와 운용 시스템이 다르므로 사업주가 고의로 은폐할 수 있는 사실 관계를 적발하고 계도하려면 숙련된 훈련을 받은 전문가가 필요하다.

　업무도 선택과 집중이 필요하다. 2021년 기준 근로 감독관은 총 3,122명. 이들이 맡아야 할 사업장은 71만 1,000여 곳이다. (2020년 기준 근로자 5인 이상 사업장) 사업장에 비해 근로 감독관은 턱없이 부족한데, 해야 할 업무가 너무 많다. 노동법 위반 사항 점검도 해야 하고, 노사 분규를 막기 위해 예방 지도를 해야 하고, 노사 관계에 대한 동향 파악도 해야 한다. 그런데, 이 일을 일개 공무원이 할 수 있는 일인지 생각해 보자. 노사 분규를 근로 감독관이 예방할 수 있을까, 노사 간에 좁힐 수 없는 간극이 생겼을 때 공무원 한 명이 조정 가능할까, 노사 모두 치열한 삶과 삶이 부딪치는 곳이 직장인데, 한 명의 조정으로 해결될 일이라면 극한의 대립은 애초에 없지 않을까, 또 노사 분규가 발생하면 중재 역할을 하는 정부 기관도 있다. 노동위원회는 노사 간 조정과 중재가 본연의 업무다. 노사 간 중재가 필요하다면 근로 감독관이 나설 것이 아니라, 빨리 노동위원회가 개입하는 방향으로 개편해야 한다. 근로 감독관의 업무 범위를 개혁하지 않고는 예방적 행정은 애초에 불가능한 말이다. 국회의원들은 이런 사실은 모르고 국정감사 때만 되면 '예방적 행정'을 강조하는데, 실현 불가능한 소리만 하는 셈이다.

근로 감독 업무를 지방 정부와 공유하는 것이 대안이 될까?

최근에 정치권에서 근로 감독 업무를 지자체와 공유하자는 말도 나온다. 근로 감독관 수는 부족한데 업무는 많으니, 지자체에서도 그 역할을 분담하자는 취지이다.[45] 지자체장은 권한이 많아지기 때문에 좋아하겠지만 사실 이 역할은 중앙 정부가 하는 것이 타당하다. 아무리 좋은 정책도 수요자인 국민이 사용하기 불편하다면 쓸모없는 정책일 뿐이다. 멋진 서비스를 만들어 놓고 고객이 이용하기 힘들게 만들면 그게 어딜 봐서 멋진 서비스인가. 근로 감독권도 마찬가지다. 지자체와 근로 감독권을 공유할 경우, 산재가 발생했을 때 근로자와 사용자 모두 고용노동부에 신고해야 하는지, 지방자치단체에 신고해야 하는지 애매하다. 두 기관에 신고한다면 중복 감독이 되므로 노사 모두 피곤할 것이고, 어느 한쪽에만 신고하면 행정 처리가 적절했는지 등을 제대로 알 수 없어 감독 공백으로 이어질 수있다. 결국 노사 모두의 권리가 침해받는다.

더욱이 요즘은 기업 유치가 지자체장의 가장 중요한 업무가 되어 버렸다. 기업이 투자 의향만 내비쳐도 지자체는 사활을 걸고 기업 유치전에 돌입한다. 토지 무상 대여, 지방세 전액 감면 등 파격적인 조건을 내걸 정도다. 투자 유치에 성공한 지자체장은 기업인과 사진을 찍고, 동네에 현수막으로 도배를 하는 등 공치사하기 바쁘다. 선출된 행정가의 최고 덕목이 일자리 창출이 되어 버린 시대에, 일자리에 사활을 걸지 않는 행정가가 없다.

다음 선거에서 승리하기 위해서 당연히 해야 하고 가장 중요한 업무라면 나머지는 후순위가 된다. 근로 감독 배제를 기업에서 투자 유치 조건으로 협상하고자 한다면, 어느 지자체장이 이런 유혹을 견딜 수 있을까. 요즘 유독 '기업이 하는 범죄에만 관대한 나라'라는 생각이 든다. '사업하다 보면 그럴 수 있지.'라는 말은 관용어구가 되었고, 기업의 잘못된 문제를 지적하면 '규제가 과하다.'는 말이 부메랑처럼 돌아오는 나라다.

더구나 근로 감독 대상 기업이 지역 유지가 운영하는 기업이라면 제대로 된 감독이 힘들다. 지역 유지는 그 지역 내의 정치적 영향력이 큰 사람이다. 그렇기 때문에 다음 선거에 당선되고자 하는 지자체장은 해당 기업에 강력하고 엄정한 근로 감독 업무를 수행하기에 어려움이 따른다. 잘 보여야 할 사람에게 매를 들 수 있는 정치인이 몇이나 되겠나.

지역 발전이 가장 중요한 목표인 지자체장이 지역 발전으로 포장된 기업의 성장을 방해하는 근로 감독을 제대로 할 수 있을까. 근로 감독은 사법 경찰관의 직무를 수행하는 업무이므로 철저한 독립성과 공정성이 필수인데, 과연 독립성과 공정성이 지켜질까. 지방 자치 단체 제도의 취지는 선의의 경쟁을 통해 성장하기 위해 만들어진 제도인데, 근로 감독권이 지자체에 이양된다면, '경쟁을 통한 성장'이 아닌 '경쟁을 통한 암묵적 침묵 사회'로 갈 가능성이 높다.

지자체에 근로 감독권이 이양될 경우 지자체별로 근로 감독 기준이 다를 경우도 문제가 된다. 노사 모두에게 엄청난 혼란을 야기할 것이다. 사업장 내에 문제가 발생하면 '해당 건이 법 위반인지', '향후 조치는 어떻게 해야 하는지' 로펌부터 찾아가 지자체별 조례를 포함한 관련 법규 분석을 의뢰해야 한다. 또 규제가 과한 지자체에서 안전사고가 발생할 경우 사측은 행정 처리의 부당함을 호소하기 위해 지난한 소송전을 이어갈 것이다. 다른 지자체와 비교했을 때 규제의 적절성부터 따지고 들것이 뻔하다. 모든 문제는 '법대로 하자.'는 식으로 흘러갈 것이고, 장기간 소송을 버틸 수 없는 '힘 없는 자'와 '돈 없는 자'만 피해를 보게 된다.

현행법에서도 근로 감독은 중앙 정부가 하라고 명시하고 있다. 애초에 그렇게 설계한 이유가 있지 않겠나. 그럼에도 지자체에게 근로 감독 권한을 달라는 지자체장은 공부를 안 했거나, 인기를 위해 정치를 하거나, 둘 중 하나라 생각한다. 지방자치법에는 국가와 지자체가 서로 업무 중복이 되지 않도록 규정했고(11조), 근로 기준과 측량 단위 등 전국적으로 기준을 통일해야 하는 사무는 지자체가 처리할 수 없다고 명시되어 있다.(제15조 5호) 지자체마다 측량 단위가 달라지면 대규모 혼선이 발생하듯, 근로 기준 사무도 마찬가지인 셈이다. 근로 기준 사무가 국가 사무라면, 그에 따른 감독 역시 국가 사무여야 마땅하다. 통일된 근로 감독이 이루어져야 노사 모두에게 안정성을 담보할 수 있기 때문이다.

지방자치법

제11조(사무 배분의 기본 원칙) ① 국가는 지방 자치 단체가 사무를 종합적·자율적으로 수행할 수 있도록 국가와 지방 자치 단체 간 또는 지방 자치 단체 상호 간의 사무를 주민의 편익 증진, 집행의 효과 등을 고려하여 서로 중복되지 아니하도록 배분하여야 한다.

제15조(국가 사무의 처리 제한) 지방 자치 단체는 다음 각 호의 국가 사무를 처리할 수 없다. 다만, 법률에 이와 다른 규정이 있는 경우에는 국가 사무를 처리할 수 있다.
5. 근로 기준, 측량 단위 등 전국적으로 기준을 통일하고 조정하여야 할 필요가 있는 사무

지방 분권법

제9조(사무 배분의 원칙) ① 국가는 지방 자치 단체가 행정을 종합적·자율적으로 수행할 수 있도록 국가와 지방 자치 단체 간 또는 지방 자치 단체 상호 간의 사무를 주민의 편익 증진, 집행의 효과 등을 고려하여 서로 중복되지 아니하도록 배분하여야 한다.

제11조(권한 이양 및 사무 구분 체계의 정비 등) ① 국가는 제9조에 따른 사무 배분의 원칙에 따라 그 권한 및 사무를 적극적으로 지방 자치 단체에 이양하여야 하며, 그 과정에서 국가 사무 또는 시·도의 사무로서 시·도 또는 시·군·구의 장에게 위임된 사무는 원칙적으로 폐지하고 자치사무와 국가 사무로 이분화하여야 한다.

국제노동기구(ILO)도심지어 근로자의 근로조건 개선을 위해 설치된 국제기구인, 국제노동기구(ILO) 마저 근로 감독권 지방 이양을 금지하고 있다. 제81조 협약은 근로 감독에 대한 국제 기준을 명시한 조항인데, 제4조에는 '근로 감독은 원칙적으로 중앙 기관의 감독 및 관리하에 있어야 한다'라고 규정하고 있다. 근로 감독 기준이 지방마다 다를 경우 근로자가 그 피해를 볼 수 있기 때문이다. 이 협약은 우리나라도 1992년에 비준하였다. 스스로 사인한 협약을 스스로 파기하는 우를 범하면 다른 나라들이 얼마나 비웃을지 걱정이다.

정부가 일을 잘 못한다고 해서 정부가 해야 할 일을 국민 한 사람이나, 지자체가 해서는 안 된다는 것은 상식이다. 법을 엄격하고 공정하게 집행하는 역할은 전문 공무원이 해야 할 일이지, 4년에 한 번 선출되는 정치인이 할 일이 아니다. 정치인에게 칼을 쥐어 주면 그 칼이 청룡언월도가 될지 은장도로 쓰일지 모를 일이다. 칼은 누구에게나 칼이어야 하고, 칼이 무디다면 날카롭게 가는 것이 옳다.

3.
새로운 일자리는 투자에서 출발한다

일자리 대란 시대다. 개인은 일자리를 구하기 위해, 정부는 일자리를 만들기 위해, 모든 역량을 쏟아붓는다. IMF 이후 김대중 정부부터 윤석열 정부까지 역대 모든 정부가 일자리 창출을 주요 국정 과제로 삼았고, 문재인 정부는 '일자리 정부'를 표방하며, 대통령 집무실에 일자리 상황관을 설치하여 일자리 정책을 대통령이 직접 챙기는 모습도 보였다. 자동화 기술이 발달하면서 신규 채용하는 일자리는 줄고, 복지 수준이 낮은 기업의 일자리는 기피하는 곳이 되어 외국인이 그 자리를 채우고 있다. 결국 일자리 문제를 해결하려면 단순히 일자리 개수에만 집착하여 개수만 늘리는 방향으로 가선 안 된다고 해석할 수 있다. 우리 국민이 일할 만한 일자리를 만드는 것이 중요하다. 단순 일자리 수에만 집착하면 결국 그 일자리는 기피 일자리가 되어 외국인으로 채워질 것이고, 외국인을 고용하지 못한 사업장은 근로자를 구하지 못해 운영이 힘들 것이다.

그렇다면 우리가 일하고 싶은 일자리란 무엇일까. 정확히 규정하기 어렵지만 월급도 꽤 주고, 복지도 괜찮고, 법적으로 보장받는 혜택 정도는 누릴 수 있는 정도 아닐까. 요즘 같은 저성장 시대에 이런 좋은 일자리가 만들어진다는 것 자체가 축복이고, 그만큼 만들기도 어렵다.

어떻게 만들 수 있을까. 일자리는 투자의 최종 단계에서 발생하는 부산물이라 생각한다. 모든 것이 불확실한 시대다. 요즘 같은 시대에 대규모 전쟁을(러시아-우크라이나 전쟁) 할 것이라고 아무도 예측을 못 했고, 미국과 중국이 서로 으르렁거리며 경제적 헤게모니 싸움을 이렇게 심하게 할지도 몰랐다. 대외 변수가 많아져 모든 국가가 '자국 중심주의'를 강화하고 있고, 무역 장벽은 높아지고, 효율 중심으로 짜인 글로벌 공급망은 허물어지고 있다. 이런 불확실한 시대에 대규모 자금을 투자하는 기업은 흔치 않다. 갑작스러운 외부 변수가 많은 요즘, 새로운 변수로 인해 기업이 망할 수도 있기 때문이다. 대기업 회장들이 가끔 '위기다.', '생존을 고민해야 할 때다.'는 말을 하는데, 이는 직원들에게 위기의식을 고취해 열심히 일하자는 뜻도 있지만 정말 기업의 앞날이 불투명해서 위기의식이 그 어느 때보다 높다는 뜻이기도 하다. 한순간의 투자 실수로 임직원 수천, 수만 명의 일자리를 잃을 수도 있고, 수십 년간 일궈 온 회사를 한 방에 날릴 수 있을 만큼 상수는 급격히 작아졌고, 변수는 많아졌다.

불확실성이 상수가 되어 버린 요즘 시대에 기업이 투자하려면 업종의 호황이 가시적으로 눈에 보여야만 가능하다. 불황일 때 선투자하고, 언제까지 해야 할지 모를 '치킨 게임'을 견딜 기업가는 흔치 않다. 기업은 호황이 가시화될 때 설비 투자를 시작하고, 그 이후 신규 설비를 운영할 인력을 뽑을 것이다. 투자한 각종 설비는 갑자기 불황이 오면 중고로 팔 수라도 있지만, 미리 뽑아 놓은 사람은 함부로 해고할 수 없으므로 근로자 채용을 가장 보수적으로 할 수밖에 없다는 생각에 이르렀다.

필자가 기업을 경영하는 경영인이라 생각하고 '이렇게 해야 살아남겠다.'는 고민으로 출발한 결론이라 틀릴 수는 있다. 아니, 틀렸다고 봐도 된다. 다만 필자가 전달하고자 하는 바는, 사람을 뽑는다는 것과 일자리를 하나 더 늘린다는 것이 얼마나 어려운 일인지 말하고 싶은 것이다.

이렇게나 어려운 일자리를 늘리는 방법은 결국 투자이다. 사업이 커질 것이라는 확신, 그 확신이 매출로 증명되고, 더 많은 매출을 위해 설비 투자를 해야 한다는 판단이 든 기업에 자금이 흘러가야 한다. 불확실성을 기꺼이 감내하여 기업을 키워 보겠다는 곳을 적극 투자해야 한다. 신규 직원 채용은 기업으로서는 설비를 운영할 사람을 뽑는 것이므로 설비가 매출을 일으킬 것이라는 확신이 든 이후의 일이다. 그래서 설비 투자에 적극적인 기업에 자금이 흘러가도록 인프라를 만들어야 한다.

쿠팡을 떠올려 보자. 원래 쿠팡은 온라인 쇼핑 업계의 선두 주자가 아니었다. 그럼에도 쿠팡은 온라인 쇼핑 업계의 공룡이 되었다. 기업 가치가 2010년에 114억 원에 불과했지만, 2020년에는 72조 원까지 성장했다. 이런 성장에는 쿠팡 직원들의 노력이 많겠지만, 결정적 계기는 일본 기업인 소프트뱅크의 손정의 회장이 투자한 30억 달러가 기폭제가 되었다. 천문학적 투자금으로 쿠팡은 공격적 경영을 할 수 있었고, 당장 영업 손실을 보더라도 장기적으로 시장을 선점할 인프라 투자에 매진할 수 있었다. 투자는 일자리 창출로 이어졌다. 쿠팡은 삼성전자, 현대자동차 다음으로 국내 고용 규모 3위다. 신규 일자리 창출 기준으로는 2020년, 2021년 2년 연속 1위다.[46]

배달의 민족 운영사인 우아한 형제들도 싱가포르의 국부 펀드인 싱가포르투자청(GIC), 중국계 벤처 캐피털인 힐하우스캐피털·세쿼이아캐피털 차이나, 미국계 알토스벤처스·골드만삭스 등에서 총 3억 2천만 달러를 투자받았다. 직고용한 임직원은 약 2,000명으로 알려져 있고, 간접 고용인 배민 라이더스를 따지자면 수만 명일 것이다.

게임 배틀그라운드를 만든 크래프톤도 해외 투자 덕에 성장한 기업이다. 중국 기업인 텐센트의 투자를 받았는데, 지분을 주는 대신 5천억 원 규모의 투자를 한 것으로 알려진다.

국내 최대 규모의 브랜드 패션 유통 플랫폼인 무신사는 1억 7천만 달러를 미국의 세쿼이아캐피털에서, 숙박 플랫폼인 야놀자는 미국의 부킹홀딩스, 싱가포르의 싱가포르투자청에서 총 1억 8천만 달러를, 간편 송금 앱 토스 운영사인 비바리퍼블리카는 미국과 홍콩 투자사인 알토스벤처스 등에서 총 1억 44,400만 달러를 투자받았다. 새벽 배송의 시대를 개막한 '마켓컬리' 역시 외국계인 세쿼이아캐피털 차이나와 힐하우스캐피털 등 중국계 자금으로 성장한 기업이다.[47]

앞서 사례로 말한 기업들은 대규모 자금을 투자받은 후 공격적인 경영으로 사세를 확장하고 대규모 직원 고용을 한 곳이다. 또 다른 특징은 외국계 자금으로 성장한 대표적인 기업이라는 점인데, 이는 우리나라가 기업을 키울 혁신 자본이 많지 않다는 의미이기도 하다. 주어진 환경 탓만 하며 마냥 시간을 보내면 안 된다. 기업은 '돈이된다'라는 판단이 들면 언젠가 투자할 것이므로 투자를 자유롭게 할수 있도록 제도를 정비한 후 민간 자본이 벤처 기업으로 흐르도록유도해야 한다.

민간 자본이 투자하지 않는다고 기다려서는 안 된다. 정부가 직접 나서야 한다. 성장에 자신이 있는 기업을 직접 키워야 한다는 말이다. 싱가포르 국부 펀드 '테마섹'은 적극적 투자로 수익률이 높다. 우리나라 바이오 기업인 셀트리온도 테마섹의 투자로 성장했다고해도 과언이 아니다. 테마섹은 2010년, 2013년 두 차례에 걸쳐 셀트리온에 4,000억을 투자했고, 8년 만에 20배에 가까운 평가 이익을얻었다. 기업의 성장기를 확실하게 뒷받침해 준 테마섹의 자금 덕에셀트리온이 건실한 회사로 성장할 수 있었다.

우리나라에도 여유 자금이 꽤 있다. 국민연금, 고용보험 기금, 보훈 기금 등 60여 개의 연기금이 보유한 최대 200조 원에 달하는 자금이 있다. 또 한국은행이 보유하는 외환 중 여유 자금을 운용하는 한국투자공사 자금도 170조 원이나 된다.

이 자금을 전도유망한 국내 기업에 투자하거나 해외 기업 중 국내에 대규모 투자 예정인 곳에 투자한다면, 기업도 성장하고, 양질의 일자리도 늘릴 좋은 방안이 되지 않을까. 정부와 정치권이 '일자리 만들겠다.'고 목소리만 외칠 것이 아니라, 일자리가 만들어지는 순서를 이해하고 기업의 성장기를 지원할 방법부터 만드는 것이 순리 아닐까. 순리대로 가다 보면 일자리는 만들어질 테니 말이다.

4.
지금 이 시대와 연공서열식 임금 체계가 맞나?

연공서열식 임금 체계는 경험을 존중하는 제도이다. 근속연수에 따라 임금이 자동 상승하며, 한 회사에서 오래 일할수록 근로자에게 좋은 제도다. 일반적으로 경험이 쌓일수록 숙련도가 높아지므로 그에 맞는 급여를 지급한다는 점에서 타당하다. 우리나라의 다수 기업이 이런 임금 체계를 채택하고 있다. 100인 이상 사업체의 약 55.5%, 300인 이상 60.1%, 1,000인 이상 70.3%가 연공서열식 임금 체계로 운용한다.[48]

그러나 시대가 변했다. 이 시대가 한 직장에서 오래 근무하기를 용인하는 시대인가. 통계청 발표에 따르면 55~64살 취업 유경험자가 가장 오래 근무한 일자리에서의 근속연수는 평균 15년 2개월이다. 학교 졸업 후 취업하여 30~40년 근무하는 것은 IMF 이전에나 있었다. '평생직장'의 개념은 현재를 살아가는 청년에게 역사책에서나 보던 단어로 전락했다.

기업의 인식도 바뀌었다. 직원을 가족이라 생각하는 사장이 아직 있을까. 회사의 성장과 직원의 성장을 동일시하며 직원의 사적인 일에 진심으로 도와주는 그런 좋은 대표자는 온라인에서만 '우리 사장님 자랑거리'로 떠돌았지 현실에서 찾기 힘들다. 대부분 회사는 비용과 효율이 절대적 가치이며, 저성과 직원을 어떻게 해서든 해고하고 싶어 한다. 이제 한국식 노사 관계도 가족이 아닌 노동력을 제공하고 그에 대한 대가를 받는 계약 관계이다.

헬조선에서 살아남기 위해선 뛰는 수준을 넘어 발버둥을 쳐야 한다. 세상은 온통 '경쟁력'이라는 이름으로 줄을 세운다. 경쟁에서 살아남을 것을 강조하는데, 믿을 것은 내 몸 하나밖에 없는 일개 직원이 '나'를 기준으로 판단해야지 '회사'를 기준으로 의사 결정을 할 수 있을까. 그 누구도 나의 삶과 가족의 삶을 책임져 주지 않으므로 미래가 아닌 현재에 집중할 수밖에 없는 현실은 당연한 것 아닌가. 그래서 지금 당장 나를 높게 평가해 주고, 월급을 많이 주는 회사로 이동하는 것이다. 요즘 청년들이 유별나서 이직을 자유롭게 하는 것이 아니라 시대가 그렇게 만든 것이다. 미래가 그만큼 불안하기 때문에.

그런데 연공급 체계는 어떤가. 풀어 말해보자면, 현재 열심히 일하면 나중에 월급을 많이 주는 체계다. 이 시대에는 나중에 더 받기보다 지금 일한 만큼 받는 것이 더 중요하다. 한 치 앞도 모르는 시대에 미래를 담보로 현재를 양보할 수 있나. 더욱이 저성장 시대다. 고성장 시기에는 기업이 새로운 일거리를 찾으면서 기업 규모가 커지고, 신규 채용도 대폭 늘릴 수 있기에 당연히 승진 기회도 많아졌다. 반면 저성장 시대인 지금은 근로자 개개인의 일자리가 언제 사라질지 걱정하는 시대이다. 직장인의 유일한 낙은 월급과 때에 걸맞은 승진뿐이다. (보람만으로 일하는 직원을 찾았다면 천연기념물로 인터넷 커뮤니티에 도배가 될 정도로 희소하다.) 기업이 예전처럼 사세 확장을 적극적으로 하지 못하니, 근로자도 제때 승진하기도 어렵다. 그래서 요즘은 승진에 관한 관심도 현격히 줄어든 듯하다. 회사에서 밤새워 일하고, 상사 눈치 보며 아등바등 일해서 승진하면 뭐 하나. 어렵사리 승진하더라도 사업이 부진하여 정리 해고 대상이 되면 그간 노력은 물거품이 된다. 반면 승진 욕심 없이 개인의 삶에 투자했던 직원이 다른 회사에서 인정받고 재취업하면 더 많은 월급을 받고 빠른 승진도 가능하다. 기성세대가 그간 해 왔던 성공 방식이 바뀐 것이다. 워라밸을 추구하는 것도 이런 이유다. 일찍 퇴근해서 여가를 더 많이 보내기 위해서이기도 하지만 개인 시간을 확보하여 자기 계발에 투자해야 더 나은 미래가 있기 때문이다.

'요즘 청년들이 유별나서 그렇다.'라고 말할 수도 있다. 청년들이 유별나서 회사에 대한 충성도가 낮고, 돈만 좇아서 이 회사 저 회사 기웃거리는 것일 수도 있다. 그러나 "요즘 청년들이 제기하는 문제가 타당하지 않은가?"라는 질문에 그 누구도 단언적으로 "타당하지 않다."라고 말할 수 있는 사람은 없다. 요즘 들어 문제로 거론되는 문제는 과거에도 문제였다. 지금 기성세대들이 청년일 때도 문제였다. 다만 시대가 바뀌어 예전에는 문제가 아닌 것이, 이제는 문제가 된 것일 뿐이다. 시대가 흐른 만큼 사람들의 인식이 바뀌어서 문제로 붉

청년 보좌관이 말하는 청년의 내일

어진 것이지 세대의 문제는 아니다. 한 세대의 문제가 아니라 모두의 문제였다.

더구나 연공 서열 체계는 청년만 손해 보는 제도는 아니다. 아이러니하게도 이 체계에서 가장 큰 혜택을 받는 중고령자에게도 손해인 제도다. 다행히 정년을 보장해 주는 든든한 직장에 다니는 중고령자라면 상관없지만, 그런 직장이 흔치 않다는 것을 생각하면 50대쯤 대부분 직장에서는 퇴사해야 한다. 통계에 따르면 주된 일자리에서 퇴직하는 연령은 49.3세이다.[49] 40대 중반만 되어도 회사에서는 명예퇴직금을 내세워 퇴사 의사를 물어본다. 새 출발을 결심한 중고령자가 주된 직장에서 퇴사하면 어떻게 될까. 길게는 몇 년간 쉴 수도 있겠으나 대부분 곧바로 창업하거나 재취업을 한다. 재취업을 하는 경우가 문제가 되는데, 사용자가 이전 직장의 경험을 인정해 주지 않으면 임금은 이전 직장에 비해 급격히 하락한다. 이전 직장에서는 호봉제를 인정받아 어느 정도 고소득을 보장받았지만, 새로운 직장에서는 경력을 인정받지 못해 최저임금 수준의 임금을 받게 된다.

연공 서열 체계는 남녀 간 임금 격차에도 영향을 미친다. 여성 근로자가 임신, 출산, 육아를 위해 퇴사하면 그간 쌓아 온 연공은 한순간에 무너진다. 임신과 출산으로 경력이 단절되는 순간 임신 이전에 노력했던 것들이 물거품이 되는데, 누가 결혼하고 새로운 가정을 꾸리려 할까. 아이를 중학생까지 키운 여성이 재취업할 때도 생각해 보자. 어느 기업이 10년 전 경력을 인정해 줄까. 경력 단절 여성이 재취업을 하면 대부분 전 직장에 비해 임금 수준은 매우 낮다. 'OECD 국가들의 성별 임금 격차' 통계를 보면 한국의 시간당 남녀 임금 격차가 31.1%로 OECD 국가 중 가장 크다. 여성이 받는 임금이 남성의 69%라는 말이다. 30%가 넘는 나라는 한국이 유일하고, OECD 평균은 12.0%다. 옆 나라 일본은 22.1%이고, 미국 16.9%, 독일 14.2% 등이다.[50] 우리나라는 분단국가라는 특수성과 남성의 국방 의무 이행으로 남성보다 여성이 사회 진출이 빠른 나라이고, 사회 초년생 시절에는 여성의 임금이 남성의 임금보다 높은 편이다. 그런데도 사회 전체적인 남녀 임금 격차가 이렇게 크게 차이 나는 것은 경력 단절 문제가 그만큼 심각하다는 증거다.

한 사회의 보편적인 임금 체계는 극소수만을 위한 것이 아닌 다수를 고려하여 설계되어야 마땅하다. 그리고 어떤 임금 체계더라도 최대한 공정하게 설계되어야 한다. 지금 우리나라에서 연공 축적이 가능한 계층은 노조가 존재하는 대기업 정규직 근로자이며, 성별로는 남성이 유일한 계층이다. 반면, 연공 누적이 불가능한 중소기업 재직자, 비정규직, 여성 근로자, 직장에서 퇴사 후 재취업한 중고령자는 이 체계에서 정당한 대우를 받을 수 없다.

지금 당장 열심히 일하는 사람을 존중하고 인정하는 임금 체계가 되어야 한다. 불확실성이 커진 시대 아닌가. 또 상대적으로 다른 직원들이 하기 싫어하는 업무를 해주는 직원에게, 다른 직원보다 열심히 일하고 성과를 내는 직원에게 더 많은 보상이 주어지는 체계가 되어야 한다. 같은 회사에서 더 힘든 일을 하는 사람이 더 많은 임금을 받는 것이 공정한 것이지, 어려운 직무를 맡은 직원과 상대적으로 업무 강도가 낮은 직원이 같은 급여를 받는 것이 공정한가.

직장마다 기피 부서와 직렬이 있다. 파격적인 인센티브가 없이는 어느 직원도 가기 싫어한다. 공공 부문도 그런 직장이 있다. 예를 들어 기상청의 경우, 기상 예보관이 그렇다. 기상청의 가장 핵심 업무는 기상 예보다. 그런데 기상 예보 부서가 기피 부서다. 기관의 존재 이유라 해도 무방한 핵심 업무가 기피 업무이니 기관의 존재 목적이 제대로 실현될 수 있을까.

처우가 얼마나 차이가 나냐면, 기상청의 자료에 따르면 기상청 예보관들은 매달 평균 52시간 넘게 야근하고 33시간 동안 초과 근무한다. 교대 근무조가 적다 보니 야근·초과 근무가 자주 발생하는 것이다. 설상가상, 이상 기후로 야근하는 날이 많아졌음에도 기피 현상 때문에 기존에 일하는 직원의 처우는 계속 낮아진다.[51]

고용노동부의 근로 감독관도 기피 직렬이다. 감독관 한 사람에게 주어지는 업무는 매우 다양하고 그 강도도 센 편인데, 억울한 사람을 구제해 주는 역할을 하다 보니 상처가 있는 민원인 또한 많아 악성 민원에 시달린다. 악성 민원인에 시달리는 자리가 최악의 자리 아닌가. 남들이 기피하는 일을 하는 분들에게 기본급의 50% 수준만큼 추가 보상을 해 준다면 기피 부서로 계속 남을까.

우리 법체계가 연공서열식 임금 체계를 절대적으로 선호하는 것도 아니다. 남녀고용평등법에는 제8조 ①사업주는 동일한 사업 내에의 동일 가치 노동에 대하여는 동일한 임금을 지급하여야 한다. ② 동일 가치 노동의 기준은 직무 수행에서 요구되는 기술, 노력, 책임 및 작업 조건 등으로 하고…"라고 규정하고 동일 가치 노동에 대한 동일 임금을 원칙으로 한다. 이것이 바로 일하는 것에 따른 임금 차등 지급을 말한다.

연공 서열의 원조 격인 일본도 변하고 있다. 일본 대기업인 도요타를 비롯하여 많은 기업이 연공 서열을 포기했다. 고도 성장기에 적합한 임금 체계 방식을 포기한 이유는 기업이 살아남기 위해서다. 좋은 인재를 확보하여, 기업의 생산성을 더욱 끌어올려서 한 회사에서 한솥밥을 먹는 구성원 모두가 함께 성장하기 위한 결정일 것이다.

우리도 새로운 임금 체계를 고민할 때이다. 직무에 따른 임금 제도, 성과에 따른 임금 제도가 정답이 아닐 수도 있다. 가장 무책임한 것은 사회 곳곳에서 임금 체계로 인한 갈등이 있음에도 갈등을 회피하는 것이다. 갈등 속으로 뛰어들지 않는 정치는 정치가 아니라 방관에 불과하다.

5.
투잡(two-job) 막아서 될 일인가?

문재인 정부 들어서 주 52시간제를 시행한 후 사석에서 재미있는 질문을 많이 들었다. "왜 이 정부는 일을 더 하고 싶은 직원을 더 못 하게 하냐고. 직원이 돈을 더 벌고 싶다면 벌게 해주어야지."라고 말하며 일을 더 하고 싶다는 아우성이 많았다. 하긴, 야근하면 야근 수당, 특근하면 특근 수당 주는 직장에서 근무하는 근로자는 수당이 높으므로 야근·특근을 하지 않으면 월급 실수령액 차이가 꽤 크다. 월급 실수령액이 줄어드니 당연히 반발할 수밖에 없다는 점은 이해 간다. 하지만 우리나라가 심각한 과로 사회인 점(우리는 OECD국 중 노동 시간 상위권 국가)을 고려하면 반드시 노동 시간은 줄여야만 했다. 더구나 직장 중에 야근하더라도 야근 수당 못 받고, 특근하더라도 특근 수당 못 받고, 주말 근무를 하더라도 주말 근무 수당을 못 받는 직장이 허다하다. 이른바 포괄 임금제를 적용하는 기업은 각종 수당을 근로자에게 지급하지 않아도 된다. 포괄 임금제라는 '현대판 노예 계약'만 없어지더라도 앞서 말한 사례처럼 돈을 더 벌고 싶은 근로자는 주 52시간을 초과하여 근무할 수 있도록 설계할 수 있지만, 현실은 그렇지 않다.

주 52시간제 시행으로 남는 시간을 투자하여 투잡을 하는 사람이 많아진 것 같다. 우리 사회가 일중독 사회이긴 하다. 쉬라고 만들어 준 시간인데, 또 일을 한다. 직장에서도 일하고 퇴근해서도 일한다. 누군가는 미래에 본인 이름을 걸고 하는 사업을 위해, 누군가는 아이들 교육비를 위해 부업을 한다.

일중독 사회가 만든 부업 확산은 기존 노사 관계를 흔들 정도로 기업에 중요한 문제가 되었다. 회사 생활 브이로그를 몰래 촬영하여 개인 유튜브를 운영하다가 사측에 걸린 직원이 주변에 있고, 이로 인해 사내 갈등이 일어나기도 하는 것처럼, 새로운 문화는 기존 질서에 큰 충격을 주고 있다. 실제 카페 근무 브이로그는 기업 기밀 유출 소지도 있다. 음료에 들어가는 재료, 재료 배합 비율, 사용하는 머신 모델 번호가 노출되기도 한다. 모 카페 프랜차이즈 본사는 카페 알바생이 음료 제조 과정을 그대로 보여 주는 브이로그를 업로드한 것을 적발하여, 브이로그 촬영을 금지하는 조처를 하기도 했다. 유튜브 운영자만 문제가 아니다. 많은 근로자가 회사 몰래 투잡을 하고 있고 사측과의 갈등은 여기저기 나오고 있다. 투잡 문제를 이대로 두어선 안 된다. 이 문제에 대해 알아보자.

대부분 직장인은 투잡이 금지되어 있다. 회사는 취업 규칙이나 근로 계약서에 '겸직 금지 의무'를 명시하여 근로자가 부업을 하는 것을 막고, 심한 경우 인사 규정에 '보수를 목적으로 사전 허가 없이 다른 일을 한 자는 당연 면직한다.'는 무서운 문구를 두기도 한다. 이

청년 보좌관이 말하는 청년의 내일

유는 당연히 본업에 충실해 달라는 사측의 바람이 담긴 요구다.

그러나 사실 사측의 '겸직 금지 의무'는 지켜도 그만, 안 지켜도 그만인 선언적 조항에 불과하다. 사측이 제시한 근로계약서에 근로자가 사인을 하든 도장을 찍든, 심지어 취업 후 인사팀에서 제시하는 취업 규칙에 해당 내용이 있더라도 투잡을 원천 금지할 수는 없다. 관련 규칙이 있더라도, 투잡만을 이유로 회사가 근로자를 해고하기는 어렵다. 이에 관한 법원의 판례도 있다.

법원은 "사측이 취업 규칙에 회사의 허가 없이 타 업무나 타 직장에 종사한 자를 징계 해고 사유로 규정하더라도 근로자가 다른 사업을 겸직하는 것은 근로자의 개인 능력에 따라 사생활의 범주에 속하는 것이므로 기업 질서나 노무 제공에 지장이 없는 겸직까지 전면적, 포괄적으로 금지하는 것은 부당하다."라고 판시하였다. (서울행정법원 2001.7.24. 선고 2001구7465 판결 참조)

상식적으로 타당하다. 근로 계약은 사용자가 근로자의 인신을 하루 종일 구속하는 계약이 아니고, 사용자가 근로 시간 동안 근로자의 노동력을 쓰는 대가로 근로자에게 월급을 주는 계약 관계에 불과하므로 근로 계약 시간 이후, 근로자가 어떻게 사는지는 자유의 영역이다.

아마 요즘 기업 중 근로자가 투잡을 했다고 해서 해고하는 사용자는 없으리라 생각한다. 근로 계약서나 취업 규칙에 있는 겸직 금지 의무 역시 관행적으로 넣었던 조항이라 그동안 심각성을 느끼지 못할 수도 있다. 사문화된 조항인 것을 노사 모두 알고 있다.

더 늦기 전에 투잡 금지 조항을 정비할 필요가 있다. 노사 모두를 위해서 말이다. 근로자는 투잡 원천 금지 조항이 효력이 없다는 것을 잘 안다. 부업으로 여가에 플랫폼 기반 음식 배달, 대리 기사, 택배업을 하는 분이 많아졌다. 이 사람들은 부업을 하기 전에 인터넷에서 '부업이 가능한지' 조사한 후 법적 문제가 없다는 것을 알고 하는 분들이다. 심지어 인터넷에서는 어떻게 부업을 해야 주 직장에서 알수 없는지 알려 주는 콘텐츠도 많다. 이미 근로자에게는 사측의 겸직 금지 의무가 사문화되었다는 말이다.

변화한 시대에 맞게 정비해야 한다. 원천 겸직 금지 의무는 폐기하고, 근로자가 업무 외 시간에 투잡을 할 수 있다는 생각으로 취업규칙이나 근로 계약서상의 근로자 의무를 더 세밀하게 기재해야 한다. 예를 들어, 근로자가 부업하면 절대 어기지 말아야 할 조항을 만드는 것이다. 근무 시간 중 다른 일을 하여 근로계약을 위반하는 행위, 동종 업종에 취업하여 회사에 불이익을 주는 행위, 회사 기밀을 이용하여 부당 이득을 취하는 행위, 회사의 영업권에 손해를 입히는 행위 등 회사의 이익에 부당한 침해를 가하는 행위를 명시해야 한다. 이 부분은 근로자의 사생활 범주가 아니라 노사 간 근로계약과 관련 있는 부분이고, 근로자의 불성실 근무는 취업 규칙 위반이므로 회사 내규에 따른 징계가 가능하다.

근로자라면 누구나 공감하겠지만 업무 시간에 부업을 하는 동료들이 많다. 절대 옳은 일이라 할 수 없다. 사용자와 근로 계약을 한 시간에는 오로지 그 계약에만 집중해야 사용자에게도, 다른 근로자에게도 피해를 덜 주는 길이다. 옆에 있는 동료가 업무 중에 본인 부업 하느라 회사 업무를 소홀히 한다면 다른 동료가 그 일을 메우느라 야근을 할 수도 있다. 회사도 그런 직원을 알면서도 징계하기 어렵다. 직원이 소일거리로 용돈벌이한다는데 그걸 막기에는 너무 야박하다는 생각이 들어 규정대로 하기도 꺼려진다.

그래서 규정이 정비되어야 한다. 근로자의 부업은 갈수록 많아질 것이다. 돈을 더 벌고 싶은 욕구, 자기 사업을 하고 싶은 욕구는 누구에게나 있다. 요즘만큼 부업하기 쉬운 시대도 없다. 성공 여부를 떠나 진입 장벽이 낮아진 것은 분명하다. 손가락 하나로 부업을 할 수 있는 시대고 능력과 의지로 꽤 높은 이익을 얻은 분도 많다. 이미 시대가 변했다. 일개 기업이 근로자에게 투잡을 금지하는 사내 원칙을 세우고, 복종할 것을 바라기에는 시대가 변해 버려서 지킬 수 없는 사문화된 조항이 되었다.

단순히 "부업 하면 안 된다."가 아니라 "이것만 안 되고 나머지는 너 하고 싶은 대로 하되, 회사에서는 최선을 다하자. 그렇지 않으면 내규에 따른 징계를 줄 수밖에 없다."라는 식으로 바뀌어야 한다. 그래야 기업도, 부업을 안 하는 근로자에게도 불이익이 적다.

갈수록 투잡과 관련된 사내 분쟁은 커질 것이다. 회사가 직원을 영원히 먹여 살릴 수 있는 시대가 아니듯 직원도 회사를 영원히 철석같이 믿고 살 수는 없지 않겠나. 바뀐 시대를 욕하지 말고, 시대를 따라가지 못해 일어나는 갈등에 주목해야 한다.

V

사람 나고 돈 났지 돈 나고 사람 났나, 사람을 존중하는 일자리는 진짜 만들 수 없는 걸까?

1.
비정규직 문제 어떻게 봐야 할까?
과연 폐지는 가능할까?

2022년 비정규직 수 815.6만 명. 전체 근로자 중 37.5%. 이 중 15세 ~ 39세까지 비정규직 수는 225.6만 명.[52] 고용이 불안한 사람이 이렇게 많다.

심각한 사회 문제인 것은 분명하고, 모두가 인지하고 있는 문제다. 그렇다면 비정규직을 없애는 것이 답인가. 이상적으로는 '그렇다'이다. 비정규직을 폐지하고 정규직만 고용하도록 법을 만들면 된다. 이것은 가장 빠르고 명확한 방법이나 반대로 가장 조심해야 할 방법이다. 혹여나 정치인 중 '비정규직을 철폐하겠다.'라고 주장하는 분이 아직 있다면 경계하길 바란다. 복잡하고 어려운 사회 문제일수록 현실 속에서 대안을 찾기 위해서는 무수히 많은 시간이 필요하다. 꼬일 만큼 꼬인 실타래를 한방에 칼로 자르면 좋겠지만, 정치가 해야 할 일은 꼬인 실타래를 최대한 풀어 보려고 노력하는 것이다. 정치가 중심에 서게 되는 분야는 늘 이해관계가 첨예하기 때문이다.

다시 돌아가서 '비정규직을 철폐하겠다.'라고 주장하는 정치인을 경계하라는 이유는 현실적으로 불가능해서다. 그 사람이 대통령이 되더라도 불가능하다. 왜냐고? 이미 비정규직 제도는 우리 사회에 깊숙이 자리 잡은 제도가 되었다. 1997년 외환위기 당시 국제통화기금(IMF)은 한국에 비정규직을 도입할 것을 강요했고, 결국 구조 개혁이라는 이름으로 이를 수용했다. IMF 체제 이전에도 임시직은 있었으나 보편화된 것은 아니었다. IMF의 권고로 관련법은 속전속결로 처리되었고 기업은 너나 할 것 없이 서둘러 비정규직을 늘렸다. 비정규직이라는 단어도 생소하던 시절, 퇴사 당할 바에야 비정규직으로 근무하며 '회사에서 살아남자.'고 생각한 직원들은 빠르게 비정규직으로 전환되었다. 불안해진 근로자의 신분과 함께 변화한 것은 기업 문화였다. 지금은 '효율'이라는 단어 앞에 직원은 후순위가 되었고, '가족 같은 직원'이라는 개념은 사라지다 못해 이제는 그런 채용 공고가 이질적으로 느껴지는 사회가 되었다. 효율이라는 독버섯은 사회 전체를 집어삼켰고, 드디어 2022년, 비정규직 40%를 눈앞에 두고 있다.

자본주의 사회에서 '효율'이 주는 힘은 강력하다. 때론 인간의 생명보다 더 우선되기도 한다. 많은 예시도 필요 없다. '안전한 노동 환경을 만들자.'라는 주장은 늘 비용 앞에 좌절되었다. 하청 근로자가 '안전하게 일할 작업장을 만들어 달라.'는 주장에 원청 사용자는 '남들도 다 그렇게 하는데 왜 이렇게 유난이냐. 하기 싫으면 나가라.'는 말이 통하는 사회다. 효율은 강력하다. 사회가 이러한데, 비정규직을 폐지하는 법안이 국회를 통과할 수 있을까? 통과되더라도 대통령이 거부권을 행사할 것이다. 재벌의 나팔수 역할을 하는 소수의 언론은 '국제 사회의 흐름과 역행하는 포퓰리즘'이라고 연일 비판할 것이고, IMF나 세계은행 관계자의 입을 빌려 "한국 사회가 걸어가는 길은 퇴행"이라 말하며 온 나라를 시끄럽게 할 텐데 어떤 대통령이 이를 감당할 수 있겠나.

해법은 뭐가 있을까?

비정규직 문제를 그대로 두자는 것은 아니다. 필자는 비정규직을 철폐 대상으로만 생각해서는 안 된다는 입장이다. 도끼를 들 때가 아니라, 의사가 사용하는 수술용 칼을 들어야 한다. 문제의 원인을 해소하지 않고 문제 자체를 없앤다면 당장은 좋아 보이겠지만 심각한 부작용을 남긴다.

비정규직 문제도 마찬가지다. 철폐에만 매몰되면 사회 갈등만 커진다. 우리나라는 얼마 전 비정규직을 정규직으로 전환하는 시도를 한 적 있다. 문재인 정부는 집권 초기에 '인천공항 직원 전원을 정규직으로 전환하겠다'라고 약속한 바 있다. 어느 정부도 못 했던 정책을 문재인 정부가 추진한 점은 칭찬받아 마땅하다. 비정규직의 처우가 그만큼 안 좋아서 누군가는 시도할 만했다. 비난이 무서워서 방관하는 것이 가장 큰 문제이지, 문제 해결을 위해 무엇이든 해 보려고 하는 것은 좋은 태도 아닌가.

이는 문재인 대통령의 1호 정책이었고, 파격적이고 신속한 조치였다. 그런데, 여론은 공기업이 사회적 책임을 다한다는 칭찬 일색일 줄 알았지만, 그 반대였다. 필자도 깜짝 놀랐다. 청와대 국민 청원에는 27만 명 넘는 사람들이 반대했다. 주장은 간단명료했다.

"정규직으로 입사한 나는 스펙이라는 스펙은 다 준비하고, 젊은 시절 개고생하며 공부해서 입사했는데, 비슷한 스펙은커녕 고작 서류 한 장으로 같은 정규직이 되는 것이 공정한가."

결과적 평등이 아닌 과정의 공정성을 주장한 것이다. 문재인 정부는 노동 시장 불평등의 핵심이 비정규직 문제 해결이라 여겼고, 비정규직의 정규직화를 옳은 방향이라 여기고 추진했다.

그 방향이 옳은 것인지, 아닌지 판단은 국민이 할 영역이다. 그러나 인천공항 사태가 촉발한 사회적 화두는 정치권이 주목해야 할 현상이다. 그 화두는 바로 '공정'이었다. 오랫동안 한국 노동 운동의 핵심 주장이었던 비정규직 철폐가 하나씩 실현되니, 국민은 '공정'을 말했다. 노동계의 주장도, 공정을 말하는 사람의 주장도 일리 있는 주장이다. 선과 악의 문제가 아니라 선의 가치가 부딪히는 문제이다.

필자는 비정규직의 정규직화를 전면적으로 단행하는 것이 과연 옳은 방향인지 아직 결론을 내리지 못했다. 정부가 그 방향이 옳다고 믿고 빠르게 조처한다고 한들, 뿌리 깊은 사회 문제를 해결하기

청년 보좌관이 말하는 청년의 내일

위한 충분한 사회적 합의가 없다면, 그에 상응하는 편법이 생기기 마련이다. 인천공항 사태를 보자. 비정규직이 정규직이 되면 뭐 하나. '공무직'에 임명되어 무늬만 정규직이거나 자회사를 만들어 자회사 소속 근로자가 되었다. 근무지 내 신종 차별이 생긴 것이다. 비정규직 근로자들이 원하는 것이 정말 이것이었을까?

정치인이라면 도끼질 한 번으로 문제 자체를 순식간에 제거하기보다, 문제 해결을 위해 더 효과적인 방법을 찾아낼 인내심이 필요하다. 비정규직 문제의 본질에 대해 고민해 보자. 결국 처우 아닌가. 해고의 불안감, 월급의 차이, 휴가 등 복리후생의 차별이 핵심이다. 가령, 비정규직 근로자에게 처우 개선 없이 정규직으로 전환하겠다고 하면 근로자가 좋아할까? 앞서 언급한 인천공항 정규직화 사례를 보면 대통령의 지시로 인천공항 공사는 빠르게 비정규직을 정규직화했다. 자회사를 세워서 말이다. 인천공항 시설관리, 인천공항 운영 서비스, 인천 국제공항 보안 등 3개의 자회사를 설립했다. 이 3개의 자회사를 설립 후 비정규직 근로자 9천 명을 자회사의 정규직으로 전환했다. 당시 '로또 취업'이라는 말까지 생겼을 정도로 파격적인 조치였으나 실상은 그 반대였다. 기사에 따르면 정규직 전환 완료(2020년 3월) 이후 2022년 8월까지 3개 자회사에 입사한 753명 중 250명이 1년 이내에 퇴사했다. 비율은 33%. 3개 자회사는 퇴사자는 많고, 신규 채용 인원이 적어 정원도 못 채우고 있다. 3개 자회사의 정원은 9,854명인데, 2022년 8월 기준 재직자는 8,774명이다.[53] 자회사를 통한 고용 방식이다 보니 모회사인 인천공항 공사에 인력 공급만 하는 용역 업체라는 비판도 있다. 비정규직 문제는 해결했으나, 이제는 간접 고용 문제에 직면했다. 근로자의 일터는 인천공항 공사이므로 자회사 근로자가 공사에 근로 환경 개선을 주장하면 "직접 사용자가 아니다. 고용된 회사(자회사)에 말하라."라는 원론적인 답변이 돌아올 것이다. 비정규직 문제보다 간접고용 문제가 덜 중요하다고 말할 수 있을까. 생각해 보자. 인천 국제공항 근로자들의 처우 문제가 진짜 해결된 것 맞나.

근로자들이 비정규직을 정규직으로 전환해 달라는 주장은 무늬만 정규직이 아닌 처우를 개선해 달라는 말일 것이다. 그렇다면 정책의 방향을 정규직화에 목맬 것이 아니라 비정규직의 처우를 획기적으로 개선하는 데 집중해야 한다. 처우 개선을 위해서는 근로자가 제공하는 노동력에 대한 재평가와 근로자에 대한 인식 변화가 선행되어야 한다. 인식 변화 없는 처우 개선은 일터에서의 '노노 갈등'만 유발할 뿐이다. '비정규직은 위험하고, 기피하는 업무를 싼값에 부릴 수 있는 근로자'라는 인식을 바꾸는 방법이 무엇이 있을까, 고민하고 정책으로 만들어야 한다.

인식을 어떻게 바꾸냐고? 간단하다. 돈에서 출발하면 된다. 자본주의가 말하는 '효율'을 이용하자는 말이다. 비정규직의 월급을 정규직 월급보다 높게 만들어서 사용자 관점에서 비정규직보다 정규직을 고용하는 것이 효율적이라는 판단이 들도록 만들어야 한다. 사용자는 자선 사업가가 아니라는 것을 명심해야 한다.

비정규직의 처우를 정규직보다 좋게 만들자고? 말이 안 된다고 생각하는 분이 계실 것이다. 생각을 조금 달리해 보자. 비정규직이 필요한 분야가 있다. 예를 들어 여름 한철 가장 바쁜 사업장을 떠올려 보자. 1년에 4개월만 매우 바쁘고 나머지 8개월은 한가한 사업장의 경우 사용자가 여름 4개월만 보고 정규직을 고용할까? 절대 안 한다. 인력 사무소에서 파견받든지, 비정규직 근로자를 한시 고용한다. 계절적 수요에 민감한 기업은 인력 운용도 빠르게 하는 것이 당연하다. 그렇다면 이 상황에서 가장 수혜자는 누구인가. 당연히 사용자다. 사용자는 노동 강도가 높은 시즌인 4개월만 일해 주는 근로자에게 고마워해야 한다. 바쁜 시즌만 일해 줄 근로자가 없으면, 정규직을 채용해야 하고 매출이 없는 시기에도 직원에게 월급을 줘야 한다. 우리 사업장에 비정규직이 꼭 필요한 존재라면, 그 대가도 높아야 하는 것 아닌가. 안정적인 정규직을 마다하고 불안정한 우리 회사를 위해 일해 주니 말이다. 어쩌면 비정규직이 가진 불안정성 문제는 돈으로 보상하는 것이 당연하다.

해외 사례도 있다. 프랑스는 비정규직에 '불안정 고용 보상 수당'이라는 명목으로 총임금의 10%를 추가로 지급한다. 스페인은 '근로 계약 종료 수당'이라는 명목으로 총임의 5%를 추가로 지급하고, 호주는 '추가 임금 제도'로 15~30%를 추가로 지급한다. 비정규직 사용 대가를 높게 만들어서 사용자가 정규직을 채용할지, 비정규직을 채용할지 선택하게 했다. 사용자는 기업의 사정에 맞게 판단하면 될 일이고, 그 판단에 따라 기업이 그렇게 원하는 '노동 유연화'는 자연스럽게 만들어진다. 이렇게 되면 근로자도 자신의 가치관을 고려하여 직업을 선택할 수 있다. 적은 월급에 안정성을 택하는 근로자는 정규직을 선택할 것이고, 짧게 일하는 대신 월급을 많이 받고 싶은 근로자는 비정규직을 선택하면 된다.

비정규직 근로자는 궂은일을 값싸게 해주는 사람이 아니다. 복잡한 사회 구조 때문에 피해를 보고 있지만, 누군가는 해야 할 일을 묵묵히 해주는 고마운 사람이고, 우리 사회에 꼭 필요한 사람이다. 이제는 '비정규직의 정상화'로 상식이 통하는 사회를 만들어야 한다.

2.
주 14시간 40분 일하는 근로자,
이런 제도를 바꿔야 하지 않을까?

일주일에 15시간을 초과하여 근무할 수 없는 사람들이 있다. 이들을 '초단시간 근로자'라 부른다. 하루 평균 근무시간으로 계산했을 때, 약 3시간 일하는 근로자다. 통계 집계 이후 계속해서 늘고 있다. 고용노동부는 실태를 매달 집계하는데, 2021년 월평균 150만 명을 넘었다. 더 심각한 점은 초단시간 근로의 연평균 증가율이 전일제 근로의 증가율보다 높다는 것이다. 어느새 전일제 근로의 증가는 완만해졌고, 초단시간 근로만 급증했다. 끝이 어딘가 싶을 정도로 가파르게 상승한다. 아래 표를 보다시피 증가세가 가파르다.

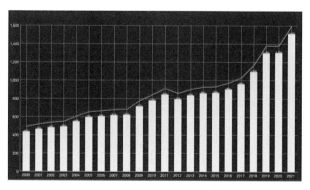

(자료: 통계청, 단위: 천 명)

초단시간 근로자가 증가하는 이유는 그 처우를 보면 알 수 있다. 먼저, 일주일간 열심히 일한 근로자에게 지급하는 주휴 수당을 지급할 의무가 없다. 둘째, 산재 보험을 제외하고 4대 보험 의무 가입 대상이 아니다. 셋째, 유급 휴가도 지급 의무가 없다. 넷째, 퇴직금도 안 줘도 된다. 오직 일한 만큼, 최저 시급만 보장하면 된다. 사용자로서 비용을 줄일 수 있는 완벽한 근로 형태다. 알바를 여러 명 고용해서 근무표를 주 15시간 초과하지 않도록 설계한다면 일손 부족을 느끼지 않고 인건비를 대폭 줄일 수 있다.

예를 들어 A 카페가 하루 8시간, 주 5일 운영한다면 40시간 근무할 알바를 고용하면 된다. 이렇게 하면 인건비가 더 들어가기 때문에 40시간 전일 근무할 1명이 아니라 15시간 미만으로 근무할 3명을 고용한다. 알바를 하고 싶은 사람은 전일제 알바를 구하지 못해서 테트리스처럼 주 근무표를 만들어서 알바한다.

일자리 질 측면에서 본다면 누가 봐도 열악한 일자리다. 어떤 분들이 일할까? 이렇게라도 일하지 않으면 생활비 마련이 어려운 청년들, 생활비를 당장 구하지 않으면 호구지책이 없는 노년층, 아이들 학원비라도 벌어서 살림살이에 보탬이 되고 싶은 중년 여성들이다. 사회가 보호해야 할 계층임에도, 사회는 이들에게 가장 열악한 일자리를 제공한다.

2016년 국가인권위원회가 시행한 실태 조사[54]는 그들의 삶이 얼마나 열악한지 보여 준다.

'초단시간 근로자는 시급 1만 원 남짓한 임금으로 월 40만 원 내외의 수입을 얻으며, 하루 약 20분의, 대가가 지급되지 않는 과외 노동을 하고, 약 17%의 초단시간 근로자가 사회 보험의 혜택을 받고 있으며, 여성과 노인의 일자리는 재계약 관행이 정착되었다.' 월 40만 원으로 도시 생활이 가능할까.

이런 제도가 남아 있는 이유가 뭐냐고? 사용자가 바쁜 시간에만 알바를 고용할 수 있게 하기 위해서다. 예를 들어 음식점은 점심시간이 손님이 가장 많으므로 사장은 그 시간대만 추가고용하면 된다. 근로자도 학업, 취업, 육아, 가사 등을 이유로 전일 근무가 어려운 분이 있으니 수요와 공급은 맞아떨어지는 셈이다. 그런데, 그 노동의 가치가 매우 저렴한 것이 문제다.

노동의 가치가 매우 저렴할뿐더러 노동 강도도 매우 높다. 이 알바들은 점심시간 카페 알바, 프랜차이즈 빵집 알바, 요식업 점심 또는 저녁 알바 등 가장 바쁜 시간대에 투입된다. 가장 힘든 시간에 투입되는 알바를 주 3개 한다고 생각해 보자. 학업이, 취업 준비가 가능할까?

반면, 사용자에게는 장점이 많은 제도이므로 갈수록 초단기 근로자에 대한 수요는 높아진다. 이제 풀타임 알바도 구하기 힘든 세상이다. 채용 사이트 보면 편의점 알바, 프랜차이즈 카페 알바 구인 공고는 흔하다. 전일제 알바 공고는 소수이고 대부분 초단기 알바를 찾는다. 사용자는 주 15시간을 초과하지 않는 범위에서 일을 시켜야 하니 알바를 여러 명을 뽑고 근무 시간을 조정한다. 사용자는 번거 롭기는 해도 이렇게 해서라도 비용을 절약해야 한다. 알바 월급보다 사장 월급이 적은 곳이 허다한 우리나라에서 영세 자영업자가 생존 하려면 어쩔 수 없다.

대안은 없을까

필자는 노동법을 전공한 학자가 아니지만, 필자의 시선에서 대 책을 정리해 보려 한다.

초단기 근로자가 급증하는 이유는 최저임금 상승에 따른 인건 비 증가 때문이다. 최저임금은 물가 때문에 매년 상승할 수밖에 없 다. 그렇다면 임금 상승을 이겨 낼 수 있도록 자영업자들의 경쟁력을 키우면 되겠지만, 우리나라는 영세 자영업자가 너무 많다. 임금 상승 이 원인인데, 임금 자체를 줄일 수 없다면 초단시간 노동의 장점을 하나씩 제거하는 방향으로 가야 한다.

대표적으로 주휴 수당이다. 주휴 수당이란 1주 동안 근무 일수 를 다 채운 근로자에게 하루치의 임금을 추가 지급하는 수당이다. 사용자는 초단기 근로자를 고용하면 주휴 수당 지급 의무가 없다.

주휴 수당이 논란이 된 것은 최저임금이 가파르게 오르기 시작하면서다. 최근에 생긴 수당은 아니다. 1953년 근로기준법 제정 당시에 만들어졌다. 당시 근로자들은 쉬지 않고 일하는 분위기였고, '쉬는 것도 돈이 있어야 한다.'라는 생각에 일주일 열심히 일한 근로자를 대상으로 하루 유급 휴일을 주자고 만든 수당이다. IMF 전까지는 기본 노동 형태가 정규직이었으니 정규직을 가정하에 만든 제도였다.

문제는 최근 최저임금이 가파르게 오르면서 사용자는 비용 부담이, 근로자는 꼭 챙겨야 할 수당이 되면서 양측이 팽팽하게 부딪힌다는 점이다. 사용자는 도입 취지를 이야기하며 주휴 수당은 주5일제 시대에는 폐지해야 할 수당이라 주장한다.

근로자는 "무슨 소리냐! 주말에 공짜 노동을 강요하는 회사가 너무 많다.", "기본급과 수당을 통째로 정하는 포괄임금제 때문에 공짜 주말 근무를 강요하는 기업이 많다."라고 주장한다. 일리가 있다. 여전히 공짜 노동을 강요하는 기업이 너무나 많고, 그러기에 법적으로 보장하는 임금이라면 한 푼이라도 받으려고 노력해야 한다.

필자의 생각을 조심스럽게 말하자면 주휴 수당은 폐지해야 한다. 이 수당 때문에 손해 보는 자는 바로 근로자다. 근로자를 위한 수당인데, 근로자가 피해 보는 상황이다. 왜 그럴까. 현실에 맞지 않기 때문이다. 사용자 처지에서 생각해 보자. 주휴 수당을 절감할 방법이 있는데, 그 수당을 줄 이유가 있나? 합법적으로 주휴 수당을 주지 않고 사업을 할 수 있는데 누가 주겠나. 노동계가 주장하는 '공짜 노동' 문제는 엄격한 근로 감독과 포괄 임금제 전면 금지가 처방이지, 공짜 노동에 대한 대가로 주휴 수당이 되어서는 안 된다.

어떤 제도든 시대와 상황이 변한다면 그에 맞게 변해야 한다. 근로자를 위한 제도가 근로자의 삶의 질을 떨어뜨리고 있다면 그 제도는 현실성을 잃었다. 또 정규직 기반 사회에서 만들어진 주휴수당은 비정규직이 만연화된 사회에서 어울리지 않는 옷을 입은 셈 아닐까.

주휴 수당을 폐지하면 월급이 줄어드는 것을 걱정하는 분이 있다. 필자는 주휴 수당 명목을 삭제하고, 복잡한 임금 체계를 단순화하자는 것이다. 본인의 임금 명세표를 본 적 있는가? 왜 이렇게 복잡한지, 수당은 왜 이렇게 다양한지, 수당이 이렇게 많은데 나는 제대로 받고 있는지, 근로자 중에 제대로 점검하는 분이 몇 명이 있을지 궁금하다. 아마 주휴 수당이라는 수당을 모르는 분도 많을 것이다. 현실이 이러니 주휴 수당을 기본급에 편입시키자는 말이다.

수당의 취지 자체는 훌륭한 것 아닌가? 휴식도 돈이 있어야 얻을 수 있는 사치다. 주휴 수당이 최저임금에 포함된다면 초단기 근로자를 고용할 유인 중 하나가 제거된다. 어려운 일 아니다. 매년 최저임금위원회라는 노사정 대타협 기구에서 최저임금을 결정하는데, 주휴 수당을 편입하여 최저임금을 발표하면 된다. 월급 명세서도 간결해지고 사용자도 매달 복잡한 계산에 고생하지 않아도 된다.

주휴 수당을 폐지한다고, 더 정확히는 최저임금에 녹여서 발표한다고 해서, 초단시간 근로자의 열악한 처우가 일거에 해소되는 것은 아니다. 가장 간단한 방법은 초단시간 노동 자체를 없애면 되겠지만, 이미 시장에서 수요와 공급이 있는 일자리이므로 정부가 함부로 나서서는 안 된다. 정부와 국회가 할 일은 나쁜 일자리가 급속도로 번지지 않도록 철저히 관리하고 급증하는 현상을 완화하는 데 집중해야 한다. 필자의 의견도 그 방법 중 하나일 뿐이다.

지금도 청년들은 먹고살기 위해 일주일에 여러 개 알바를 한다. 정치인들에게 한 번이라도 초단시간 근로자의 삶 속에 진정성을 갖고 녹아들어가 보라고 권하고 싶다. 국회에서 정쟁만 할 것이 아니라 우리 사회에 가장 열악한 일자리에서 일하는 국민을 위해 머리 맞대고 고민이라도 해 보자. 문제인지 알면서도 그대로 두는 것이 가장 큰 잘못이니까 말이다.

3.
석 달마다 쪼개기 계약으로
N년 일하는 사회, 정상인가?

쪼개기 계약. 청년이라면 대부분 경험해 봤을 것이다. 그만큼 우리 사회에 만연해 있다. 필자도 사회 초년생 때 경험했다. 첫 직장이 국회의원실 인턴이었는데 소속은 국회의원실이더라도 월급은 국회 사무처가 준다. 지금은 인턴도 쪼개기 계약을 하지 않지만, 당시에는 퇴직금을 주기 싫어서 11개월 단위로 쪼개기 계약을 했다. 그래도 '열정' 하나로 버티고 또 버텼다. 다행히도 지금은 국회는 쪼개기 계약 관행이 없어졌다. 법을 만드는 국회마저 이러할 진데 우리 사회에 얼마나 만연한 사회 문제일까.

'소울리스좌'라고 들어 봤을 것이다. A 놀이공원에서 일하는 직원인데 이분의 속사포 같은 랩을 안 본 사람은 있어도 한 번만 본 사람은 없다. 이분은 이곳에서 4년을 일하셨다 한다.(2022년 기준) 물론 정규직이 아니고 비정규직 4년 차였다. (다행히 지금은 정규직이 되었다.) A사는 기본 근로 계약을 10개월로 한다. 이후 면접을 본 후 '트레이너'가 되고 10개월 더 일할 수 있다. 10개월+10개월 일하는 전형적인 쪼개기 계약이다.[55]

앞서 사례로 든 기업만의 문제가 아니다. 제도가 있어서 기업은 이용할 뿐이다. 비난은 기업이 아니라 이 제도를 만든 사람, 이 제도의 문제를 알면서도 시정하려고 노력하지 않는 정치권에 해야 한다.

쪼개기 계약이 만연한 이유는 대부분 퇴직금을 안 주기 위한 꼼수다. 현행법상 1년 이상 근무한 근로자에게 퇴직금을 줘야 한다. 1년 미만만 되면 되므로 보통 11개월씩 끊어서 근로 계약한다.

일부 기업만의 문제가 아니다. 사례를 열거하자면 다른 놀이공원 B사 역시 마찬가지다. B사는 1개월 단위로 계약하고 최장 23개월 근로 계약을 하고 있다. 차량 제조 기업 C사 23개월간 무려 16차례에 걸쳐 쪼개기 계약을 한 사례도 있다. 이 문제로 자살한 근로자도 있다. 중소기업중앙회와 2년간 7차례 근로 계약을 맺은 기간제 근로자가 스스로 목숨을 끊었다.[56] 연속성 없는 계약이 주는 불안감이 상당했을 것이다. 중소기업의 진흥을 위한 단체마저 쪼개기 계약이 주는 혜택을 무시할 수 없었다. 민간 기업만의 문제가 아니다. 서울시 공공 기관, 제주도 공공 기관 등 포털에 검색만 하더라도 사례는 무궁무진하다. 인력 고용에 따른 비용 차이가 워낙 크기 때문에 쪼개기 계약의 유혹을 포기할 수 없다.

정부는 뭐 하고 있냐고? 가이드라인 배포하고 있다.

〈단기의 근로 계약을 불필요하게 반복적으로 갱신하지 않도록

노력한다.〉

가이드라인은 구속력도 없고, 지키지도 않아도 된다. 노동의 가치를 그 누구보다 지켜야 할 정부 부처가 이런 상황이다. 헬조선답다. 헬조선에서는 사람보다 비용과 효율이 먼저 아닐까.

쪼개기 계약을 악용하는 사람이 너무 많다. 제도의 취지는 갑자기 바쁠 때나 계절적 수요가 겹칠 때, 예를 들어 아이스크림 공장에는 여름이 성수기이므로 바쁜 시기에 일할 사람을 추가 고용하여, 기업 운영에 차질이 없도록 인력을 탄력적으로 공급하기 위함이다. 그런데 지금은 악용하는 사람이 너무 많다. 상시적이고 지속적인 업무를 하는 근로자마저 퇴직금을 지급하지 않기 위해 쪼개기 계약을 한다.

쪼개기 계약은 상시, 지속적인 업무를 하는 근로자가 원한다는 명시적 의사가 있을 때만 허용하도록 바꿔야 한다.

물론 헬조선에서는 바뀌기 어렵다. 사람이 죽어도 효율 앞에서는 바뀌는 것은 없다. 이런 불합리함을 지적하면 누군가는 '노력해서 기간제를 벗어나면 된다.'라고 말한다. 승자만 잘 사는 구조를 지적하면, 승자가 되라는 말만 할 뿐이다. 이 나라에서 경쟁 없이 살 수는 없는 걸까?

4.
노비 생활도 대감 집에서 해야 하는 이유,
이러니 대감 집에 취직하고 싶은 사람은 줄을 섰지!

일하다가 다치면 어떻게 될까? 산재 보험에 가입한 사업장이라면 근로복지공단에 신고하고, 절차를 거쳐 보상받고 치료하면 된다. 이를 산재 보험 제도라 부른다.

그럼 반대로 가입하지 않은 사업장도 있을까? 당연히 있다. 사각지대가 없는 법과 제도가 있을지 궁금하다. 산재 보험의 기본 원칙은 근로자를 사용하는 모든 사업장에 적용되나, 가구 내 고용 활동, 농업, 임업(벌목업은 제외), 어업 및 수렵업 중 법인이 아닌 자의 사업으로서 상시 근로자 수가 5명 미만인 사업장은 대상이 아니다. 대표적으로 시골 농가를 생각하면 된다.

사각지대가 있긴 하지만 산재 보험 제도는 제법 설계가 잘 된 정책이다. 1964년에 이 법이 제정되었으니 유서 깊은 제도다. 1960년대 산업화가 급속도로 진행되면서 산업 재해도 급격하게 발생했는데, 영세한 사업주에 소속된 근로자가 사고를 당했을 때 사업주의 재산만으로는 보상이 불가하므로 국가가 사업주로부터 보험료를 징수

하고, 그 보험료에 국가 재정을 추가하여 다친 근로자에게 사업주를 대신하여 보상한다.

우리나라는 법대로만 되면 살기 좋은 나라다. 법을 어기는 자는 왜 이렇게 많은지, 국가는 법을 어기는 자에게 왜 이렇게나 관대한 지, 법을 집행해야 마땅한 일에 왜 적절한 처벌이 없는지, 말도 안 되는 이유들로 사각지대가 왜 자꾸 만들어지는지. 법치주의 국가라 하지만 법이 미치지 않은 구멍은 점점 커져만 가고, 예외라는 이유로 원리 원칙은 무너지고 있다. 산재 보험도 마찬가지다.

'노비 생활도 대감집에서 해야 하는 이유'는 규모가 큰 직장을 가면 법의 사각지대에 들어가 있지 않으며, 다수의 근로자가 누릴 수 있는 혜택을 나도 누릴 수 있다는 기대감 때문이다. 무엇보다 회사가 근로자의 건강을 위해 일터 안전에 대한 투자를 더 적극적으로 하는 것도 한몫한다. 선제 투자 덕분에 산재 사고율이 낮고, 산재가 발생하더라도 은폐할 유인도 적다. 사고가 자주 발생하는 것이 아니기 때문이다. 근로자의 안전에도 사각지대가 있다면, 당연히 사각지대에 있는 일자리는 기피 일자리가 된다. 산재에 대해 자세히 알아보자.

그렇다면, 산업 재해를 은폐하는 이유는 뭘까?

모두 짐작했겠지만, 돈 때문이다. 다친 근로자를 산재 처리하면 기업이 받는 불이익이 크다. 그래서 신고를 안 하는 조건으로 사측은 원만하게 합의 보기를 원한다. 이를 '공상 처리'라고 한다.

어떤 불이익이 있길래? 산재가 많은 사업장은 정부가 시행하는 사업, 예를 들어 도로나 철도 같은 기반 시설 공사 입찰에서 제외될 가능성이 아주 높다. 산업 재해율이 낮은 사업장은 가점을 부여하는데, 산재 사고가 잦으면 이 가점을 못 받는다. 또 산재가 빈번한 사업장은 산업 재해 다발 사업장으로 공표되고, 심할 경우 근로 감독 대상 사업장이 된다.

우리나라 법은 사업장 크기를 기준으로 사각지대를 두는 사례가 많다. 앞서 든 산재 보험 제도도 그렇고, 근로기준법도 마찬가지다. 5인 미만 사업장은 근로기준법 적용 대상 사업장이 아니다. 5인 미만 사업장은 안전하니까 그런 걸까, 아니면 근로 조건이 매우 우수하여서 법에 굳이 규정할 이유가 없으므로 그런 것일까. 단지 사용자가 어렵다는 이유만으로 사각지대를 그대로 두고 있다. 이렇게 되면 5인 미만 일자리는 가면 갈수록 구인난에 빠지게 되어 사용자는 더 어려워질 수밖에 없다. 만약 5인 미만 사업장의 사용자가 돈 때문에 근로기준법을 준수하기 어렵다면, 한시적으로라도 세금을 투자해서 사각지대를 메우는 등 일자리 질을 개선해야 한다.

산재 예방도 돈과 직결되어 있다. 돈이 많은 사업장은 대규모 투자를 통해 예방을 할 수 있지만, 나머지 사업장은 산재 예방에 투자

를 못 한다. 세금은 이런 곳에 쓰여야 하는 것 아닌가. 영세 사업장에
는 산재 예방을 위한 인센티브를 부여하고, 위험한 사업장에 대해서
는 사전적 근로 감독을 철저히 하여 작업 환경을 개선하는 것이 급
선무다. 산재 은폐 문제도 개선해야 한다. 산재 신고로 각종 패널티
가 발생하니 사용자는 산재 신고를 꺼리기 마련이다. 산재에 따른
패널티 보다 산재가 왜 발생했는지 분석하고, 대안을 만들려면 다양
한 사건들을 빅데이터로 만들어 예방 정책을 만드는 것이 더욱 중요
하다. 그러려면 양성적인 신고와 이를 통계화하는 작업이 선행되어
야 한다. 결국 산업재해 예방 정책의 목적이 사용자에게 패널티를 부
과하여 벌금을 받으려는 것이 아니라 산재 발생을 막아 사람을 보
호하기 위한 것 아닌가.

직장의 크기에 따라 근로자의 안전이 담보된다면 대감집에서 일
하고 싶은 사람이 문전성시를 이룰 것이다. 사람들이 대감집을 찾는
이유는 수백 가지가 있다. 그러나 가장 중요한 것은 근로자의 건강
일 것이다. 이런 문제를 해결하라고 국민이 세금을 내는 것인데 세금
은 도대체 어디로 가는 걸까.

청년 보좌관이 말하는 청년의 내일

5.
청년 근로자는 절대 다치면 안 된다

장해보상금이라고 있다. 근로자가 사업장 내에서 근무 중 부상을 당하거나, 질병에 걸려 평생 안고 가야 할 신체적 불편함이 계속될 때 근로자에게 지급하는 돈이다. 몸에 장해가 남았으니 노동력이 상실되었을 것이고 이에 대한 보상을 목적으로 지급하는 돈이다. 연금 형식으로 매달 분할해서 받을 수도 있고, 일시금으로 받을 수도 있다.

부상이나 질병을 치료한 이후에도 몸이 불편할 경우 정부는 전문가의 판단을 거쳐 장해 등급을 결정한다. 장해 등급은 14등급으로 나눠진다. 통상 제1급부터 제3급까지를 노동력이 완전히 상실된 근로자로 간주한다. 현재 중장해인은 1만 명이 넘고, 그중 청년은 약 200명 정도다.[57] 중장해인은 평생 노동력이 상실된 상태를 말하는데, 가장 낮은 3급 기준은 아래와 같다.

1. 한쪽 눈이 실명되고 다른 쪽 눈의 시력이 0.06 이하가 된 사람
2. 말하는 기능 또는 씹는 기능을 완전히 잃은 사람
3. 신경 계통의 기능 또는 정신 기능에 뚜렷한 장해가 남아 평생 노무에 종사할 수 없는 사람
4. 흉복부 장기의 기능에 뚜렷한 장해가 남아 평생 노무에 종사할 수 없는 사람
5. 두 손의 손가락을 모두 잃은 사람
6. 진폐증의 병형이 제1형 이상이면서 동시에 심폐 기능에 중등도 장해가 남은 사람

제1급과 제2급은 생략한다. 제3급 기준이 이 정도다. 평생 노동을 할 수 없으니 정부가 보상금을 지급한다. 문제는 보상금 산정 기준이다. 크게 등급별 보상 일수와 3개월 평균 일당을 고려해 보상금을 산정한다. 등급별 보상 일수는 법에 정해져 있다. 1급은 329일, 2급은 291일, 3급은 257일이다. 핵심은 3개월 치 평균 일당이다. 예를 들어 장해 1급이면서 직전 3개월 평균 일당이 10만 원이었던 근로자라면 1년에 3,290만 원을 받는다.

문제는 우리 사회의 임금 체계가 연공서열형이므로 나이가 많을수록, 경력이 많을수록 임금을 많이 받는다. 이에 따라 산재 보상금도 우리 사회의 풍속을 반영하여 연공서열식을 따른다. 이렇게 되면 청년들은 일하다 다쳐도 불리할 수밖에 없다. 청년들은 직장 내에서는 사회 초년생이다. 경력도 적고, 임금도 낮다. 일할 자리가 없으니 경험 쌓으려고 힘든 일, 궂은 일 마다하지 않는다. 경력 쌓는 일이라

면 닥치는 대로 한다. 대기업 인턴을 하기 위해 중소기업 인턴 자리를 구해야 하는 시대다. 경력 쌓으려고 중소기업에 일하러 갔다. 근데 거기서 다치면? 다들 알다시피 대기업과 중소기업의 임금 격차는 매우 크고, 그 처우도 차이가 크다. 임금이 적은 상황에서 크게 다치기라도 하면 평생 일도 못 하고 저임금을 기준으로 책정된 보상금으로 살아야 한다. 경력이 없다는 이유로, 임금이 원래 낮았다는 이유 때문이다. 그런 청년들이 많냐고? 청년 중장해인 중 5인 미만 사업장에서 사고를 당한 비율은 41.2%이다. 중장년 중장해인 중 5인 미만 사업장에서 사고를 당한 비율은 23.2%이다.[58] 청년이 두 배 가까이 높다.

청년 근로자들은 받는 월급이 적으니 보상금도 적다. 한겨레 기사에 따르면 1급 중장해인이 받는 전체 평균 연금은 월 400만 6천 원인 데 비해, 같은 급수의 청년 중장해인이 받는 연금은 249만 6천 원이다. 평생 고통을 지고 살아가야 하는 것은 똑같음에도 임금 차이가 이렇게 크다. 누구의 인생이 더 괴로운 것이냐에 대해서는 감히 우리가 판단할 수 없다. 각자 자신의 인생이 더 고귀하고 값진 것이다. 그러나 청년들이 어릴 때 꽃도 못 펴 보고 평생 저임금으로 생을 마감해야 한다면 너무 서글프지 않은가.

3급 이상 장해를 판정받은 근로자는 평생 간호가 필요하다. 누군가 옆에 있어야 한다. 간병료는 얼마 나올까. 2022년 기준 3급 간병료는 1일 41,170원이다. 이 돈으로 간병인을 구할 수 있을까. 구할 수 있다고 대답하는 이에게 구해 달라고 간청하고 싶을 정도다. 이 돈으로는 간병인을 구할 수 없다. 그래서 대부분은 가족이 직접 간병한다. 장해연금 250만 원과 간병료로 한 가족이 살아간다. 그럼에도 내 새끼가 살아 있음에 감사하며 살아간다. 아픈 내 새끼보다 하루 늦게 죽는 게 소원이라는 말을 되뇌며 한 가정은 그렇게 힘들게 산다.

청년 보좌관이 말하는 청년의 내일

6.
노조할 권리는 헌법이 보장하는데,
그 활동으로 누군가 자살한다면
잘못된 사회 아닌가?

자살. 단어만 봐도 무섭다. 얼마나 힘들었으면 스스로 삶을 포기할까. 가늠조차 힘들다. 정치인이라면 이제는 흔하디흔해져서 뉴스에도 안 나오는 자살에 대해 둔감해서는 안 된다. 자살한 이유를 분석하고, 국가가 도울 일이 없는지 고민해야 한다.

2002년 A사의 구조 조정에 반대하는 쟁의가 있었다. 사측은 노조 간부와 조합원을 상대로 65억 원의 손해 배상액을 청구했다. 결과는 근로자의 자살로 이어졌다. 노조 간부 배달호 씨는 조합비와 임금, 살던 집까지 가압류당하자 분신자살로 생을 마감했다.[59]

2011년 B사의 정리 해고에 반대하는 쟁의가 있었다. 사측은 노조를 상대로 158억 원의 손해배상 소송을 냈고, 노조 조합원 최강서 씨는 유서를 남기고 스스로 목숨을 끊었다.

C사도 자동차 공장 생산 라인을 점거한 하청지회를 상대로 90억 원 손배소를 제기했고, D사, E사 등 사측이 노측에 제기하는 손

해배상 소송은 끊이질 않았다.

2022년 한 조선사에서 파업이 발생했다. 하청 근로자들이 처우 개선을 요구한 파업이었다. 사측은 파업으로 인한 손실이 크다며 파업에 참여한 4명의 하청 근로자 대상으로 470억 원의 손해배상 소송을 걸었다. 사측은 손해배상 소송을 제기하지 않으면 배임죄에 해당할 수 있어 법을 지키기 위해서라도 제기해야 한다는 입장이다. 하청 근로자는 먹고살기가 너무 어려우니 월급 조금 더 달라는 요구였으나, 돌아온 것은 월급이 아닌 평생 갚기도 힘든 손배 금액이었다.

그렇다면 사측이 손배 금액을 과하게 청구하는 이유는 뭘까. '불법 파업'이기 때문이다. 이 조선사가 하청 노조에 제기한 손배 금액은 470억 원. 무엇을 얼마나 잘못했기에 470억을 배상하라고 제기했을까. 일개 근로자가 그 돈을 갚을 수 있다고 생각하고 제기한 걸까.

손배 청구서를 뜯어봐야 알 수 있으나 경영에 미친 직접적인 손해에 대한 배상금만 넣은 것 같지는 않다. 이는 119에 전화해서 '도지사 김문수요.'라는 짤의 주인공 김문수 경제사회노동위원회 위원장에게 배웠다. 본인의 유튜브 방송에서 "불법 파업에는 손배 폭탄이 특효약"이라 발언한 바 있다. 손배 폭탄은 금전적 보상보다 노조 활동을 위축시키기 위한 전략이라는 취지다. 김문수 위원장만의 생각은 아니다. 2012년 F사의 '노사 전략 문건'을 보면 '고액의 손해배상 및 가처분 신청 등을 통해 경제적 압박을 가중해 활동을 차단하고 식물 노조를 만든 뒤 노조 해산 유도'라는 문구가 나온다.[60] 두 번 다시 파업을 못 하도록 기강을 잡기 위해 손배 폭탄을 던지는 것인데, 결국은 그 폭탄 때문에 근로자가 죽는 세상이다.

불법 파업을 옹호할 생각은 추호도 없다. 불법은 노동조합이든 사용자든 해서는 안 된다. 법은 사회의 질서이고 질서가 무너질 때 그 피해는 국민 전체에게 돌아간다. 그런데 그 법이 우리 사회의 질서를 규율하기에 뒤처져 있다면 다른 문제다. 고쳐야 한다.

현재 우리 법은 합법 파업의 범위가 굉장히 좁다. 정리해고당한 후 부당함을 호소하는 파업을 하면 불법이다. 그리고 하청 근로자가 원청을 상대로 파업해도 불법이다. 사업장 내 모든 실질적 권한은 원청이 쥐고 있음에도, 하청 근로자는 권리를 주장할 수 없다. 원청과 하청이 한 사업장 내에서 일하는 구조가 뿌리 깊고, 하청 근로자의 근무지도 원청 사업장이지만, 하청 근로자는 침묵할 수밖에 없다. 이를 해결하기 위해 '하청은 두지 말고 원청이 모두 근로자들 직고용하라'고 한다면 기업은 난리가 난다. 국제 기준 운운하며 부당하다며 집회를 할 것이다. 이러한 구조를 당장 해소하기 어렵다면 적어도 하청 근로자들이 숨 쉴 수 있는 구조, 원청을 상대로 '우리가 이렇게 힘들다'라고 호소할 신문고 하나는 있어야 한다. "여기 사람이 있소." 라고 말할 수 없는 곳이라면 '사람이 있어서는 안 될 곳'이다.

어려운 문제이다. 그러나 정치가 나서지 않으면 손배 폭탄 때문에 누군가는 자살하는 현상이 끊이질 않을 것이다. 바꿔야 한다. 합법 파업의 범주를 넓혀서 헌법이 말하는 노동 3권을 보장해야 한다.

합법 파업의 범위를 확대하는 것과 동시에 사업장 내 준법 문화도 뿌리내려야 한다. 기물을 파손하고, 사람에게 위해를 가하는, 형법상 적시되어 있는 불법을 행한다면 법대로 처벌해야 한다. 파업할 권리도 보장받아야 하지만 다른 사람의 생명과 재산도 보장받아야 할 중요한 권리이다. 법이 모든 사람에게 동일하게 적용된다면 일각에서 우려하는 '파업이 자주 일어날 것'이라는 고민도 기우로 그칠 것이다. 또한 비용을 줄이고 싶은 사측의 마음은 이해되지만, 법의 테두리를 넘어서는 무리한 작업 요구로 근로자의 안전에 해가 된다면 이 또한 바로 잡아야 한다. 법 앞에서는 누구나 평등해야 하는 것은 당연한 명제이다.

7.
일은 사무실에서만 해야 할까?

철저히 성과로 직원을 평가하는 시대다. 여기 두 종류의 직원이 있다. 열심히는 하는데 성과가 낮은 안타까운 직원과 겉보기에는 잔꾀가 가득해 보이는데 결과는 높은 성과를 내는 직원, 이 두 직원 중 회사에서는 어떤 직원을 선호할까? 당연히 후자이다. 노력은 보지 않고 결과만 보는 세상이 잔인하지만, 세상이 그렇게 변한 것은 되돌릴 수 없을 것 같다.

직원들을 성과로 줄을 세우는 시대라면, 결과만이 중요하다면, 일을 꼭 사무실에서만 해야 할까. 기업이 오직 '결과'만 중시한다면, 어디서 근무하든 기업이 추구하는 이익만 가져다주면 된다. 이런 시대에 굳이 사무실에서 다 함께 복닥복닥 근무할 필요가 있을까.

회사가 직원을 평가하는 기준이 바뀐 것처럼 직원이 일을 생각하는 기준이 바뀌었다. 직원에게 일이 전부인 시대가 있었다. 산업화 시기의 근로자는 '회사가 잘되어야 내가 잘된다.'라는 일념 하나로 주6일 근무에 야근도 마다하지 않았다. IMF 이후 회사는 가족이라 말했던 근로자를 해고하기 시작했고, 근로자도 회사가 영원히 한 개인을 먹이고 살리는 것은 아니라는 것을 자각했다. 여기에 '워라밸'이라는 일과 생활의 균형을 추구하는 문화가 확산하면서 회사에 대한 충성도는 매우 낮아졌다. 2019년 통계청 사회 조사에 따르면 '일과 가정 중에 무엇이 더 중요한가'라는 질문에 '둘 다 비슷하게 생각한다'라는 응답이 45%로 가장 많았다. 과거에 비해 매우 높아진 수치다. 동일한 질문을 2011년, 2013년, 2015년에 했을 때 모두 50% 이상이 '일을 우선한다'라고 답했고, 둘 다 중요하다는 답변은 30%대였다.[61]

워라밸 선호도가 높아지게 되면서 '불필요한 야근은 하지 말자.'라든지 '회식은 업무의 연장이니 회식은 점심시간에 하자.'라든지 '근로 시간이나 근로 장소를 다양하게 해달라.'는 유연 근무제에 대한 요구가 높아졌다. 재택근무도 그 주장 중 하나였다.

워라밸에 대한 요구가 아무리 높더라도 상명하복식 근무 환경이 기본 옵션인 우리 기업 문화에서는 재택근무는 꿈도 못 꿀 일이었다. 온갖 잡일은 막내가 다 하는 기업 문화에서 막내가 재택을 하면 그 일은 고스란히 사무실에 근무하는 선배의 몫이 된다.

그런데 철옹성처럼 뚫리지 않을 것 같았던 근무 환경을 바꿔버린 건 외부 변수였다. 바로 코로나19 전염병 사태로 근로 환경에 혁명이 일어났다. 외부 요인에 의해 반강제로 시행한 제도지만 우려와는 달리 긍정적인 면이 많았다. IT 기업을 중심으로 코로나 이후에도

청년 보좌관이 말하는 청년의 내일

재택근무를 부분적으로 시행하겠다고 밝힌 회사도 꽤 있을 정도이니 이만하면 기업 입장으로서도 손해 보는 근무 형태는 아니라 판단한 것이 아닐까.

그간 재택근무제의 선입견으로는 '직원들이 놀아서 생산성이 낮을 것', '협업이 어려울 것' 크게 두 가지였다. 그러나 이는 기우에 불과했다. 성과 중심주의 세상에서 마음 편하게 놀 직원은 많지 않았다.

우선, 재택근무로 직원의 생산성이 낮을 것이라는 문제는 걱정할 필요가 없다. 한국경영자총협회가 매출 상위 100대 기업을 대상으로 설문 조사를 시행했는데, 사무직 근로자의 업무 생산성은 정상 근무 대비 90% 이상이라는 평가가 46.3%로 가장 높은 비중을 차지했다. '80~89%'라 응답한 비율은 25.5%, '70~79%' 응답은 17.0%였으며, '70% 미만'으로 평가한 비중은 10.6%에 불과했다. 재택근무의 생산성이 사무실 근무 생산성에 비해 큰 차이가 없다는 증거이다.[62]

그다음은, 재택근무하면 협업이 어렵다는 것도 기우였다. 한국노동연구원의 자료에 따르면 업무 중 직장 동료들과 의견 공유 정도에 관한 질문에 사무실은 49.9%, 재택근무는 54.6%로 재택근무가 높았다. 또 '업무 지식을 공유하고자 하는 의향'에 관한 질문에 사무실 18.7%, 재택근무 56.6%로 3배나 높았다. 기업들이 재택근무를 시행하면서 재택근무자에게 일간 업무 기록을 작성하게 하고 동료들

과 공유하도록 만들어서 업무 지식 공유가 체계화되었기 때문이다.[63]

　그런데 흥미로운 것은, 이뿐만이 아니었다. 업무 집중도 재택근무가 더 높았다. 위의 노동연구원 조사에 따르면 '업무 집중도와 활력에 어떤 영향이 있느냐'는 질문에 '사무실 출근이 긍정적이다.'라고 답한 비율은 52.2%지만, '재택근무가 긍정적이다.'라고 답한 비율이 61.6%로 더 높다. 재미있는 것은 직급별로 응답이 차이가 난다는 점인데, 사원과 대리 직급은 업무 집중도 측면에서 재택근무가 월등히 높다는 점이다. 아무래도 사무실에서 근무하면 낮은 직급의 직원은 전화 받으랴, 막내로서 해야 할 업무 하랴 제 업무를 할 시간이 부족하기 때문으로 보인다. 필자도 막내 시절에 막내로서의 역할(전화 받기, 사무실 정리, 비품 채우기 등) 때문에 업무 시간에는 일에 집중하기 힘들어 야근하는 날이 더 많았다. 우리의 조직 문화상 낮은 직급의 직원이 사무실을 운영하는 데 필수적인 업무(잡무라고 표현하는 사람도 있다.)를 수행하므로 이 사람들이 재택근무를 선호하는 것은 당연하다.

	사무실 근무가 긍정적	재택근무가 긍정적
사원	48.7%	58.8%
대리	54.1%	64.3%
과,차장	53.7%	61.9%
부장	51.6%	58.1%
임원	51.3%	55.7%

　　　　　청년 보좌관이 말하는 청년의 내일

워라밸에 도움이 되는 것은 말할 것도 없다. 남녀 재택근무자 모두 가사 노동과 자녀를 돌보는 시간이 크게 증가했다. 특히 여성의 경우 '가사 노동이 크게 증가하였다.'라고 답한 비율이 13.04%, '자녀 돌봄 시간이 크게 증가하였다.'라고 답한 비율이 10.87%로 매우 높았다.[64] 하루의 삶을 되돌아보면 가족과 보낼 수 있는 시간은 매우 짧다. 개인마다 편차가 크겠지만 8시간 수면, 출퇴근 통근 1시간, 회사 근무 9시간, 저녁 식사 1시간은 매일 써야 하는 시간이고, 나머지 5시간만 개인에게 주어진 시간이다. 5시간 동안 개인 생활 보내기도 짧은 시간인데 가사 노동에 아이까지 키우고 보살펴야 하니 아이를 낳아 키울 엄두가 나지 않는 것 아닐까. 살아가기 팍팍한 세상에서 아이를 키우라는 것은 어쩌면 국가의 욕심이 아닐까.

코로나 대유행 이후 재택근무를 시작한 기업이 많아졌다. 꽤 많은 기업이 재택근무를 시행했었다. 네이버, 카카오, 우아한형제들, 당근마켓 등 많은 기업이 재택근무를 시행한 적이 있다. 재택근무는 아직 초기 단계라 기업들도 고민되는 지점이 많을 것이다. 기업으로서는 직원들의 생산성만 사무실 근무와 동일하다면 재택근무가 더 낫다는 판단을 할 수도 있다. 사무실 임대료, A4용지, 프린터 토너 같은 경비도 대폭 절감이 가능할 테니 말이다.

재택근무가 사용자에게도, 근로자에게도 그리고 우리 사회에도 어떤 영향을 미칠지 많은 연구가 필요하다. 프랑스는 재택근무의 영향을 오래 연구한 나라로 꼽힌다. 덕분에 코로나 창궐 이후 코로나가 급속도로 전파될 3월에 이동 제한령을 발표하여 전 국민의 외출을 전면 금지하였고, 가능한 모든 근로자를 재택근무로 전환한 바 있다. 오랜 준비가 있었기에 가능한 조치였다. 우리도 준비해야 한다. 감염병 대유행이 잠잠해졌다고 해서 단지 사무실 근무 방식으로 회귀하기보다는 재택근무의 단점은 보완하며 재택근무 비율을 높여야 한다. 국회도 재택근무 활성화를 위해 할 일이 필요한데, 이를테면 '퇴근 후 카톡 방지법' 같은 법안을 만들 필요가 있다. 재택근무가 정착되면 집에서도 모든 일이 가능해지는 시대가 온다. 그렇게 되면 장점도 크지만, 집에 있는 동안 상시 근무가 가능해진다는 말이 된다. 일과 삶의 균형을 찾을 줄 알았는데, 일과 삶이 합해지는 말도 안 되는 근무 형태가 만들어질 수 있다.

유럽은 코로나19 위기가 근로자 및 재택 근로에 미치는 영향에 대한 보고서를 발표했는데, 응답자의 29%가 일과를 마치고 회사와의 연결을 끊는 것에 어려움이 있다고 답했다. 또한, 응답자의 27%는 회사의 요청으로 근로 시간이 아닌 때에도 일하였다고 답했다. 유럽 의회는 재택근무자의 3분의 1이 사생활 침해를 당하고 있다는 점을 심각하게 여겼고, 근로자의 기본권으로 '연결 차단권'을 법적으로 마련할 것을 행정부에 제안도 하였다.[65]

프랑스는 노동법에 원격 근무 규정을 만들어, 시행 방법, 원격 근무 요청에 대한 거절권, 재택근무자와 사무실 근무자의 동등한 권리 보장, 업무상 재해 등을 구체적으로 규정하고 있다. 법 규정이 매우 구체적인데 몇 가지 소개를 하자면, '원격 근무 요청 거절권'은 원격 근무가 가능한 업무를 수행하는 직원이 원격 근무를 요청하면 사용자는 거절할 수 있지만, 거절에 대한 정당한 근거를 근로자에게 제시해야 하는 것을 말한다. 또한, 업무상 재해에 대한 제한도 있는데, 원격 근무 시 직원이 다쳤다면 업무상 재해로 추정한다.[66]

코로나19 감염병 사태는 우리 사회에 재택 근로라는 커다란 숙제를 안겨 주었다. 새로운 업무 방식이 근로자의 생산성을 전과 동일하게 담보할 수 있는지, 기업으로서는 비용 절감은 가능한 건지, 근로자로서는 워라밸 보장에 도움이 되는지 등 수많은 고민거리를 우리에게 남겨 주었다. 분명 장점이 많은 제도다. 기업만이 아니라 정부와 국회가 나서서 단점을 보완하여 이 제도를 정착시킬 대안을 고민해야 한다. 세상의 변화에 따라 바뀌지 않으면 결국 그 피해는 국민에게 돌아간다는 것을 명심해야 한다.

VI

**지구를 이렇게 막 써도 될까,
정치가 환경 문제에
조금 더 관심을 기울인다면**

1.
떼고 싶어도 뗄 수 없는 페트병 라벨

한국인은 분리수거에 진심이다. 아파트 같은 공동 주택에 많이 거주하는 영향도 있겠지만 한국인 특유의 '눈치 보기 문화'도 한몫하는 듯하다. '남들은 하는데 나만 안 하는 행동'은 우리 문화상 참을 수 없다. 매주 분리수거 하는 날을 잘 지키려고 하고, 분리배출 하는 방법도 배운다.

그런데 정부가 하라는 대로 하고 싶어도 못 하는 것이 있다. 바로 페트병이다. 페트병을 제대로 분리배출 하려면 먼저 내용물을 한번 헹구고, 페트병을 압착하고, 마개를 닫은 후, 가장 중요한 라벨을 제거해야 한다. 라벨을 제거하지 않으면 품질 좋은 재활용 원료로 사용할 수 없다.

투명 페트병은 옷감으로 만들 수 있을 정도로 품질이 좋은 재활용 원료이다. 색깔이 없고 깨끗한 페트병은 옷으로 만들 수 있으나, 색깔이 있거나 더러운 페트병은 완벽한 재활용이 어렵다. 우리가 열심히 하는 분리수거가 우리 사회와 지구에 의미 있는 행동이 되고 있다는 말이다. 그런데, 앞서 말한 것처럼 라벨이 제거되어야 제대로 그 의미를 발현시킬 수 있다.

모두 알다시피 우리나라에서 판매하는 음료 대부분이 라벨 제거가 굉장히 어렵다. 그래서 라벨 제거를 하지 않고 버리는 사람이 많다. 라벨 제거하기 편하게 상품을 만들어도 귀찮아서 안 할 판에 어렵게 만들어 놓으면 누가 하겠나. 이건 분명 생산자의 문제다. 페트병의 재활용 단계를 보면 제조업체의 생산 → 소비자의 배출 → 수거업체의 수집과 운반 → 선별장에서의 분류와 선별 → 분쇄 후 재생 원료로 재사용된다. 이 과정 중 어느 한 분야라도 제 책임을 다하지 않으면 재활용은 물거품이 된다.

가장 중요한 것은 제조업자의 생산 단계다. 첫 단추부터 잘못 끼워진다면 이후 모든 단계별로 큰 영향을 받는다. 우리 사회 구성원 모두가 첫 단추가 잘못 끼워졌다는 것을 알고 있다. 음료를 사 먹고 버릴 때마다 느낀다. 라벨을 제거해서 버려야 한다는 것을 누구나 알지만, 누구도 실천할 수 없다.

문제는 누구도 이 상황을 바꾸려 하지 않는다는 것이다. 우리 주변에 쓰레기가 넘쳐나고 있고, 쓰레기 문제가 심각한 것을 알지만 상황은 개선되지 않는다. 심지어 쓰레기가 넘치는 나라에서 쓰레기를 수입하고 있다. 무엇인가 잘못되었다는 증거이다. 분리배출 하러 나갈 때마다 플라스틱이 가장 많이 쌓여 있는 쓰레기라는 것을 우리는 눈으로 보지만, 우리나라는 폐플라스틱을 구하기 위해 일본과 대만 등에서 수입한다. 요즘 들어 페플라스틱 수입량이 줄어들고 있다는 점은 고무적이나 여전히 상당한 양의 플라스틱을 수입 중이다.

〈연도별 페플라스틱(PET/PE/PP/PS) 수입량〉 자료: 환경부

구분	2019년도	2020년도	2021년도	2022년도
수입량	16.2만 톤	9.0만 톤	4.3만 톤	3.5만 톤

생산 단계부터 바꾸어야 한다. 페트병을 분리수거 할 때 생각해 보자. 라벨을 제거하려 할 때 쉽게 떨어지는 경우가 드물다. 뜯으려 하더라도 라벨지가 여러 갈래로 찢어진다. 또 다 뜯으면 초강력 접착제가 남아 있다. 물로 씻어도 없어지지 않는 접착제다. 라벨이 이 지경이니 완벽한 재활용은 어렵다. 정부가 그렇게 외치는 '자원순환사회'는 애초에 공허한 주장 아닐까.

라벨 문제가 얼마나 심각한지 직접 조사해 봤다. 집 근처 편의점에서 판매하는 음료 100여 개를 구매해서 라벨을 뜯어 봤다. 100여 개 중 극소수만 페트병에 끈끈한 접착제 흔적을 남기지 않은 채 완벽하고, 쉽게 제거되었다.

제거가 힘든 제품 대부분을 특징별로 유형화해 봤다. ① 절취선은 있으나 마동석 정도는 되어야 뜯을 수 있는 강력한 라벨로 만든 상품 ② 라벨은 뜯기 쉬우나 페트병에 라벨이 남는 상품. 크게 2가지로 분류할 수 있다.

첫 번째, 절취선은 있으나 마동석 정도의 힘을 가진 자만 뜯을 수 있는 강력한 라벨로 만든 상품이다. 마음 같아서는 제조기업 사장을 국정감사장에 소환하여 라벨 뜯어보라고 말하고 싶다. 재활용을 고려해 기왕 돈 들여 만드는 것이라면 되도록 효율적인 고민을 해서 만들지 대충 흉내만 냈다는 생각을 떨쳐낼 수 없다. 칼로 뜯으면 된다고 말하겠지만 누구나 칼을 들고 다니는 것은 아니다. 언제 어느 곳에서든 뜯기 쉽게 만들어야 한다. 아이도 뜯을 수 있게 말이다.

청년 보좌관이 말하는 청년의 내일

두 번째, 라벨은 뜯기 쉬우나 페트병에 라벨이 남는 경우다. 아래 사진처럼 라벨이 남아 있으면 손으로 뜯을수록 조각조각 나뉘어져 완벽하게 제거하는 것이 절대 불가능하다. 라벨과 접착제에 조금 더 신경을 쓰면 좋겠다.

　어떻게 해야 할까. 먼저, 접착제를 꼭 사용해야 한다면 라벨 끝부분에만 발라 페트병에는 접착제가 최소한으로 묻도록 만든다. 또 접착제 사용 라벨을 되도록 지양하고, 비접착식 라벨 생산을 권장한다든가, 점선으로 된 절취선을 더 쉽게 뜯을 수 있도록 개선해야 한다. 생산자의 노력이 페트병 재활용을 활성화하느냐 그렇지 않으냐에 달렸다. 일본은 어린아이도 손으로 뜯을 수 있을 만큼 편리하게 만들었다. 우리라고 왜 안 되겠나.

정부도 심각성은 깨닫고 있다. 불과 몇 년 전만 하더라도 음료마다 페트병 색깔이 달랐으나, 2019년부터 색깔 있는 페트병 사용은 금지되었다. 늘 녹색 페트병이었던 소주가 흰색 페트병으로 바뀐 이유다. 이와 같은 정책 변화로 재활용이 쉬운 무색 페트병이 많아졌다. 또한 유색 페트병과 투명 페트병을 분리배출하는 사업도 시작했다. 생수병 같은 투명 페트병만 따로 분리하더라도 이 페트병은 고품질 소재로 재활용할 수 있다. 이제 남은 것은 라벨이다. 라벨만 잘 제거되더라도 재활용률을 현격히 높일 수 있다.

가장 좋은 것은 무라벨 상품이 많아지는 것이다. 생수 같은 영양 성분 표기가 필요 없는 상품은 라벨을 제거해도 된다. 2021년 한정애 전 환경부장관은 생수 업체들과 무라벨 투명 페트병 보급을 늘리고자 생수 업체들과 업무 협약을 맺었다. 당시 연간 출시되는 생수 중 20% 이상을 무라벨 투명 페트병으로 출시하겠다는 목표를 밝혔는데, 20%를 넘어 100%를 달성할 수 있도록 정부는 노력해야 한다. 생수야말로 라벨이 크게 중요하지 않은 상품 아닌가. 생수만이라도 무라벨 상품으로 전면 바꾼다면 커다란 변화가 될 것이다.

이러한 정책 변화를 적용하는 기업에 우리 정부와 국회는 무엇을 해야 할까. 세제 혜택과 같은 인센티브를 과감히 지급해야 한다. 현재 환경부 차원에서 지급하는 약간의 인센티브가 있지만 이것만으로는 부족하다. 생산 라인을 변경해야 할 문제이므로 기업은 막대한 비용이 든다. 이 비용 부담을 정부가 함께 짊어져야 한다. 또한 자원 재순환에 협조하지 않는 상품을 계속해서 만드는 기업에는 그에 맞는 제재도 신설되어야 한다. 환경은 누구나 책임져야 할 문제임을 명심하고, 이제는 강력한 대책을 강구해야 한다.

필자는 초년 보좌진 시절에, 사회적으로 심각한 문제를 막을 수단은 강력한 법뿐이라고 생각했다. 페트병 문제처럼 심각한 사안은 엄격한 법과 강력한 법 집행만이 문제 해결의 유일한 수단이라 생각했다. 그런데, 고민할수록 세상일이라는 게 그렇게 간단하지 않다는 것을 배웠다. 페트병 문제만 보더라도 일률적이고 명확한 법을 제정하기에는 꽤 복잡한 사안이다. 유색 페트병을 사용하지 못하게 하는 일, 라벨을 뜯기 쉽게 만드는 일, 접착제 사용을 줄이는 일 등은 모두 생산 공정을 바꿔야 할 문제였다. 생산 공정은 사장의 말 한마디로 바꿀 수 있는 문제가 아니다. 공정 변경은 투자가 있어야 하며, 이는 비용이다. 소비자도 국민이지만 기업가도 국민이다. 국가가 그들에게 무조건적 희생을 강조하는 것도 폭력이다. 일각에서는 '기업은 돈이 많으니, 정부가 제도를 만들면 시킨 대로 한다'라고 주장한다. 무조건 정부 말을 따르라는 듯한 태도는 우리 사회를 기업하기 어려운 환경으로 만들 뿐이다. 자발적이고 점진적인 변화가 필요한 이유이다.

정부에만 맡길 일이 아니다. 소비자도 행동해야 한다. 기업은 존재 이유가 이윤이다. 광고에서는 사회적 가치를 강조하지만 사실 이조차 이윤에 도움이 되어야 하는 조직이다. 자선 사업가와 구분해야 한다. '기업은 돈도 많이 버는데 이 정도도 못 해?'라고 비난하며 도덕적 선의를 기업에 요구하는 것 자체가 어울리지 않는 요구이다. 기업의 생리를 고려하여 소비자도 행동해야 한다. 그래야 의미 있는 변화를 이끈다. 친환경 상품을 만드는 기업을 칭찬하고, 구매하여 '돈쭐'을 내 줘야 선한 영향력이 향기처럼 퍼져 나갈 수 있다. 함께 하는 사람들이 많아진다면 세상은 바뀐다.

청년 보좌관이 말하는 청년의 내일

2.
어떤 사안이 인간에게는 편리하고 지구에는
불편하다면 어떤 방향을 택해야 할까?

환경 문제를 생각하면 가끔 현타가 올 때가 있다. '국민 개개인이 환경을 생각해서 분리배출 잘하고, 친환경 상품을 쓰더라도, 그 행동이 과연 우리 환경과 지구에 도움이 될까'라고 자문한다. 도움이야 어느 정도 되겠지만 결국 생산자, 즉 기업의 변화 없이는 큰 효과를 기대하기 어렵다.

온라인 쇼핑을 생각해 보자. 손가락 하나로 생필품을 주문하면 집 앞까지 택배 배송이 되는 시대다. 직접 마트에 가지 않고도 거의 모든 물건을 온라인에서 판매하기 때문에 대부분 청년은 온라인으로 주문한다. 손가락 하나로 상품을 비교하고, 최저가를 비교하는 세상이니 기업이 호갱(호구+고객을 표현한 신조어)이 되기 싫어하는 사람들의 니즈를 정확히 파악하였다.

온라인 주문이 편리하긴 하지만 매번 택배를 받을 때마다 죄책감도 든다. 택배 주문 시 발생하는 포장 쓰레기가 많아도 너무 많다. 립스틱 하나 사더라도 대형 박스에 포장되어 온다. 이런 후기는 인터넷 포털사이트에 '과대 포장 후기'라고 검색만 하면 쏟아져 나온다. 일례로 A사에서 단백질 바를 24개 주문했는데, 대형 박스 24개에 담겨 배송되기도 했다. 또 A사의 무료 배송 기준을 맞추기 위해 여러 상품을 주문하더라도 모든 상품은 상품마다 포장되어 배송된다. 같은 물류 센터에서 같은 시각에 출발하는 택배인데도 포장을 이렇게밖에 못 하는 것이 이해가 안 된다.

(자료: 구글, 키워드: 과대 포장)

그나마 박스는 재활용이 원활하니 죄책감이라도 덜하지만 대부분 봉투에 담겨 배송되니 주문할 때마다 죄책감이 이만저만이 아니다. 심각한 것은 소수 업체만의 문제가 아니라는 점이다. 우리는 온라인 상품 주문 시, 상품보다 포장재가 더 많이 배달되는 세상에 살고 있다.

그런가 하면, 우리가 주로 이용하는 새벽 배송은 상황을 더욱 악화시키고 있다. 신속한 배송에 소비자들은 환호했으나 쓰레기는 넘쳐났다. 한국소비자원이 2021년 4월 새벽 배송 관련한 설문 조사

청년 보좌관이 말하는 청년의 내일

를 발표하였는데 '새벽 배송 서비스에서 가장 개선할 점은?'이라는 질문에 쿠팡과 마켓컬리에는 과대 포장을 줄여야 한다는 대답이 1위였다.

<새벽 배송 서비스에서 가장 재선할 점은?>

단위: 명, %

구분	전체	마켓컬리 (샛별배송)	쿠팡 (로켓프레시)	SSG닷컴 (쓱새벽배송)
과대 포장을 줄여야 한다	289(24.1)	106(26.5)	123(30.8)	60(15.0)
무료 배송 기준을 낮춰야 한다	233(19.4)	76(19.0)	66(16.5)	91(22.8)
품절 상품이 없도록 제품 구비에 신경 써야 한다	159(13.3)	42(10.5)	35(8.8)	82(20.5)
상품 가격을 낮춰야 한다	133(11.1)	88(22.0)	21(5.3)	24(6.0)
친환경 포장을 확대해야 한다	111(9.2)	29(7.3)	49(12.2)	33(8.2)
쿠폰, 1+1, 포인트 적립 등 프로모션을 늘려야 한다	89(7.4)	24(6.0)	26(6.5)	39(9.8)
주문 상품이 파손(훼손) 및 변질되지 않도록 포장에 신경 써야 한다	51(4.3)	7(1.8)	24(6.0)	20(5.0)
멤버십 혜택(적립률, 등급별 혜택 등)을 늘려야 한다	37(3.1)	2(0.5)	22(5.5)	13(3.2)
배송지역을 확대해야 한다	33(2.7)	11(2.7)	10(2.5)	12(3.0)
예정된 새벽 배송 시간을 정확히 맞춰야 한다	30(2.5)	6(1.5)	9(2.2)	15(3.7)
기타	21(1.7)	5(1.2)	9(2.2)	7(1.8)
고객응대서비스(1:1 문의, 콜센터 연결 등)를 개선해야 한다	14(1.2)	4(1.0)	6(1.5)	4(1.0)
계	1,200(100.0)	400(100.0)	400(100.0)	400(100.0)

(자료: 한국소비자원)

갈수록 상황이 악화되는 이유는 무엇일까? 과대 포장을 제어하는 규제가 없어서일까? 우리나라는 과대 포장을 규제하는 나라다. 2013년부터 규제를 만들어 제품 종류별 포장 규제를 하고 있다. 모든 상품은 2회 이하로 포장 범위에 제한을 둔다. 이것은 겹겹이 쌓은 과대 포장을 방지하기 위함인데, 이러한 제한으로 부피를 확대하는 것을 금지하고 있다. 적발 시 1회 100만 원, 3회 이상 시 최대 300만 원의 과태료가 부과된다. 이 정도 금액으로 기업은 눈 하나 깜짝하지 않겠지만, 어쨌거나 대한민국은 과대 포장에 대해 규제하는 나라이다.

택배가 급증하면서 상품을 안전하게 배송하기 위해 포장을 한 번 더 하고 있다. 택배가 보편화된 시대에 애초에 상품 포장 상자에 택배 송장을 바로 붙여서 보낼 수 있도록 개선한다면 3차 포장을 막을 수 있다. 대표적으로 명절 선물 중 참치 캔, 식용유 등이 포함된 선물 세트를 생각해 보자. 지인 선물을 위해 온라인에서 바로 구매하는 분들이 꽤 많은 만큼 택배 수요도 높은 상품이다. 애초에 박스 안에 상품이 들어가 있음에도 택배 상자로 또 포장하여 보내야 한다. 이런 낭비는 조금만 신경 쓴다면 바꿀 수 있는 부분 아닐까.

택배는 더욱 확대될 것이고, 온라인 배송 업체도 우리 생활에 더 깊이 자리매김할 것이다. 기업의 자발적 변화가 없다면 포장 폐기물은 계속해서 늘어날 것이다. 이미 심각한 수준이다. 우리나라에서 발생하는 포장 폐기물은 OECD국 중 미국 다음이다.[67]

EU는 포장재 폐기물에 대한 규제를 강화하고 있다. EU 집행위원회는 EU 시민 1명당 발생하는 포장재 폐기물을 2040년까지 단계적으로 감축하는 목표를 최초로 부여했다. 구체적으로는 재사용할 수 있는 포장재 사용을 촉진하고, 과도한 포장을 제한하고, 불필요한 포장을 최소화하고, 포장재 재활용 표시 EU 공통 라벨 채택으로 포장재 재사용 및 재활용을 증대하자는 것이 주요 내용이다.[68] EU 가입국에 수출하는 우리 기업들도 참고해야 할 부분이다.

우리나라는 택배와 온라인 쇼핑몰 발달로 포장지 폐기물 문제가 심각하다. 정부는 솜방망이 수준도 안 되는 현행 과태료 부과 금액을 상향하는 것을 고려해야 한다. 실질적 변화를 위해서 말이다. 기업에 과태료 100만 원을 부과한다고 해서 생산 공정을 변경할 고민할 이유가 없다. 100만 원은 누군가에게는 큰돈이지만 누군가에게는 아무 유인도 되지 않을 정도로 적은 돈이다. 경제 주체의 선의에만 기대는 것은 '아무것도 하지 않겠다.'는 말과 같다. 이런 문제를 개선하자고 할 때마다 일각에서는 '기업 옥죄기'라 주장한다. 규제가 강화되면 기업은 귀찮아지니 타당한 주장이긴 하다. 그러나 지금 '기업 옥죄기'를 하지 않으면 우리 터전이 옥죄어진다.

3.
쓰레기 대란 머지않았다,
지자체의 존재 이유는 무엇인가?

쓰레기 문제는 생각보다 심각하다. 쓰레기 배출량은 갈수록 많아지지만, 처리하는 곳은 늘릴 수가 없다. 내가 사는 동네에 쓰레기 처리장을 만드는 것을 좋아할 주민은 하나도 없다. 그럼에도 도시가 유지되려면 쓰레기 처리 장소는 꼭 필요하다. 이번 장은 이 문제에 대해 지적하려 한다.

먼저 생활 쓰레기가 어떻게 처리되는지 알아보자. 종량제 봉투에 담긴 쓰레기는 재활용이 어렵기 때문에 지자체는 봉투를 수거하여 대부분은 그대로 소각하고, 일부는 매립한다.

종량제 봉투는 뜯지도 않은 채 그대로 소각장과 매립장으로 간다. 이상적으로는 봉투를 일일이 뜯어서 재활용품을 사람이 선별하면 좋겠지만 인건비 감당이 안 된다. 재활용이 가능한 쓰레기를 절대 종량제 봉투에 넣으면 안 되는 이유다. 2018년 환경부의 전국 폐기물 통계조사에 따르면 종량제 봉투의 53%는 재활용이 가능한 물품이다. 종이류(28.5)가 가장 많았고, 화장지류(21.1%), 플라스틱류(20.8%),

음식물류(4.8%) 순이다.

더 충격적인 조사도 있다. 2022년 11월 마포구가 종량제 봉투를 직접 뜯어 봤다. 종량제 봉투에 담긴 쓰레기 중 최대 87%가 재활용이 가능한 물품이었다. 종량제 봉투 5톤을 쓰레기 선별기에 넣었더니 소각장으로 갈 쓰레기가 0.65톤에 불과했다는 다소 충격적인 결과를 마포구청이 발표했다.[69]

그렇다면, 우리가 종량제 봉투에 담아 버리는 생활 쓰레기는 누가 처리할까? 바로, 지자체가 해야 할 일이다. 쓰레기 처리의 대원칙은 '발생지 처리 원칙'이다. 내가 배출한 쓰레기는 내가 치우자는 것이다. 그렇다면 지자체마다 소각장과 매립장은 당연히 운영해야 마땅하다. 그런데 서울에 그런 시설이 있나? 소각장만 있을 뿐 매립장은 없다. 땅값이 비싸다는 이유로, 개발해야 한다는 이유로 없애 버렸다. 경기도도 마찬가지다. 서울과 경기도의 쓰레기는 인천으로 간다. 하루 평균 2,400t이 서울, 경기, 인천의 64개 기초 지자체가 인천시 서구에 있는 수도권 매립지로 쓰레기를 보내고 있다.

지자체장의 존재 이유는 무엇일까. 정치인일까. 선출되는 권력이지만 정치인은 아니다. 엄연히 따지자면 행정가다. 행정가는 도시를 운영하는 수장이다. 주민들이 불편하지 않게 도시의 인프라를 정비하는 것이 가장 중요한 업무다. 주민이 깨끗한 물을 마실 수 있도록 상수도를 정비하고, 환경 오염과 수인성 질병 예방을 위해서 하수도에 투자하고, 쓰레기가 덜 나오도록 주민을 계도하는 한편 쓰레기 처리 시설도 갖추도록 힘써야 한다. 주민이 큰 불편 없이 살 수 있도록 돕는 역할이 행정가고, 지자체장의 임무다. 그런 필수적인 일을 하지 않고 '눈에 보이는 일', '칭찬받을 일'만 하는 지자체장은 행정가로서 자격이 없는 사람이다. 도시 운영을 위해 존재하는 행정가가 정치인의 면모만 보이면 피해는 그 도시의 주민이 보는 셈이다. 이런 관점에서 보면 서울과 경기도는 지자체장이 도시 운영을 못 하는 셈이다.

서울도 예전에는 자체적으로 해결했다. 1960년대엔 군자동, 상월곡동, 응암동, 염창동, 1970년대엔 방배동, 압구정동, 장안동, 구의동, 청담동도 매립지로 쓰였다. 아직 개발이 덜 된 땅이 보이면 쓰레기를 묻는 것이 당연하던 시절이 있었다. 수도권 개발이 급물살을 타면서 남은 부지는 개발되었고, 매립지로 쓰였던 지역마저 개발되었다. 요즘 핫플레이스로 손꼽히는 마포의 하늘공원도 원래는 쓰레기 산이었다. 하늘공원에서 산책하다 보면 '가스가 배출되는 입구'라는 메모가 종종 보이는데 쓰레기가 부식되면서 나오는 가스 배출 구멍이다. 지금은 쓰레기 산이라는 흔적이 전혀 없을 정도로 아름답게 꾸며 놓았다. 이제 서울은 개발할 땅도 없어 쓰레기를 자체 처리하기에는 벅찬 도시가 되었다.

인천에 있는 수도권 매립지를 영원히 사용하면 좋겠지만 2026년에는 포화가 된다. 현재까지 뾰족한 대안이 없다. 서울, 경기로서

청년 보좌관이 말하는 청년의 내일

는 매립지 근처에 새로운 매립지를 조성하면 좋겠지만 인천시가 반대하고 있다. 당연하다. 내 집 근처에 쓰레기 매립지가 있으면 좋아할 사람이 없고, 선거로 선출되는 인천시장의 처지에서도 아무리 정부 지원금을 많이 준다 한들 선뜻 나설 수 없다. 새로운 수도권 매립지를 찾고자 2차례에 걸쳐 지자체 공모를 시행하며 무려 3조 원의 인센티브를 내걸었지만, 지자체 단 한 곳도 지원하지 않았다. 지원하는 순간 지자체장은 다음 선거를 포기해야 한다. 선출된 권력의 한계이다.

그렇다면, 17개 시도 모두에 매립 시설을 설치해야 할까. 아마 서울에 매립 시설을 설치한다고 하면 나라가 뒤집힐 것이다. 땅값이 비싼 서울에서 '내 몸 누울 공간'도 없어 경기도, 강원도, 충청도로 이사를 가고, 매일 서울로 출퇴근하는 사람이 부지기수다. 이런 상황에 쓰레기 매립 시설이라니. 대통령이 아니라 대통령 할아버지가 와도 불가능하다. 서울은 인구 과밀, 산업 과밀이 심각하여 도시 자체로서 기능을 하기에는 이미 늦은 도시다.

대안은 없을까?

- 시민

시민의 역할이 가장 중요하다. 종량제 봉투에 재활용이 가능한 물품을 넣지 않는 것이 가장 중요하다. 종량제 봉투를 뜯어 일일이 사람 손으로 재활용품을 선별하기는 불가능하다. 분리배출 잘하는 것이 지구와 우리 공동체를 위한 가장 중요한 실천이다.

- 지방 자치 단체

이제라도 제 할 일을 해야 한다. 지자체장은 정치인이 아니고 행정가다. 도시 운영에 집중해야 할 사람이 정치에 기웃거리니, 제 할 일을 못 하고 있다. 선출되는 권력은 때론 본연의 업무보다 다음에 다시 권력을 얻기 위해 일을 해야만 하는 사람이다. 권력자의 속성은 그러하나, 시민에게는 다음 선거에만 집중하는 정치가가 아니라 본연의 업무에 집중하는 행정가가 더 필요하다. 지자체가 해야 할 일을 기술할 테니 다음 선거에 독자들이 속한 지자체장이 이런 역할을 할 사람인지 판단해보고 투표로 시민의 힘을 보여 줘야 한다. '멋진 시설'을 만드는 것은 누구나 할 수 있다. 매년 주어지는 세금만 쓰면 되고, 세금이 없으면 지방채 발행하면 된다. 진정 시민을 위한 행정가는 시민이 큰 불편 없이 안전하게 살 수 있도록 필수 기반 시설을 지혜롭게 만들어 내는 사람이다.

그렇다면 쓰레기 대란을 해결하기 위해 지자체는 어떤 투자를 해야 할까? 첫째, 종량제 봉투에 담긴 생활 쓰레기를 바로 매립할 생각을 버려야 한다. 매립지 구하기가 가장 어렵다. 그렇다면 매립할 물량을 줄여야 한다. 지자체마다 재활용 선별 시설을 갖추고, 소각해야 할 물량을 최대한 줄인 다음 친환경 소각 시설로 보내야 한다. 종량제 봉투 제도를 시행한 지 오래됐지만 여전히 봉투 안에 재활용품이 많이 있다. 매립 최소화를 위해서 이제 선별 시설은 선택이 아닌 필수다. 지자체는 '재활용 우선-소각-소각재 매립' 순으로 환경 정책을 펼쳐야 한다.

둘째, 광역 지자체는 친환경 소각 시설을 갖추어야 한다. 소각이라고 하면 대기오염, 미세먼지 같은 단어부터 생각나겠지만, 요즘은 다르다. 소각 기술이 발달하여 오염 물질은 극소량 발생하며, 배출 정도 역시 자동대기측정 시스템을 통해 실시간으로 누구나 알 수 있을 정도로 투명하게 관리하고 있다. 또한 쓰레기 소각에 사용되는 열을 회수하여 지역 사회에 난방 에너지로 공급하고, 소각으로 발생하는 증기로 터빈을 돌려 전기를 생산하여 지역 사회에 보급한다. 소각을 위한 시설이지만 소각보다 더 큰 장점을 갖고 있어 환경 에너지 시설이라 불린다.

선진국은 도시 한 가운데 쓰레기 처리를 위한 시설이 있다. 덴마크는 수도 코펜하겐에 건립하였다. 소각장 옥상에 길이 490M, 경사 45도로 사계절 스키를 탈 수 있는 시설을 설치해 소각장에서 사계절 스키를 탈 수 있게 만들었다. 암벽 등반장, 등산로까지 갖추어 시민 누구나 운동할 수 있도록 만들었다. 이제 코펜하겐의 명물이며 매년 53만 명이 찾는 지역의 명소다.

(출처: 아마게르 바케 홈페이지)

청년 보좌관이 말하는 청년의 내일

오스트리아 수도 빈에도 소각장이 있다. 건물이 예술 작품처럼 아름다운데, 오스트리아의 유명 예술가 훈데르트 바서가 디자인했다. 소각장은 근처에 왕궁이 있을 정도로 도심지 내에 있다.

(슈피텔라우 소각장 전경, 출처: 네이버 블로그 '훈데르트바서 Green city 특별전')

우리나라는 경기도 하남시가 우수 사례로 손꼽힌다. 쓰레기 문제에 골머리를 앓는 지자체는 하남시의 성공 사례를 주목한다. 하남시 발표에 따르면 하남 유니온파크를 벤치마킹한 곳은 서울시를 비롯해 세종시와 경기 과천시·고양시, 전남 순천시 등 39곳에 이른다. 하남 유니온파크는 3,031억 원을 투입해 세계 최초로 쓰레기 처리 시설을 전면 지하화한 시설이다. 쓰레기 소각장, 하수 처리 시설, 음식물 쓰레기 처리 시설, 재활용 선별장 등 쓰레기 처리를 위한 시설 대부분이 지하에 있다. 지상에는 시민들이 쉴 수 있는 광장, 공연장, 풋살, 농구장, 실내 체육관이 있어 체육 시설로 인기가 많은 곳이다. 105m 높이의 전망대도 있어 한강과 미사리 조정경기장의 경치를 보기 위해 가는 곳이기도 하다.

(출처: 하남시)

- 정부

정부가 할 일 중 가장 중요한 것이 '원칙'을 지키는 것이다. 정부는 늘 현실에 타협하기 때문에 상황이 개선되지 않는다. 수도권 매립지는 사실 2016년에 사용 종료될 예정이었다. 그런데 서울시와 경기도가 대안을 찾지 못해 정부-서울시-경기도-인천시 4자 협의체가 모여 기존 매립지 중 남는 땅 일부를 새 매립지로 쓰기로 합의하면서 서울과 경기에 숨통이 트였다. 정부의 중재로 쓰레기 대란은 일어나지 않았으나 이제 곧 닥칠 문제이다. 10년의 시간을 벌었음에

청년 보좌관이 말하는 청년의 내일

도 아직도 답을 찾지 못하고 있고, 각자 매립지를 구할지, 아니면 지금처럼 한곳으로 모을지 아무것도 정하지 못했다. 이대로라면 서울과 경기는 분명 '정부가 나중에 알아서 하겠지.'라고 생각하며 방치할 것이다. 정부는 약속은 반드시 지키겠다는 의지를 보여야 하며, 2026년까지 준비를 하지 않는 지자체에는 강력한 조치를 해야 한다. 국민이 쓰레기 더미에 살게 하지 않으려면 말이다.

정부는 2026년 수도권 매립지 포화에 대한 조치로, 2026년부터 수도권 지자체가 쓰레기 선별과 소각 없이 직매립하는 것을 원천 금지했다. 수도권은 2026년부터, 다른 지자체는 2030년부터 적용된다. 이렇게 되면 수도권 매립지에 반입되는 생활폐기물의 양이 시행 전과 비교했을 때 80~90% 정도 감축된다. 쓰레기 대란을 막을 수 있는 현실적 조치이다. 정부는 이 계획을 반드시 지켜야 한다. 원칙 없는 정책은 누군가의 피해로 이어진다는 것을 명심해야 한다. 피해 보는 누군가는 바로 다수의 국민이다.

4.
하이에나도 반려동물로 키울 수 있는 나라, 야생에서 키울 동물은 야생에서만 키워야 상식적이지 않을까?

    누구나 하이에나를 키울 수 있다. 키울 자신만 있으면 말이다. 대한민국의 현주소다. 옆집에서 위험한 동물을 키우더라도 법적으로 아무 제재도 할 수 없다. 동물 보호도 못 하는 나라지만 동물로부터 인간을 보호하지도 못하는 나라. 정부와 국회는 늘 그렇듯 우리 국민이 죽거나 다쳐야만 안전 체계를 만든다. 사후약방문은 누구나 할 수 있다. 누군가 죽기 전에 안전 체계를 촘촘히 만드는 것이 진정한 실력이다.

    하이에나를 분양하는 곳이 있다는 소문을 듣고 하이에나 농장을 찾아다녔다. 국정감사장에서 고발하여 제도를 고치기 위해서였다. 하이에나는 누가 보더라도 위험하므로 음성적으로 조용히 거래하겠거니 생각했지만, 편의점에서 컵라면 사듯이 자유롭게 사고팔고 있었다. 규제가 없어서 가능한 일이다. 매매만 자유로운 게 아니다. 광고도 자유로웠다. 온라인 동물 카페에서 자유롭게 광고하고 있었다. 아래 사진은 한 포털사이트에서 '하이에나'로 검색했더니 나온 글이다. '새끼 하이에나는 사람 손을 탔기 때문에 안전하다'라는 말과 함께 홍보하고 있었다. '국내 번식에 성공한 개체를 판매한다.'라는 게시글도 있었다. 오래전부터 하이에나를 사육하면서 새끼를 분양한 것으로 보인다. '성체 문의도 받는다.'라는 문구도 있다. 성체 하이에나도 매매하는 것으로 추정된다. 가장 궁금한 것은 가격. 가격은 새끼 한 마리에 1,200만 원 이상이다. 게시글에는 분양을 문의하는 댓글이 있다.

눈으로 하이에나 농장을 보고 싶었다. 분양하는 사람으로 가장하고 직접 농장을 방문했다. 농장 주인은 "여러 차례 분양 경험이 있다."라는 말과 "태어난 직후 자신이 집에서 키웠기 때문에 사람을 잘 따른다."라는 말로 필자가 가장 우려하는 '안전' 문제를 불식시키기 위해 애를 쓰셨다. "자신이 키운 하이에나는 강아지처럼 안전하다."라는 농장 주인의 말이 귓가에 맴돌았다. 자신만 안전하면 된다는 생각. 그 생각이 안전사고를 계속해서 만드는 것은 아닌가.

(출처: 네이버 카페 '썸펫')

(하이에나 분양 광고 글, 출처: 네이버 카페 '썸펫')

(하이에나 사육장 사진, 출처: 직접 촬영)

청년 보좌관이 말하는 청년의 내일

하이에나만이 아니다. 위험한 동물들이 아무 규제도 없이 자유롭게 매매되고 있다. 박쥐도 마찬가지다. 알다시피 박쥐는 코로나19 바이러스의 기원으로 꼽힌다. SARS의 기원으로도 지적되었다. 전 세계를 공포에 떨게 한 질병의 기원으로 꼽히는 박쥐마저도 우리나라는 자유롭게 거래할 수 있는 나라다.

아프리카 호저도 거래된다. 호저는 가시가 매우 위험해서 사자, 표범 등 상위 포식자도 건들지 않는 동물이다. 박힌 가시는 스스로 제거할 수 없어서 감염으로 죽거나 스스로 제거하려는 과정에서 가시가 부러지면 몸속 더 깊은 곳으로 박혀 움직일수록 더 고통스럽게 죽는다. 이런 위험 동물이 주택가에서 발견된 바 있다. 2022년 제주 서귀포시 한 마을에서 호저가 발견되었다. 이후 조사해 보니 한 사설 동물원에서 탈출한 개체였다. 사육 시설을 제대로 갖추지 않은 사람들이 동물을 분양하여 동물 카페나 농장을 운영하기 때문에 발생한 문제다.[70]

아나콘다, 악어거북, 일본원숭이, 은여우, 왕도마뱀도 거래할 수 있다. 악어거북은 생태계 상위 포식자인 수달도 건들지 않을 정도로 포악한 동물이다. 규제가 없는 탓에 거래도 자유롭고 그 영향으로 생태계도 위협받고 있다. 악어거북은 동호인 사이에 반려동물로 사육되는 대표 종인데, 방생하면 생태계에 치명적이다. 2019년에는 광주광역시 광주호에서 악어거북이 발견되기도 하였다.[71]

일본원숭이

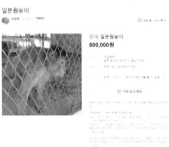

판매 일본원숭이
500,000원

과일박쥐 베이비 4월말생

판매 과일박쥐 베이비 4월말생
250,000원

(출처: 네이버 카페 '썸펫')

청년 보좌관이 말하는 청년의 내일

선진국은 어떻게 할까?

〈영국〉

영국은 「위험한 야생동물법 1976」으로 위험 동물을 엄격히 관리하고 있다. 정부가 지정한 동물을 소유할 경우 당국의 허가를 받아야 하며 야생 방사가 금지되어 있다. 사육 금지 종은 야생 개과, 야생 고양이과 등이며 법의 부록에 열거하였다.

소유와 사육을 위한 면허를 부여하는 체계로 관리하는데, 그 조건을 구체적으로 열거하고 있다. 사육장 규정, 화재 대비책, 동물이 탈출할 때에 대한 대비, 전염병 통제 가능성, 동물 복지책 등을 심사하여 면허를 부여한다. 동물을 보호하는 동시에 인간과 동물의 공존을 위해 체계적으로 위험 동물을 관리한다.

〈미국〉

미국은 주마다 규제가 다르다. 일부 주는 위험 동물을 종 보존 등 예외적인 경우를 제외하고 소유, 사육을 전면 금지하기도 하고, 일부 주는 영국과 같이 허가를 받은 자만 소유할 수 있고, 일부 주는 우리나라처럼 전혀 규정이 없기도 하다.

위험 동물을 규제하는 주 중 대표적인 주는 캘리포니아주다. 허가를 받은 자를 제외하고는 주 정부가 지정하는 동물을 소유하는 것을 불법으로 규정한다. 개인적 소유는 일절 금지하고 상업적 용도,

연구와 교육 기관에만 부여한다. 악어, 얼룩말, 하이에나 등 다양한 동물을 열거주의 방식으로 금지하고 있다.

우리나라 어떻게 규제하고 있을까

우리나라는 호랑이와 같은 멸종위기종이나 CITES 종이라 불리는 국제적 멸종위기종은 허가받은 자만 사육할 수 있도록 엄격히 관리하고 있다. 멸종 위기에 처한 동물을 보호하기 위한 제도다. 이 종들은 학술 연구나 복원 목적을 제외하고는 사고팔 수도 없다. 처벌도 엄격하다. 멸종위기종을 포획하거나 죽인 자는 5년 이하 징역 또는 500만 원 이상 5천만 원 이하 벌금에 처한다.

생태계를 보호하기 위한 체계도 있다. 이를테면 생태계 교란종 관리 체계가 그것이다. 우리가 흔히 아는 황소개구리, 베스, 뉴트리아 등이 여기에 속하는데, 이들은 외래 생물로 우리 생태계를 파괴하고 교란할 우려가 있는 종으로 지정이 되었다. 그래서 이 개체의 확산을 막기 위해 관리 중이다. 비슷한 제도로 피라냐 같은 생물을 '생태계 위해우려생물'로 지정하여 국내에 유입되지는 않았지만 유입되었을 경우 생태계에 미치는 영향이 큰 종을 정부가 관리하고 있다.

요약하면, 우리나라는 종 보존과 생태계 보호를 위한 정책만 있다. 앞서 언급했듯 선진국은 인간과 동물의 공존을 위해 위험 동물을 규제하고 있다. 이런 규제가 없는 우리는 하이에나와 대형 뱀이 자유로이 거래되는 위험천만한 나라이며, 위험 동물을 기반으로 '동물 체험장'이라 칭하며 장사하는 그야말로 위험한 일이 벌어지고 있다. 이제 우리도 위험 동물을 규제하는 체계가 있어야 한다. 안전 체계를 촘촘히 만들자.

VII

모두가 아는 문제지만
바뀌지 않는 이유,
문제는 정치다.

앞서 언급한 사회 문제는 결국 정치로 해법을 찾아야 한다. 우리 사회를 규율하는 법과 제도는 정치의 산물이기에 그렇다. 정치가 제 기능을 못 하면 법이 사회를 따라가지 못해 사회 문제가 발생하는 것은 자명하다. 정치 개혁이 필요한 이유이다.

1.
국회의 민낯
- 오로지 지역구

    정치 개혁을 논하기 앞서 우리 정치가 어떠하기에 개혁해야 할 대상인지 알아보자. 필자는 국회의원 보좌진이다. 국회의원이 하는 모든 행위를 지원하는 직업이다. 법안을 만들고, 정부 견제를 위한 질의서를 작성하고, 언론 인터뷰 시 답변서도 작성한다. 국회가 노는 것처럼 보여도 국회 구성원인 우리는 늘 바쁘다. 국회가 열리든 안 열리든 늘 법안을 만들고, 정책을 고민하고, 정부의 잘못을 지적할 만한 것들을 공부한다. 그래서 행정부처 공무원들이 국회 보좌진을 무지 싫어한다. 예전에는 국정감사 기간에만 각종 정부 자료를 요청하여 감사 준비를 했으나, 이제는 상시 준비하기 때문이다. 주변에 부처 공무원이 있다면 국회 보좌진 욕을 실컷 할 것이다. 이 자리를 빌려 죄송하다는 뜻을 전하고 싶다. 그렇지만 우리는 헌법이 부여한 행정부 감시 역할을 할 뿐이다.

    이런 업무 특성상 보좌진은 사회 현상에 민감해야 하고, 그 현상이 사회를 좀먹는 문제가 되지 않도록 촉각을 곤두세우며 일을 한다. 그런데 가끔 현타가 올 때가 있다. '열심히 하면 뭐 하나'라는 생각까지 들 정도이다. 가장 심할 때가 법안 심사를 할 때다. 법안 심사는 보통 한 달에 한 번 한다. 법안은 300개 의원실이 하루에도 수십 개를 발의하지만, 심사를 위한 회의는 한 달에 한 번 개최한다.

국회의원직은 법을 만드는 자리고, 국민을 대표하여 정부를 견제하는 자리다. 법안 심사를 한 달에 한 번 하면서 법을 만드는 직업이라고 말할 수 있을까. 지금 국회의원은 본업인 법안 심사보다 부업이 더 많다. 그래서 국민에게 필요한 법은 늘 느리다. 한 달 20일 근무를 가정했을 때 하루는 법안을 심사하고 나머지 19일은 뭐 하는지 궁금할 것이다. 국회의원은 노는 것처럼 보여도 사무실에 앉아서 노는 사람이 아니다. 믿기 힘들겠지만, 대한민국에서 가장 바쁜 사람들이다. 역설적이지 않은가? 가장 바쁜 사람이라고 했는데, 본업인 법안 심사는 하지 않는 이 상황이.

바쁜 이유는 지역구 관리 때문이다. 지역구에서 열리는 여러 가지 행사들, 모임들에 참여해야 한다. 그래야 다음 총선에도 당선될 수 있으니까. 국회의원 임기 4년 동안 부지런히 지역구를 다녀서 열심히 일하는 국회의원이라는 것을 지역구 주민에게 각인시켜야 다음에도 당선된다.

그런데, 국회의원은 지역구에 목매는 사람이 되어서는 안 된다. 헌법 제46조 2항 '국회의원은 국가의 이익을 우선하여 양심에 따라 직무를 행한다'라는 조항이 있다. 헌법에 따르면 국회의원은 국가를 위해 일하라고 명시했다. 그런데 선출을 지역구 주민이 하다 보니 국가의 이익보다 주민의 이익을 위해 일해야만 다음 선거에서도 국회의원이 될 수 있다. 국회의원 권력이 지역구에서 나오다 보니 오로지 지역 업무가 가장 중요한 업무고, 덕분에 4년 동안 선거 운동을 하는 셈이라 새로운 인물이 국회의원이 되기는 거의 불가능하다.

내가 사는 동네를 가꾸는 것은 국회의원의 업무가 아니다. 지역 발전은 도지사, 시장, 군수, 구청장인 지방자치단체장과 도 의원, 시 의원인 지방 의원의 일이다. 지역 주민을 위해 봉사하는 정치인이 따로 있다. 그런데도 국회의원 업무 대부분이 동네 가꾸기를 빙자한 선거 운동에 매몰된다. 실제로 부동산 가격에 민감한 지역구의 경우 국회의원이 부동산 가격을 어떻게 하면 상승시킬 수 있을지 논의하기 위한 토론회도 개최한다. 부동산 전문가를 초빙하여 주민을 위한 강연도 개최한다. 이것이 국회의원이 할 일인가? 헌법상 국회의원은 국민의 대표이지만, 실제는 주민의 대표인 셈이다. 결국 우리가 선출하는 권력 중 국민을 위해 일할 사람은 대통령뿐이다. 이러니 대통령의 권한은 강해지고 제왕적 대통령제 국가라는 오명이 계속되는 것 아닐까.

2.
국회의 민낯
- 법은 누가 만드나?

　법안이 통과되는 과정을 알아보자. 국회의원 10명이 모이거나, 대통령이 국무 회의를 거쳐 법안을 발의한다. 국회는 심사의 효율을 위해 18개 상임위원회를 두고 있고, 법안은 사안에 따라 해당 상임위원회에 배당된다. 법안이 상임위원회에 배당된 후 그 법안을 심사할 것인지 말 것인지 결정은 교섭 단체의 간사가 결정한다. 현시점에서는 더불어민주당과 국민의힘이 교섭 단체이다. 법안 심사 여부를 거대 정당의 간사가 결정하다 보니 법안을 아무리 빨리 발의하더라도 소용 없다. 법안 심사 기준이 법안을 발의한 순서대로 심의하는 '선입선출'이 아니다. 그래서 사회적 갈등이 있는 법안, 심사 기일이 오래 걸릴 만한 법안은 애초에 심사 대상이 될 수 없다. 왜냐면 양당 간사는 정당을 대표하여 정당에서 중요하다고 생각하는 법안을 통과시킬 책무가 있는 분들이라 그 법에만 관심이 있다. 다른 법안을 심의하고 싶어도 시간이 없어서 못 한다. 법안 심사 회의를 한 달에 여러 번 하기에는 부업(지역구 관리)이 더 중요하기 때문이다. 더 심각한 점은 고작 한 달에 한 번 하는 회의에 심의하는 법안은 매우 적다는 것이다. 쌓여 있는 법안만 생각하면 하루 종일 논의해도 모자

랄 판이지만, 양당 간사가 합의한 법안 몇 개만 심사하고 회의는 종결한다.

심사할 법안을 선정할 때 선입선출 방식으로 하지 않기 때문에 복잡하면서도 의미 있는 법안은 심의조차 안 되고, 늘 소 잃고 외양간 고치는 법안에만 관심 있다. 외양간마저 안 고친다면 언론이 가만두지 않기 때문에 늘 '현안'이라는 이름표를 붙여 현안 해결에만 집중한다. 현안이 아닌 법안은 안건조차 되지 못하고, 한 번의 논의도 없이 사라진다. 현안 법안이 되려면 사람이 죽거나, 국민의 관심이 지대한 사안이어야만 한다.

사례는 무수히 많다. 2018년 故 김용균 씨가 화력 발전소에서 일하다 참사를 당했다. 이후 일하다 죽는 참사를 막기 위해 법안 심사를 조속히 했고, 결국 사용자의 안전 책임을 강화하는 법안이 통과됐다. 근로자의 안전을 지키는 법. 당연히 있어야 할 법이지만 우리 국회는 사람이 죽기 전까지 제대로 된 심의조차 하지 않았다. 누군가 죽어야 '현안 법안'이 되고, 문제가 문제로 여겨지며, 법안 심의를 하는 이 현실이 헬조선을 만드는 출발이 아닐까.

일명 '민식이법'이라 불리는 도로교통법도 이렇게 탄생한 법이다. 원래 이 법은 김 군 사고 이전에 이미 제출된 법안이었다. 다만, '현안'이라는 꼬리표를 얻지 못해 법안 심사를 하고 있지 않을 뿐이었다. 이 법이 통과된 계기는 김 군 사고 이후였다. 2019년 11월 19일

문재인 대통령이 국민과의 대화에서 고(故) 김민식 군의 부모에게 질문을 받고, "국회와 협력하여 통과되도록 하겠다"라고 답변하였고 이후 논의는 급물살을 타게 되었다. 2019년 11월 21일, 그간 현안이라는 꼬리표를 얻지 못했던 그 법안은 드디어 국회 행정안전위원회 법안 소위에서 통과되었다. 법안 소위가 실질적으로 법안을 논의하는 회의체이므로 이후 과정은 일사천리로 진행되었고, 12월 10일 본회의에서 통과되었다. 대통령의 답변 한 번으로 여당은 움직였고 법안 통과를 이끌었다. 특정 정당의 문제가 아니다. 지금 권력 구조에서는 어느 정당이 정권을 잡아도 마찬가지다. 그런데, 생각해 보자. 법안 논의의 우선순위가 이렇게 정해지는 것이 정당한가. 왜 국회는 대통령의 답변과 청와대의 요청이 있기 전에는 이 법을 논의하지 않았을까. 이 법이 가장 먼저 발의된 시기는 2016년 7월 8일이었음에도 말이다. (이언주 의원 대표 발의)

국회가 입법 기관으로서 스스로 입법의 주최가 아니라 여론과 대통령의 압박에 떠밀려서 하고 있다. 대통령의 요구가 법안 통과에 최우선시된다면 사회의 모든 갈등은 대통령에게 집중될 소지가 크다. 입법권마저 대통령에게 귀속되어 제왕적 대통령을 더욱 강화할 것이다.

그뿐인가, 현안 위주로 법안 심사를 하다 보니 심사의 질도 문제다. 법안 심사를 '선입선출' 방식으로 한다면 필자와 같은 보좌진은 심사를 대비해 미리 공부하고 이해 관계자와 토론도 하며 양질의 자료를 준비할 수 있다. 한 달 전에만 심의할 법안을 알더라도 알찬 준비를 할 수 있으나, 우리 국회는 보통 2~3일 전에 안건을 알려 준다. 심할 경우는 다음 날 오전 10시에 시작하는 회의 안건을 전날 오후 8시에 고지하기도 한다. 이런 상황에서 법안 심사 준비가 제대로 되겠나?

앞서 사례로 언급한 도로교통법을 생각해 보자. 필자는 이 법의 취지와 필요성은 공감하지만, 완벽한 법이라 생각하지는 않는다. 법안 심사 과정에서 문제가 될 부분은 충분히 토론한 후 대비책을 고안하여 통과시켰어야 했다. 이를테면, 학교 정문과 왕복 6차선 도로가 맞닿아 있지 않고 꽤 떨어져 있음에도 일률적으로 규제하는 문제, 등하교 시간 이외에도 규제하는 문제 등이 있다. 법안 취지만 생각하고 이러한 부작용에 대한 대책 없이 법안을 통과시키니까 사람들이 스쿨존에 적용되는 도로교통법에 반감이 큰 것 아닐까.

국회 보좌진은 법안 심사 전날은 초비상이다. 안건 확정이 늦게 되는 날에는 새벽 퇴근은 당연하다. 법안의 취지, 문제점, 해외 사례, 정부의 입장을 분석하여 의원님을 공부시킬 보고서를 급하게 만들어 법안 심사 회의 전에 의원님을 집중 과외공부를 해야 한다. 회의하는 당일, 그것도 회의 시작 몇 분 전에 벼락치기 한 지식으로 법안 심사가 제대로 될 리 없다. 그리고 사회적으로 민감한 법안일수록 국회의원도 자기가 잘 아는 분야 아니면 함부로 왈가왈부하지 않는다. 나중에 문제가 되면 정치적 책임을 져야 하기 때문이다.

국회의원이 공부를 제대로 못 한 탓에 회의를 주도하는 사람은 따로 있다. 바로 국회 상임위원회 전문위원이다. 전문위원은 입법고시 출신이고, 국회사무처에 소속되어 국회의원의 법안 심사를 지원하는 공무원이다. 이분들이 법안에 대한 검토 보고서를 작성하는데, 이 보고서가 법안 통과 여부에 핵심적 역할을 한다. 아무리 의미 있거나 혁신적인 법안이더라도 전문위원 검토 보고서가 부정적이면 절대 통과될 수 없다. 왜냐하면 국회의원은 공부가 안 되어 있는 상태에서 전문위원이 반대하는데 강압적으로 법안을 통과하자고 주장했다가 문제 생기면 오롯이 국회의원 본인 책임이기 때문이다. 본인이 잘 모르는 분야이니 뚝심 있게 주장하는 것이 불가능하다.

모르는 분야를 자신 있게 말하는 사람이 없는 것처럼, 국회의원도 마찬가지다. 공부를 안 해서 자신 있게 주장할 수도 없다. 그래서 주변의 말과 소리에 휘둘린다.

3.
국회의 민낯
– 국민을 위해서가 아닌 실적을 위해서 하는 법안 발의

언론은 우리 국회가 일을 안 한다는 점만 부각하지만 사실 우리 국회는 일을 많이 한다. 법안 발의 수와 법안 처리 건수는 세계 최고 수준이고, 연간 평균 회기 일수도 300일에 달할 정도다. 양적으로는 세계 어느 의회보다 최고 수준이다.

법안 발의 건수는 14대 902건에서 20대에 24,141건으로, 26배를 상회한다. 법안을 미친 듯이 발의한다고 말하더라도 과언이 아닐 정도다.

* 법안 발의 건수

14대 902건 → 15대 1,951건 → 16대 2,507건 → 17대 7,489건 → 18대 13,913건 → 19대 17,822건 → 20대 24,141건

주요국과 비교해 보면(20대 국회 기준), 프랑스의 20배, 독일의 60배, 영국의 90배를 상회한다. 우리보다 인구가 7배나 많은 미국에 비해서도 2배가 되고, 일본보다는 60배가 넘는다. 법안 통과 건수를 비

교하더라도 다른 나라들에 비해 최소 21배(미국)에서 최대 172배(영국)에 달한다. 의원 1인당 검토해야 할 법안 건수를 비교하면 한국이 미국의 2배, 프랑스의 23배, 영국의 91배, 독일의 67배, 일본의 62배나 된다.[72] 이 숫자를 보고도 국회가 일을 안 한다고 할 수 있을까. 결과만 보면 세계 최강의 부지런한 국회인데, 국회가 앞서 본 수치처럼 열심히 한다면 세상은 왜 이 모양 이 꼴일까.

물어볼 것도 없이 제대로 일을 안 해서다. 눈에 보이는 일만 한다. 우리 국회는 더 '중요한' 입법이 아니라 더 '많은' 입법에 무게를 두고 있다. 갈등의 중심으로 들어가 갈등을 해결할 법안이 아닌 오로지 법안 발의 건수에만 집착한다. 심지어 어떤 문제가 터져도 구성원들의 의견을 수렴하여 발의하기보다는 신속한 발의가 더 중요하다. 법안 발의를 위한 의원실 간 속도전은 갈수록 심해지는데, 저녁 9시에 대형 보도가 나오면 다음 날 아침이면 법안을 이미 만들고 발의까지 한다. 속도전에서 승리하기 위해 여론에 주목하는 수준을 넘어 여론에 지배당하고 있다.

총선 직전에 국회의원 중 '법안 발의 건수 몇 위'했다고 자랑하는 국회의원이 있다. 자랑이 아니다. 그만큼 눈에 보이는 일만 한 것이다. 법안 실적 올리기는 마음만 먹으면 우리 같은 보좌진에게는 일도 아니다. 어떻게 하냐고? 법 조항 중 단어만 약간 바꾸면 된다. "판명된"→ "밝혀진", "경과된"→ "지난", "공익상"→ "공익을 위하여", "만약"→ "만약에", "그리고"→ "이와 함께"처럼 같은 의미이나 단어를 바꾸는 방법, 단어 수정 외에도 선언적이고 윤리적인 조항 신설, '해야 한다'가 아닌 '할 수 있다'는 표현을 사용하여 법의 실효성을 담보할 수 없게 만드는 것 등 법안 실적을 채우기 위해서는 무궁무진한 방법이 있다. 이렇게 법안을 내고도 '법안 발의 건수 몇 위'라고 홍보하는 국회의원은 밥값을 제대로 한다고 할 수 있을까.

  법안 통과율도 마찬가지다. 간혹 기사 중에 법안 통과율을 두고 '최악의 국회'라고 운운한다. 그러나 통과율이 높다고 해서 의정 활동을 잘한 국회라고 할 수 없다. 법안 통과율이 가장 높았던 시기는 민주화 이전이다. 비상국무회의(1972~1973), 국가보위 입법회의(1980~1981)는 법안 100% 통과율을 자랑하고, 유신 시절인 9대 국회는 90.4%, 10대 국회는 77.5%, 민주화 직전인 11대 국회는 78.0%에 이른다.[73] 이 시기 국회가 일을 잘했다고 할 수 있을까. 통과율이 일하는 국회의 기준이 되어서도 안 되며, 통과율을 근거로 국회를 비판하는 뉴스도 단면만 지적하는 것이다.

  국회가 입법 중독이 된 이유는 있다. 법안 발의 건수, 통과율이 의정 활동을 잘했는지 아닌지를 평가하는 지표가 되었고, 시민단체와 일부 언론은 이를 평가한다. 정당도 공천 심사 기준에 법안 발의 횟수를 검토하여 공천 점수에 반영한다. 시민단체나 언론, 정당 모두 법안의 질보다는 법안의 양으로 평가한다. 질로 평가하기에는 법안의 양도 방대하며 법안의 질을 평가하기 위한 지표도 객관적이지 않기 때문이다.

청년 보좌관이 말하는 청년의 내일

국회의원의 활동을 평가하는 방식이 변하지 않는 이상 국회의원의 활동은 변하지 않는다. 우리 국회는 의원들의 입법 경쟁을 완화하고자 국회의원 10명이 동의를 할 경우만 법안 발의를 할수 있도록 만들었으나, 현실은 의원실끼리 품앗이하듯이 공동 발의를 하고 있다. 법안 발의를 위해 다른 의원실에 협조를 구하는 역할은 보좌진이 한다. 법안 발의 요건을 10명에서 20명으로 하더라도 상황은 마찬가지일 것이고, 보좌진들만 죽어라 고생할 뿐이다.

발의 요건 강화는 대안이 아니다. 미국은 의원 1인만으로도 법안 발의가 가능하다. 10인이 동의를 해야 발의하는 우리나라보다 법안 발의가 많을 것으로 예상되지만 우리보다 적다. 미국은 상하원위원회가 의원이 제출한 법안 중에서 심사할 가치가 있는 법안을 취사선택하는 문지기 역할을 한다. 의미 있는 법안이 아니라면 애초에 상하원위원회를 통과하지 못해 심사 대상도 안 되므로 의원은 법안 개수에 집착할 이유가 없다.

우리 국회의 입법 중독이 가져오는 가장 큰 문제는 눈앞에 보이고, 빨리 해결할 수 있는 문제에만 집중하는 문화를 만들었다는 점이다. 세상에는 천천히 오래 해결해야 할 문제가 더 많다. 아쉬운 점은 오래 걸리더라도 반드시 해결해야 할 문제에 집중하는 국회의원이 없다. 한 주제만 천착하면, 인기를 얻지 못하기 때문이다. 갈등으로 들어가 쟁점별로 차분히 찬반 토론을 하고, 합의점을 찾으려고 노력하기보다는, 애초에 그런 갈등은 회피해 버리는 현상이 심해졌다. 예를 들어 연금 개혁을 보자. 연금 개혁을 해야 한다고 여야 모두 말한다. 그러나 연금 개혁 논의를 국회에서 제대로 하고 있다는 말을 들어 본 적 있나? 연금 개혁 특별위원회라는 회의체만 만들어 놓고 별다른 성과도, 두드러진 사회적 합의도 없다. 미래를 살아갈 청년들에게 정말 필요한 개혁이지만, 복잡하고, 어려운 갈등은 국회에서 다루지 않는다. 사회 전 분야에서 일어나는 갈등을 해결하길 국회가 포기한 것이란 생각이 들기도 한다.

법안 발의는 법안 심사 과정에도 영향을 미친다. 앞서 말한 심사의 질과도 연관되어 있다. 법안 발의 건수가 기하급수적으로 늘면서 모든 법을 심의하기가 불가능하다. 법안을 심사하기 위한 회의를 매일 열면 모를까 그렇게 하지 않고서는 모든 법안을 심사할 물리적 시간이 없다. 그래서 수많은 법 중 심의하는 법은 여론이 들끓는 문제나 대통령실의 요구, 기업이나 이익 집단이 강하게 요청하는 법안만 심사하기에 이르렀다. 인명이나 대규모 사고가 나지 않으면 심사하지 않는 이유가 이 때문이다. '현안'이라는 딱지가 없으면 중요한 것도 아닌 것이 되고, 그 딱지 하나로 안 되는 것도 되는 것이 국회다. 사고가 터질 때마다 언론은 국회가 소 잃고 외양간 고친다고 비판하는데, 앞서 지적한 구조적 문제를 바꾸지 않고선 반복될 수밖에 없다.

지금 우리가 보고 느끼고 있는 다양한 사회적 문제를 해결할 대안이 도출되어야 할 때다. 너무 늦어지고 있다. 국회가 문제에 대한

청년 보좌관이 말하는 청년의 내일

대안을 만들기 위해 진지하게 고민하고 법안을 만들어야 한다. 정치인이라면 누구나 비정규직 문제를 언급한다. 그러나 정작 비정규직 문제는 아직도 제자리걸음이다. 그 이유는 정치인 그 누구도 진지하게 이 문제에 임하지 않았기 때문 아닐까. 지금 우리에겐 오래 걸리지만, 오래가는 변화가 필요하다. 법안이 아무리 이해관계가 복잡하고 어렵더라도 반드시 이루어 내야 할 변화라면 몇 년이 걸리더라도 노력하는 국회가 되어야 한다. 법안의 양보다 질이 우선시되는 국회, 언제 볼 수 있을까.

4.
국회의 민낯
– 엔터테인먼트 회사가 되는 국회의원실

인기로 먹고사는 직업이 국회의원이다. 인기가 많은 의원일수록 차기 선거에 당선될 확률은 높아지고, 그렇지 않으면 정치계를 떠나거나 4년간 백수인 채로 차기 선거를 준비하기 위해 지역 주민을 왕으로 대접하며 살아야 한다. 선거에서 낙선한 정치인은 정치인이라 부르기도 민망할 정도로 정치적 영향력을 발휘할 수 없는 상태가 된다. 인기는 곧 정치적 생명의 기한과 직결되기 때문에 정치인은 인기에 목맬 수밖에 없다. 이런 점에서 필자는 요즘 정치인들이 연예인과 비슷한 직업이란 생각이 든다. 인기가 있으면 업계에서 살아남고, 없으면 이름도 없이 사라지는 점에서 연예계와 정치계는 공통점이 많다. 차이라고 한다면 인기라는 수단을 통해 공익을 추구하는지, 사익을 추구하는지이다. 연예인이 사익을 추구하는 것은 지극히 당연하나, 정치인이 인기를 통해 사익을 추구하는 행위는 스스로 정치인이기를 포기한 사람이 아닐까.

오직 인기를 얻기 위해서만 정치를 하고, 다음 선거에 당선되기 위해 정치를 하는 부류가 앞서 말한 정치인이다. 지역구 민원과 공익적 가치 중에 지역구 민원을 선택하는 사람, 다음 선거에서 정치적 뒷배가 되어 줄 이익단체의 입장만 대변하는 사람, 가장 나쁜 부류인 인기를 얻기 위해 자극적이고 대안 없는 비판만 쏟아 내는 사람. 이런 자들이 정치를 망치는 자이다. 특히 자극적인 말로 대안 없는 비판만 하는 정치인은 정치적 목표가 인기라는 사익을 얻기 위한 것이므로 정치를 하면 안 되는 자이다. 정치인이 자극적인 말을 하면 언론은 하루 종일 관련 내용을 보도하고, 국민은 정치적 성향에 따라 '말 시원하게 잘 한다.' 아니면 '저런 게 무슨 정치인이냐.'로 극명하게 나뉜다. 공익을 빙자하여 본인의 인기를 얻기 위한 발언을 하여, 국민도 분열시키고 지지층에게만 잘 보이기 위해 정치하는 자가 국가에 도움 될 리가 없다. 이런 사람들은 종편 패널로도 자주 출연하는데 자극적인 단어와 편향적 사고로 패널간 대화를 박진감 있게 만들어 시청률에 영향을 주기 때문에 방송사도 선호한다. 종편 패널로 자주 출연하는 정치인 중 소수이긴 하지만, 방송 출연 자체가 본인의 업무라 생각하는 착각에 빠져, 국회에서 법안 심사를 하고, 정책 토론회 참석하는 주 업무를 소홀히 하는 사람도 있다. 본인의 생각에는 방송 출연 자체가 국회의원으로서 열심히 일하는 것인데, 왜 다른 업무를 우선해야 하냐고 생각할 수 있다. 방송장이 정치인은 방송이 인기를 얻을 수 있는 중요 수단이라 생각하기 때문에 정치인의 일 중 가장 효율이 높은 일이라 생각한다. 분명 방송 출연은 부업이 되어야 한다. 그러나 이런 정치인은 9 to 6 업무 시간에도 방송 출연을 주요 업무로 배치하고, 심지어 국회에서 회의가 잡히더라도 방송부터 우선한다. '평범한 시민은 먹고사느라 바쁘니, 나라를 돌아가게 하는 일은 선출된 정치인이 해 달라.'는 대의제의 취지를 완전히 무시하고 본인의 직업 연장에만 목매는 사람이라는 점, 그리고 대의제의 순기능을 파괴하는 점에서 비판받아 마땅한 정치인이라 생각한다.

이런 정치인의 특징 중 하나가 본인 홍보에 집중한다는 점이다. 요즘 대세 플랫폼인 '유튜브'에 홍보 영상을 올리기 위해 유튜브 업로드를 위한 의정 활동을 한다. 정부의 잘잘못을 지적할 때도, 기업이 공동체에 해가 되는 행위를 해서 국회에 출석하여 국회의원이 질타를 할 때도 유튜브에 올릴 홍보 영상을 고민하며 일을 한다. 홍보 활동이 잘못된 것은 아니나, 선후 관계가 잘못되었다. 본인 인기를 얻기 위한 지적과 질의가 진정성을 담보할 수 있을까.

앞서 말한 사례는 심각한 사례이나, 유튜브를 운영하는 국회의원이 많아졌다는 점은 확연히 과거의 국회와 달라진 문화이다. 요즘 300명 국회의원 중 유튜브 운영을 하지 않는 국회의원이 드물다. 유튜브는 전 연령층이 고루 보는 플랫폼이라는 점에서 의정 활동을 홍보하기 위한 최적의 플랫폼이다. 과거에는 네이버 블로그가 대세였는데, 고령층이 접근하기 힘들다는 단점이 있었다. 유튜브의 등장으로 의정 활동 홍보가 편리해진 것은 분명하다. 기자에게 식사 대접해 가며 좋은 기사 써 달라고 부탁 안 해도 되고, 기사가 없다고 해서 홍보를 할 수 없는 것도 아니고, 자신의 홍보 채널에서 얼마든지 자유롭게 홍보할 수 있다. 오직 실력만 있으면 스스로 홍보할 수 있는 세상이 되었다. 유튜브라는 엄청난 플랫폼의 등장으로 국회의원 실은 영상 제작 전문가를 보좌진으로 고용하기도 한다. 유튜브 등 장 이전에는 직원 중에 젊은 사람이 법안을 만드는 등 정책 업무를 겸하면서 온라인 홍보도 했다면, 유튜브 등장 이후는 홍보만 할 전 문가를 고용한다. 홍보 전문가를 채용한 의원실은 자연스레 국회의 원 고유 업무를 적게 할 수밖에 없다. 모 의원실은 선거 앞두고 유튜 브 운영할 홍보 전문가만 3명 고용했다는 소문도 들릴 정도로 보좌 직원 채용에도 지각 변동이 일어나고 있다. 홍보 전문가를 직원으로 채용하지 않는 의원실은 정치 자금으로 홍보비를 집행하는데, 과거 에는 정치 자금 지출 비율이 식사 위주의 지출이었다면 지금은 홍보 비 지출 비율이 높아지고 있다. 과거에는 홍보비라 해 봐야 가끔 만 드는 웹자보나 1년에 한 번 지역 주민에게 배포하는 의정 보고서 제 작 정도였으나 지금은 영상 제작이 대세가 되면서 홍보비가 급증하 고 있다. 아예 영상 제작 업체와 수천만 원에 달하는 계약을 맺어 한 달에 몇 번 영상 제작을 의뢰하는 의원실도 생겼다.

다시 한번 말하지만, 국회의원은 인기로 먹고사는 직업이다. 그 런 점에서 의정 활동 홍보는 필수를 넘어 생존 수단이다. 그러나 의 정 활동의 본질이 홍보가 되는 국회의원이 점점 많아진다는 점은 심 각한 문제다. 안 그래도 낮은 정치에 대한 신뢰를 더 떨어뜨린다는 점, 신뢰도가 바닥이 될 때 대의제에 대한 의심이 높아져 국회가 사 회 혼란을 조정할 기능을 잃어버린다는 점에서, 의정 활동의 본질은 홍보가 되어서는 안 된다. 요즘 필자와 같은 보좌진들이 소주 한잔

하며 하는 말이 있다.

"정치를 하는 게 아니라 엔터사를 운영하는 것 같다."

국민이 이런 자들이 정치를 흐리지 못하도록 매를 들어 주기를 바랄 뿐이다. 국민이 똑똑해져야 정치인이 제대로 일한다.

5.
국회의 민낯
– 정치후원금은 어떻게 사용될까?

　국회의원이 사용하는 돈 중 정치후원금이 있다. 연말이면 국회 의원이 보내는 '후원 부탁한다'는 취지의 문자를 한번은 받아 봤을 것이다. 내가 낸 후원금이 어떻게 쓰이는지 알아보자. 가장 많은 지출은 식사비용이다. 한국 사람들이 지인에게 의례적으로 하는 인사말 '밥 한번 먹자'. 이 말은 정치인에게 굉장히 중요한 말이다. 밥 한 번이라도 먹을 기회가 생기고, 나의 말과 생각을 전달할 시간이 최소 1시간은 보장되니 식사 자리는 정치인에게 굉장히 중요하다. 정치는 밥에서 시작한다고 해도 과언이 아니다. 식사 대상자도 매우 넓다. 동료 정치인, 시민단체, 기자 등 의정 활동에 관련된 사람은 누구든 만나서 식사를 한다. 정치인이 사비가 아닌 정치 자금으로 식사를 하는 것이 이상할 수도 있지만, 취지는 정치인이 국민께 비싼 밥 얻어먹고 대가성 접대 받지 말고, 차라리 내 돈 내고 내가 밥 사 먹으라는 취지다. 물론 이렇게 만들면서 부작용도 크다. 정치후원금은 사실 세금이다. 투명한 정치 문화를 만들기 위해 국회는 합법적인 정치후원금 제도를 만들었고 세액 공제나 소득 공제 항목을 신설하여 정치후원금 제도를 활성화했다.

엄밀하게 따지자면 식사비는 국회의원의 월급으로 지출하는 것이 맞다. 기업이 접대용 법인 카드를 사용하는 것은 접대할 대상이 있기 때문이고, 국회의원은 접대할 대상이 있어서는 안 된다. 정치인이 접대할 대상이 생긴다는 것은 유착의 가능성이 있다는 것이고, 유착은 돈과 표를 구걸하는 행위로 이어질 수 있다. "그럼 국회의원은 사람들과 밥 먹지 말라는 거냐?"라고 묻는 사람이 있을 것이다. 밥은 먹되 비용은 1/N 하는 것이 맞다는 의미다. 국회의원은 법인 카드가 없기 때문에 월급으로 식사비를 감당하기 벅차다. 내가 먹은 것은 내가 내고, 그 비용만 정치 자금으로 지출한다면 세금 낭비는 덜 할 것이다. 밥값 정도로 세금 낭비 운운하는 것은 과할 수도 있지만, 세금 낭비 맞다. 대표적으로 기자 식사 접대비를 들 수 있다. 우리나라는 헌법상으로는 3권 분립이 엄격하지만, 국회의원을 상시 견제할 권력 기관은 행정부도 사법부도 아니다. 언론만이 국회의원을 상시 견제할 수 있다. 현실이 이러하기에, 일부 국회의원은 기자들과 친밀감을 유지하려 노력한다. 친해지면 좋은 기사를 써주기도 하기 때문이다. 기자들도 국회의원은 양질의 정보를 갖춘 취재원이므로 친해지려고 노력한다. 요즘은 기자들의 취재 모임인 '꾸미'가 국회의원에게 식사 요청을 많이 하는데, 그 정도가 상상을 초월한다. 국회의원 인기에 따라 요청하는 정도가 다르지만, 필자가 속한 의원실에는 한 달에 보통 5팀은 요청하는 듯하다. 꾸미 중 기자들이 많이 소속된 꾸미는 식사 한 번에 10명이 함께 식사한다. 물론 그 비용은 준세금인 후원금이다. '기자가 얼마나 많으면 이런 소리를 할까.'라고 생각하겠지만, 국회 출입 기자가 1,199명이다.(23년 4월 기준) 밥값 마련을 위해 국회의원과 보좌진은 후원금 모으기에 바쁘고, 이익단체는 후원금을 빌미로 청탁성 민원을 제안하기도 한다. 국회의원 본인 월급으로 기자에게 식사를 대접하는 것은 본인 자유지만, 후원금을 사용한다면 후원금을 벌기 위한 활동도 해야 한다. 다수의 국민이 자발적으로 후원을 해주는 국회의원은 많지 않다.

아직 우리 문화가 '더치페이'에 익숙하지 않기 때문에 밥값 나눠 내자고 말하면 욕하는 사람이 많을 것이다. 당장 도입하기에는 시기상조이나 장기적으로 바뀌어야 하는 정치 문화이다.

정치후원금으로 지역구 사무실 운영비도 쓸 수 있다. 지역 사무실에서 근무할 직원의 인건비로도 지출할 수 있고 최대 5명까지 고용할 수 있다. 국회 업무가 많거나 후원금이 많이 모이는 국회의원은 지역구에서 본인을 대신하여 지역구의 여러 행사와 모임에 참석할 직원을 고용한다. 다음 선거에 당선되기 위해서는 지역구에서 일하는 직원의 역할이 매우 중요하다. 국회의원을 대신해서 지역구 민원을 처리하고, 주민을 대표하여 지자체와 업무 면담을 하는 등 지역구에서 국회의원이 해야 할 일 대부분을 수행한다. 차기 선거에 당선되기 위해서라면 지역구에서 일할 능력이 출중한 직원을 모셔 가기 위한 경쟁도 치열하고, 이 사람들은 월급도 상당하다. 이외에 지역 사무실 임대료와 운영 경비에도 사용할 수 있다.

후원금을 제외하고 국회사무처가 세금으로 지원하는 항목도 있다. 몇 가지를 보자면, 국회의원 차량에 세금으로 유류비와 유지비를 지원한다. 매월 110만 원씩 '유류비'를, 매월 35만 8천 원씩의 '차량 유지비'를 지원한다. 유류비와 차량 유지비를 합치면 1인당 매월 145만 8천 원에 달한다. 상임위원장은 월 210만 원을 받는다. 300명 국회의원의 차량에 지원되는 유류비와 유지비를 모두 합치면 1년에 54억 4백만 원이다. 추가로 의원 공무 출장비도 지원하는데, 이 출장비로 지역구 왕복 교통비를 사용할 수도 있다. 지역에 따라 예산은 다른데, 가령 경남 권역은 1년에 2,700만 원을 이 명목으로 지원받는다.

문자 발송비도 국회사무처가 세금으로 지원한다. 700만 원 지원하고, 다 사용하면 정치후원금으로 집행할 수 있다. 뉴스타파가 20대 국회의원 의정 활동비 지출 내역을 분석한 결과, 2016년 6월부터 2018년 9월까지 2년 4개월간 국회의원 300명의 문자 발송 비용만 40억 3,334만 원이었다.[74]

국회의원에게 세금과 준세금인 후원금 사용을 폭넓게 인정하는 것은 돈 신경 쓰지 말고 의정 활동에 집중하라는 뜻이다. 외부에서 보기에는 과해 보이는 돈일 수도 있지만 돈으로부터 자유롭게 의정 활동을 펼치라는 취지다. 돈에 구애받는 정치인은 국민을 위해서가 아니라 돈 주는 사람을 위해 정치를 하기 때문이다. 부디 세금값 하는 정치인이 많아지길 빈다.

청년 보좌관이 말하는 청년의 내일

어떻게 바꾸어야 할까?

단점이 있다고 해서 정치후원금 제도를 없애서는 안 된다. 돈으로부터 자유로운 정치가 가능할 때 정치는 효과를 발휘할 수 있다. 그렇다면 규제를 강화하면 될까? 정치후원금에 대한 규제는 세계 최고 수준이다. 우리나라는 후원금의 유입, 운영, 사용 모두를 규제한다. 후원금이 누구한테서 왔는지, 누구에게, 어떤 용도로 사용하는지 엄격하게 규제하고 있다. 규제하는 정도만 따지면 너무 엄격하여 완벽해 보이나 그 규제가 효과적이고 적절한지는 의문이다. 선출 받지 않는 권력인 선거관리위원회가 후원금 사용 기준을 설정하고, 선출된 권력에게 '우리가 설정한 기준에 맞게 집행하라'라고 강요하는 것이 정당한가. 선출된 권력에 대한 견제는 국민 몫이다. 국민이 선거를 통해 잘잘못에 관한 판단을 할 수 있게끔 도와주는 제도를 만들어야 한다. 국민을 도와주는 역할을 선거관리위원회가 해야 한다. 국민 누구나, 언제 어디서나 지역구 국회의원이 어떤 용도로 후원금을 사용했는지 열람할 수 있도록 하여 국민이 직접 감시할 수 있도록 해야 한다. 선거관리위원회가 기준을 만들고 국회의원은 이를 따르라고 한다면 정치 활동이 위축될 수도 있다. 일례로 국회의원실은 지역구 행사를 위해 돈을 집행하기 전부터 사사건건 선거관리위원회에 시행하여도 되는지, 하면 안 되는지 유권 해석을 받는다. 명확한 기준이 없는 것은 지역마다 해석이 다르기도 하다. 현행 제도는 유권자인 국민 눈치 보는 것이 아니라 공무원 집단에 불과한 선거관리위원회의 눈치를 보는 구조이다.

구체적으로 어떻게 하면 될까. 정치인이 사용한 자금을 국민이 실시간으로 자유롭게 볼 수 있도록 만들면 된다. 현재 후원금 사용 내역은 회계 보고를 한 이후 3개월 동안만 열람할 수 있다. 열람하려면 직접 지역구 선거관리위원회에 방문해서 비용을 부담하여야만 열람할 수 있다. 3개월로 설정한 기준은 무엇이고, 설악산 정상에서도, 지리산 정상에서도 터지는 인터넷 강국에서 오프라인으로만 열람할 수 있다는 것은 왜 그런가. 국민이 뽑은 대표자를 국민이 직접 견제할 수단은 제거해 놓고 선거관리위원회만 견제하겠다는 속셈이 아니라면 왜 이렇게 폐쇄적으로 운영하는가. 온라인으로 24시간 열람할 수 있다면 지역구 주민이 우리 국회의원이 의정 활동을 어떻게 하는지 스스로 판단할 수 있고 적절하지 못한 사용은 다음 선거에 투표의 기준으로 삼을 수도 있고, 불법적 사용이라 의심되면 사법 당국에 고발을 통해 법적 심판을 받게 할 수도 있다. 지역 선거관리위원회 직원 몇 명이 감독하는 것과 지역구 주민 최소 20만 명이 감독하는 것 중 누가 더 감독을 잘할 것인지는 자명하다. 국회의원의 후원금 사용 내역을 분기마다 신고하도록 하고, 국민은 온라인으로 24시간 후원금 사용처를 열람할 수 있도록 바꾼다면, 선거관리위원회가 지금처럼 과하게 개입하지 않아도 된다. 국회의원이 국민을 위해서, 합법적으로, 정당한 곳에, 정치 자금을 사용하면 어떤 국민이 정치인이 돈 쓰는 것을 반대하겠나. 그 타당성을 선거관리위원회가 막아서는 안 된다.

국민이 후원금 사용 내역을 자유롭게 볼 수 있도록 '유리 지갑'

상태로 만들고, 사용 내역을 유권자가 판단하게끔 만드는 것도 필요하다. 세금이 잘못 쓰였다면 비난받는 것이 당연하지만, 우리나라는 이를 원천 차단하였다. 현행 정치자금법 제42조⑤항을 보면 '공개된 정치 자금 기부 내역을 인터넷에 게시하여 정치적 목적에 이용하여서는 아니 된다'라는 규정이 있다. 잘못 사용했다면 비난받아야 마땅하지 그걸 숨기도록 법에 규정하는 것이 정당한가.

미국은 정치 자금 회계 보고를 분기별로 연 4회 시행하고, 선거 전후 20일 이내 회계 보고 하며, 온라인을 통해 공개한다. 정치후원금 모금도 자유롭게, 시민 누구나 사용 내역을 열람할 수 있도록 운영하여 후원금을 통해 정치적 자유도 보장하고, 사용 내역 열람을 보장하여 알 권리도 충족한다.

정치자금법은 중앙선거관리위원회 소관 법률이다. '중이 제 머리를 못 깎는다.'라는 말이 있는데 남의 손을 빌려서 해결해야 할 일도 있다는 의미다. 국회의원 스스로 법을 개정하기에는 상당히 성가신 조항이다. 유리 지갑을 만들겠다는 것인데 어떤 국회의원이 좋아하겠나. 중앙선거관리위원회가 유권자의 알권리와 투명성을 강화하기 위해, 그리고 국민은 내가 뽑은 정치인을 직접 견제하여 건강한 정치 문화가 뿌리 내릴 수 있게 하려면 사명감을 갖고 나서야 한다.

6.
국회의 민낯
– 구속되더라도 국회의원은 월급을 받는다.
정상이라 할 수 있나?

　구속 수감은 구치소나 교도소에 가두어 넣는 것을 말한다. 국회의원은 구치소나 교도소에 있더라도 월급을 받을 수 있다. 중대하고 명백한 혐의가 있어 구속되더라도 대법원의 판결로 국회의원직을 상실하기 전까지는 매달 월급을 받는다.

　21대 국회의원 중 이상직, 정정순, 정찬민 의원 등이 구속 후 의원직 상실 전까지 구속 상태에서 월급을 받았다. 한 보도[75]에 따르면 정찬민 의원은 10개월이 넘도록 구속된 상태에서 월급으로 평균 1,300만 원을 받았다고 한다. 월 690만여 원의 일반 수당, 월 313만여 원의 입법 활동비를 받고, 차량 유지비와 차량 유류비도 매달 145만 8,000원을 수령했다. 심지어 급식비, 명절 활동비도 받았다.

　교도소에서 입법 활동을 했기에 주는 돈일까? 차량 유지비와 유류비는 왜 받는 것일까. 급식은 교도소에서 무료로 지급하는데 급식비를 왜 따로 받을까. 명절에도 교도소에 있을 텐데 교도소에서 무슨 활동을 하기에 명절 활동비까지 받을까.

　　　　　　　　　　　　　　　　　청년 보좌관이 말하는 청년의 내일

국회의원이 구속되면 국회 본회의와 상임위원회 회의에도 참석 못 한다. 국회의원이 구속되면 할 수 있는 역할이 전혀 없는데 나라에서는 월급과 각종 수당까지 꼬박꼬박 챙겨 준다.

구속으로 의정 활동이 중단되면 월급과 각종 수당도 중단되어야 한다. 무죄 추정의 원칙 때문에 법원의 판결 전까지는 국회의원직이 상실된 것은 아니지만 국회의원에 대한 세비는 엄연히 열심히 일한 것에 대한 대가이지 국회의원 당선만으로 나라에서 지급하는 돈이 아니다. 구속으로 일을 못 했다면 월급, 수당을 전면 지급하지 말고, 무죄를 받을 경우 이자까지 포함하여 그간 받지 못한 월급과 수당을 받아도 된다. 무죄 시에는 그간 정상적인 의정 활동을 못 한 부분까지 형사 보상을 청구해도 된다. 국회의원이 무슨 대단한 벼슬이라고 이런 특권까지 있는지 모를 일이다. 이런 기본적인 것조차 스스로 바꾸지 않으니 국회에 대한 국민의 불신이 갈수록 심해지는 것 아닌가.

7.
정치의 민낯
– 정치가 실종되는 이유는 무엇일까?

국회의원실 인턴일 때였다. 지금 돌이켜 보면 아무것도 모르는 코흘리개이고, 의협심만 넘치는 혈기 왕성한 청년이었다. 내가 소속된 정당의 주장만 옳고 다른 정당의 주장은 진위를 의심하기도 했다. 심지어 애국심과 결부시킬 정도로 편향된 시각을 가진 사람이었다. 우리 당은 옳고 상대 정당은 틀렸다고 생각할 정도니 돌이켜 보면 오만방자했다. 생각이 바뀌게 된 계기는 의원실에서 함께 근무하던 OH 보좌진 선배와의 대화였다. 술자리에서 그 선배에게 "국민이 상대 정당을 뽑는 이유를 모르겠어요. 대안은 없고 늘 정치적 공격만 하는데 국민에게 도움이 되는 정당인지 궁금해요."라고 말한 적이 있었다. 그 선배는 오만방자한 인턴 나부랭이의 생각을 일격에 해치웠는데, "우리 정당만 정치를 하면 나라가 좋아질 것이라 생각하나?"며, "정치는 양극단을 배제하고 생각이 다르지만 합리적인 사람이 모여 하는 것이 나라를 위해 도움 되는 것이지 한쪽만 정치를 한다면 독재가 된다."라고 가르침을 주셨다. 또 "히틀러도 민주적인 선거를 통해 압도적 지지로 탄생한 지도자다. 히틀러가 하는 일은 무조건 옳다는 생각, 그 생각을 만들기 위해 정치적 선동을 해야만 했던 정치인 모두가 독일을 망친 것"이라고 말했던 선배의 말에 적잖은 충격을 받았다. 히틀러가 민주적 선거를 통해 지도자가 됐다는 것을 알고 있었지만, 현실 정치를 해석하는데 접목하지 못했었다. 그 선배는 한 정당에서 보좌진을 오래 한 분이고, 누구보다 소속 정당을 좋아하는 분이라 그렇게 대답할지는 생각도 못 했다. 돌이켜 보면 그간 혈기 왕성하며 우물 안 개구리에 불과했던 인턴이 그날의 대화로 비로소 정치라는 것을 배우기 시작했다. '양극단을 배제하는 정치'가 필자의 신념이 되었고, 상대 정당을 이해하고, 합리적인 사람들과 대화하려는 의지를 갖게 되었으며, 진보와 보수를 떠나 양 진영의 극단적인 사람들은 정치적 이해관계를 넘어 제도권 정치에서 배제해야 한다는 담대함을 배웠다. 오직 다음 선거 승리를 위해, 집권 연장을 위해서 절대 손을 잡아서는 안 되는 세력과 손을 잡아 당선된다고 한들, 그 지도자가 과연 나라와 국민을 위한 정치를 할 수 있을까.

양극단을 배제하는 정치는 극단적 주장이 아닌 합리적인 논거로 뭉친 보통의 주장을 두고 서로 토론하는 정치가 아닐까. 이런 정치 문화가 뿌리 내리려면 정당 내 공천 과정에서 극단적인 생각을 가진 사람을 배제하는 자정 작용이 있어야 하고, 정당이 그런 사람을 공천하더라도 주권자가 투표로 그런 사람을 배제할 시민 의식이 필요하다. 다행히 우리 국민은 주권자로서 행동은 잘하고 있다.

문제는 공천 과정이다. 우리나라는 정당의 인기가 워낙 낮다 보니 인물 중심으로 정당의 운명이 좌우된다. 정당을 기반으로 인물을 키우는 정치 선진국과 대비된다. 선거 때만 되면 참신한 인물 찾기, 스토리가 멋진 인물 섭외 경쟁에 거대 정당은 혈안이 되어 있다. 정치는 몰라도 된다. 당선되더라도 어차피 지도부가 시킨 대로 투표를 해 줄 거수기로 존재하면 되고, 영입 인사의 참신함 덕에 한 표라도 국민께 더 받을 수 있다면 그로서 공천은 성공한 것이다. 고도의 기술이 필요한 작업일수록 숙련공이 투입되어야 하지만, 무늬만 참신한 수습생이 투입되고 일부 숙련공이 전체 작업을 좌우하는 것이 정치판이다. 국민이 비례대표 의원에 대해 불신하는 이유가 이 때문이다. 비례대표 의원에 대한 공천권은 정당의 지도부가 쥐고 있어 대표성이 낮고, 국민은 '정치를 잘 모르는 분이 정치를 잘할 수 있을까'라는 선입견을 갖고 있다. 다행히 실제로는 전문성을 발휘하는 비례대표 의원이 대다수지만, 선출과정에서 대표성의 문제 때문에 비례대표에 대한 국민의 호감도는 좋지만은 않다.

수습생은 정당의 인기를 위해 도구로 사용하고, 원래 수습생이었다가 숙련공으로 겨우 살아남은 정치인은 그 권력을 유지하기 위해 최선을 다한다. 인물 중심, 인기 중심으로 운영되는 우리나라 정당의 자화상이다. 정당을 비롯한 정치인은 권력을 공고히 하는 과정에서 정치는 더욱 사나워지고, 대화와 타협은 실종되고 있다. 정당 내 권력을 가진 지도부의 성향은 이런 상황을 더욱 악화시키는 것 같다.

지금 민주당의 주류는 586 운동권이 리더이고, 국민의힘의 주류는 검사와 관료 출신이 리더이다. 두 부류는 대화와 타협에 익숙지 않은 사람들이다. 586 운동권은 독재 정권을 무너뜨리기 위해 목숨까지 바친 사람들이다. 민주화를 위해서라면 못 할 것이 없던 사람들이었고, 그 의협심은 나라를 위한 애국심으로 똘똘 뭉쳐 있다. 누구보다 나라를 걱정하고 국민 생각을 많이 하는 부류다. 그러나 정치는 투쟁이 아니라 대화와 타협으로 원하는 바를 쟁취하는 고도의 기술 행위다. 청년기에는 민주화를 위해서, 중장년기에는 국회에서만 일했다. 이들은 다른 사람을 설득하기보다는 진취적 성취에 익숙한 사람들이다.

　　국민의힘도 마찬가지다. 검사를 비롯한 관료 출신이 주류이다. 2023년 4월 기준 당 대표 김기현 의원은 판사 출신이며, 비대위원장과 원내대표를 역임했던 주호영 의원도 판사 출신이다. 국민의힘의 핵심 당직자는 검사이거나 행정 고시를 패스한 관료 출신이 많다. 법조인은 법을 잘 알고, 관료 출신은 정부가 추진하는 정책과 그 문제점을 잘 안다는 장점이 있으나, 정치에는 익숙하지 않은 분들이다.

　　어디까지나 필자의 견해(말도 안 되는 견해일 수 있음)지만 한 분야에서 성공한 사람일수록 '노력하면 안 되는 것이 없다'라는 노력 지상주의 성향이 강한 것 같다. 애초에 출발선이 다르다는 것을 생각하지 않고 노력만 하면 잘살 수 있는 나라라고 착각하는 순간 정치는 존재 이유가 없다. 청소년 시절, 부모님이 아픈데 병원비도 제때 지불하기 어려운 가정에서 자란 아이와 집안에 아픈 사람 하나 없이 무탈한 가정에서 자란 아이가 할 수 있는 노력이 과연 같을까. 부모님이 건강 관리를 위해 노력을 안 해서 그런 것이라고 주장할 사람도 있을지 모르겠다. 그러나 명확한 것은, 사람은 존재하는 순간 출발선이 다르다. 다른 출발선에서 같은 노력을 한다고 한들 도달할 수 있는 결과는 다를 것이 자명하다. '노력을 안 해서 가난한 것이 아니라 출발이 다를 수 있다'라는 생각부터 해야 한다. 모든 사람의 출발선을 같게 하자는 말이 아니라 출발이 다르다는 것을 인정하자는 말이다. 그렇다면 노력 지상주의도 허황한 주장이니까.

관료 출신 정치인 모두가 그런 것은 아니지만 한 분야에서 성공을 맛본 사람들이고, 그럴수록 자기가 살아온 길이 옳다는 확신을 갖게 될 가능성이 높다고 생각한다. 그 확신이 단단할수록 타인에 관한 생각은 '다른 것'이 아니라 '틀린 것'이 될 것이고, 새로운 변화와 제도 도입을 주장하는 사람에게는 "내가 공무원일 때 해 봐서 아는데…"라는 말을 습관처럼 하게 된다.

필자가 단점만 서술해서 그렇지, 앞서 말한 두 정당의 지도부 부류는 사회적으로나 개인적으로나 훌륭한 사람들이다. 사석에서 대화하다 보면 사람을 홀리는 매력이 있기도 하다. 또 정치인 중 국민 걱정을 가장 많이 하는 부류이기도 하다. 필자가 여기서 주장하고 싶은 바는, 쉽게 말해 양 정당 모두 '지독한 고집쟁이'들이 지도부라는 점이다. 두 쪽 모두 고집쟁이인데 대화와 타협이 잘 될 리가 없다.

법조인 출신 국회의원이 많아지는 것도 정치가 실종되는 이유 중 하나다. 거대 정당이 법조인 영입을 치열하게 하면서 법조인은 많아지고 있다. 14대 25명, 15대 41명, 16대 42명, 17대 54명, 18대 58명, 19대 42명, 20대 49명, 21대 46명이다. 300명 중에 하나의 직군이 이 정도를 차지한다.

사회생활에서 자주 쓰는 '법대로 하자.'가 먹히지 않는 곳이 국회이다. 법을 만드는 곳이기에 법보다는 대화와 타협이 우선인 곳이다. 주장이 다르더라도 대화해야 하는 이유는 다른 주장 뒤에 그 주장을 지지하는 국민이 있기 때문이다. 그러나 법조인은 누구보다 '법대로'에 익숙한 계층이다. 국회는 법을 해석하는 곳이 아닌 법을 만드는 곳이므로 법 전문가보다 다양한 생각이 많이 모여야 한다. 국회는 갈등의 용광로이다. 치열하게 살아온 여러 삶이, 그 삶을 대변하는 전문가들이 국회에서 대화와 타협으로 우리 사회를 규율할 합리적인 방안을 만드는 곳이다. 그래서 직업은 다양할수록 좋다.

국회의 존재 이유가 이러한데, 한 직군만 많아지는 것은 분명 문제이다. 일을 통해서 배우는 점은 분명 있다. 일을 하다가 나도 모르게 가치관이 형성되고 배우는 점이 있으므로 한 분야에서 최선을 다한 사람은 하나의 작은 우주를 가진 사람이라 생각한다. 국회에는 한 시대를 풍미하며 거대한 물줄기를 만들었던 고집쟁이 사람의 우주도, 법조인의 우주도, 자영업자의 우주도, 대기업의 우주도, 근로자의 우주도, 대학생의 우주도 모여야 진정한 갈등의 용광로가 될 수 있다. 그럴 때 대화와 타협이 활발해져서 정치가 정치다워지고, 종국에는 양극단을 배제하고 합리적인 사람들이 정치를 하는 문화가 우리 사회에 뿌리내리지 않을까.

8.
정치의 민낯
– 선거 때만 되면 뽑을 후보가 없는 이유는 무엇일까?

선거철이면, 지인들이 '어떤 후보를 뽑아야 하냐'고 묻는다. 직업이 보좌진이니까 으레 받는 질문이다. 그다음 질문은 모두가 계약이라도 한 것처럼 똑같다. '왜 이렇게 뽑을 사람이 없냐?'

선거 때마다 뽑을 후보가 없는 이유는 정치인이라면 마땅히 가져야 할 역량이 부족한 사람이 후보로 등장하고, 동네도 잘 모르는 사람이 "우리 동네를 발전시키겠습니다."라고 주장하기 때문 아닐까. 그렇다면 정치인의 어떤 역량을 가지고 있어야 할까. 필자의 생각엔 정치인은 갈등을 조율하는 사람이다. 입법을 통해, 때론 직접적 중재를 통해 갈등을 조율한다. 그러기 위해서는 갈등의 핵심을 잘 알아야 하고, 누구보다 공정하게 갈등의 중심에 서 있어야 한다. 그런데 이런 능력이 선거로 당선된다고 해서 바로 나타날 수 있는 능력인가. 선거로 당선되었다고 해서 그 사람이 훌륭한 정치인의 능력을 갖추고 있다는 의미는 아니다. 인기 덕분에 당선될 수도 있고, 국회일은 등한시하고 지역 유권자만 만났기 때문에 가능한 결과일 수도 있다.

당선되는 이유는 여러 가지지만 정치인의 능력은 '당선'으로 생기는 것이 아니라 '축적'으로 생긴다. 중재를 해 본 경험이 누구보다 많아야 하고, 핵심을 파악하는 이해도도 높아야 한다. 세상에 어떤 곳보다 숙련된 자가 필요한 곳이다.

그러나 우리나라에는 숙련된 정치인은 필요 없다. 스펙이 좋거나, 유명인이어야 한다. 선거철만 되면 정당은 연예인이나 유명 운동선수에게 영입 제안을 하는 이유도 이 때문이다. 연예계나 스포츠계의 목소리를 대변할 사람이 필요하다면 그 분야의 권익을 오랫동안 주장한 전문가를 영입해야 하지만 정치권은 '인기 있는' 사람을 영입한다. 상황이 이러니 국민이 우리나라 정당은 인물 중심의 정당이며, 인기 영합 정당이라 비판한다. 권력을 잡아 국가를 운영할 '수권 정당'의 면모보다 '선거 전문가 정당'이라는 비판의 목소리가 높은 이유다. 정치라는 것을 한 번도 해 보지 않았던 사람이 갑자기 정치를 하고, 그렇게 갑자기 선출된 정치인은 우왕좌왕하며 선택의 순간마다 정당의 지도부의 의견만 좇는 거수기가 될 뿐이다.

갑자기 영입된 인재가 의정 활동을 하며 새로운 꿈을 꾸게 되는 경우도 있다. 국민을 위해, 자신이 대변해야 할 특정 직군을 위해서 한 번 더 정치를 하고 싶다고 꿈꾸는 정치인이 꽤 있다. 특히 비례대표 출신 의원 중에 새로운 도전을 꿈꾸는 사람들이 많다. 그러나 비례대표 출신이 지역구 의원이 되기는 무척이나 어렵다. 지역구 의원이 자발적으로 후배 정치인을 위해 길을 터 주지도 않고, 지역 주민으로서도 우리 지역을 위해 한 일도 없고, TV에서만 얼굴 본 비례대표 출신이 우리 지역을 대표하는 정치인이 되는 것을 좋아하지 않는다. 정당은 선거 때만 되면 영입 인재를 소개하며 나라를 위해 꼭 필요한 인재라며 칭찬 일색이지만 정작 다음 선거에서는 새로운 인재를 영입하기 바쁘다. 영입 인재가 그렇게 필요한 존재라면 다음 선거에서도 공천을 줘야 하지만 참신함이 다한 영입 인재가 다음 선거에서 설 자리는 없다.

정당의 '참신한 인물 찾기' 경쟁은 예비 정치인에 대한 훈련의 필요성마저 말살한다. 우리 정당은 교육을 통해 정치인을 육성하기보다는 선거철마다 유명인을 영입하는 데 매진한다. 정당 경험이 전혀 없고, 인기가 많은 사람 위주로 영입 타진을 한다. 총선 두 달 전에 영입되어 갑자기 당선된 국회의원은 정치가 무엇인지 알기도 전에 정치를 하게 되고, 국회에서 정치를 오래 배웠던 보좌진 같은 예비 정치인은 그 무력감에 정치를 떠나고 있다. 우리 정당은 사람을 키워서 나중에 재목으로 쓸 생각을 하지 않는다. 그저, 참신한 인물을 영입하여 그 순간 중도층의 표심을 잡는 것이 선거에 승리하는 길이라 착각한다. 영입 인재의 참신성을 보고 한 표를 행사하는 국민이 얼마나 될까.

정치에서 숙련공의 부재는 사회적으로도 문제지만 예비 정치인 개인의 삶에도 치명적이다. 직업 정치인이 되고 싶어서 국회에서 10년 이상 배우는 보좌진들이 많다. 국회의원을 대신해서 법안을 만들고, 정책을 연구하는 사람들이라 직업 정치인이 되기에 최적의 수련을 하는 사람들이다. 보좌진은 월급이 나오는 자리이므로 그나마 나은 편이다. 보좌진을 하지 않고 일찌감치 지역구 텃밭을 닦으며 출마를 준비하는 분들이 있다. 이분들은 당선될 경쟁력이 있으면 공천을 받을 수는 있지만, 경쟁력이 약하다면 선거 벽보 한번 붙이지 못한 채 사라지는 경우가 허다 하다. 정치를 하고 싶은 사람이라면 정치판에 들어오지 않는 편이 더 유리하고, 정치를 배우지 않는 편이 더 빨리 직업 정치인이 되는 길일지 모른다.

우리나라 정당에는 제대로 된 인재 육성 시스템이 없다. 그렇기에 정치 전문가가 선거에 나오기가 어렵다. 국회에 다양한 직업군이 진출하여 각자의 이익을 대변하는 것도 매우 중요하다. 또 오랫동안 정치 짬밥을 먹었던 축적된 인재도 필요하다. 정치를 해 본 사람이 정치를 알고, 국정 운영 방식을 근거리에서 지켜 본 사람이 그 프로세스를 더 잘 안다. 훈련된 사람이 국회에 있어야, 훈련되지 않은 사람도 시행착오를 덜 겪으며 의정 활동을 할 수 있다. 다양성도 중요한 가치이지만, 효율도 중요한 가치이다.

국민이 선거 때마다 원하는 후보는 인기 있는 사람이 아니라, 공동체를 위해 일해 줄 능력과 경험을 갖춘 사람이 아닐까.

9.
정치의 민낯
- 법정으로 가는 정치

정치의 존재 이유는 무엇일까. 필자는 한정된 재화를 사회 구성원에게 분배하고, 그 과정에서 발생하는 구성원 간의 갈등을 조정하는 것이라 생각한다. 정치가 없다면 구성원 간 갈등을 해결할 수단은 물리적 폭력일 것이고, 그렇다면 힘이 강한 사람만 살아남을 수 있는 적자생존의 세상이 될 것이다. 법이 탄생하게 된 계기도 갈등을 조율하는 과정에서 나온 산물이 아닐까. 지도자가 사안마다 판단하며 정치로 갈등을 해결하다가, 자주 일어나는 갈등은 지도자의 판단으로 해소하기보다 조직 구성원이 인정할 수 있는 제도를 만들어 조직을 규율하게 된 것이 법의 시초가 아닐까.

지도자의 정치적 영향력으로만 조직을 운영하다가 사회가 발전하다 보니 자주 일어나는 갈등은 법으로, 갈등의 빈도가 낮거나 새로운 사건은 정치로 해소하며 세상은 발전해 왔을 것이다. 이처럼 정치는 갈등과는 떨어질 수 없는 존재이다.

사람들을 만나다 보면 '정치가 너무 시끄럽다.', '정치인들이 너무

싸운다.'는 말을 많이 듣는다. 그런데, 싸우지 않으면 정치가 아니다. 정치는 갈등을 조율하는 가장 기초 수단이므로 싸우는 것은 지극히 정상이다. 다만, 싸우는 이유가 무엇인지는 주목해야 한다. 싸우는 이유가 정쟁이 아니라 민생 때문이어야 한다. 지금 정치권의 문제는 많이 싸우는 것이 문제가 아니라 싸우는 이유가 잘못되었다.

만약 국회에서 싸움이 없어지면 세상은 평화로워질까. 뉴스는 조용해지겠다. 매일 싸우는 면만 보여 주니 말이다. 그러나 국회가 조용하면 사회가 혼란스러워진다. 국회가 제 기능을 하지 못하면 갈등이 사회 곳곳에서 산발적으로 발생하고, 갈등을 겪는 주체 간에 스스로 해결하려고 애쓸 것이고, 사회는 혼란스러워진다. 사회 구성원이 많아질수록, 사회가 발전할수록, 갈등은 많아질 것이고, 그 갈등을 효율적으로 해결하기 위해 대의제가 만들어진 것 아닐까. 누군가와 크게 다투면 '법대로 합시다.'라는 말을 하곤 하지만, 법 이전에 갈등을 중재하는 것이 정치의 역할이며, 갈등의 용광로 역할을 국회가 해야 하므로 시끄러울 수밖에 없다.

문제는 우리 국회가 그 일을 제대로 하고 있느냐이다. 부끄럽지만 못 하고 있다. 못 하는 이유는 갈등 해소를 위한 일, 대표적으로 법을 만드는 것을 가장 뒷전으로 생각하기 때문이다. 국회의원에게 지역구 일이 가장 중요하고, 두 번째는 크고 작은 선거에서 이기기 위해 다른 정당을 비판하는 것이 중요하다. 우리 사회의 해묵은 문제를 해결하기 위해 여야 국회의원이 머리를 맞대고 진중하게 문제 해결을 고민하기는커녕 갈등이 큰 사안일수록 심의를 연기하는 경우가 많다. 복잡한 사회 문제일수록 오래 논의할 생각은 없고 논의 주제로 채택도 안 해 버린다. 이렇게 갈등 조정이라는 정치의 본령을 정치인 스스로 포기하면서 정치에 대한 신뢰도는 바닥을 치게 되었다.

우리 정치는 다른 정당에 대한 비판에만 매몰되면서 비판이 주업무가 되어 버렸다. 거대 정당 2곳 모두 평일 아침 9시쯤에 공개회의를 하는데, 이 회의에서 진지하게 정책 토론을 하는 모습은 볼 수 없다. 다른 정당 비판이나 대통령 비판만 할 뿐이다. 물론 이 문제는 언론의 속성에서 야기된 문제이기도 하다. 공개 회의장에서 정책 토론을 하면 재미가 없을 테니 언론이 기사로 다루지 않을 것이고, 여야가 싸움하는 것은 흥미진진하기도 하고 관심 있는 국민도 많으니 여야가 대립하는 기사를 쓰는 편이 언론 입장에서는 당연하다.

정당 간 상호 비방하는 것이 정치권의 가장 중요한 업무가 되어 버린 것도 문제지만 더 큰 문제는 비판이 말로써 끝나는 것이 아니라는 점이다. 정치의 수단은 말과 글이다. 싸움은 하지만 점잖게 싸워야 한다. 정당 간 경쟁이 격화되더라도 그걸 푸는 것도 총과 칼이 아니라 품격 있는 대화와 타협이 그 수단이다. 그러나 어느샌가 정치의 문제가 법원으로 옮겨 가고 있다. 정당 간에 혹은 정당 내에 문제가 있으면 정치적 대화로 문제를 해결하기보다는 소송을 통해 법원의 판단을 받으려는 경향이 갈수록 심해지고 있다.

일례로 2009년에 일어난 미디어법 사건이 있다. 당시 여당이었던 한나라당은 미디어법으로 불리던 신문법, 방송법, 인터넷 멀티미디어 방송사업법(IPTV법), 금융지주회사법 등 미디어 관련 법안들을 강행 처리하였고, 이에 반발한 야당 의원들은 절차상 심각한 하자가 있었다며 헌법재판소에 권한 쟁의 심판을 청구하였다. 이명박 정부는 방송 통신산업 성장을 촉진한다는 명목하에, 신문사와 대기업의 방송사에 대한 지분 소유 상한을 전면 금지하던 규제를 풀었다. 이덕에 신문사와 대기업은 방송사 지분을 30%까지 소유할 수 있게 되었다. 법안의 적절성은 국민이 판단할 영역이나, 표결 절차에 하자가 있었다는 점은 분명하다. 당시 한나라당은 강행 처리를 위해 날치기만이 아니라 대리 투표와 재투표까지 동원하여 법안을 통과시켰다.[76] 우리가 보고 있는 종편이 이렇게 등장했다. 야당으로서는 입법권을 침해당한 것이라 생각할 수 있으므로 헌재에 권한 쟁의 심판을 제기한 것이다. 그러나 헌재는 '표결 절차에는 문제가 있지만 법안 자체는 무효가 아니다'라는 취지의 결정을 내렸다. 헌재는 헌법을 잘 지켰는지, 헌법이 훼손당한 것은 아닌지 판단하는 기관이다. 헌재의 결정이 의미하는 것은 법률 제정 과정은 문제가 있지만, 그것 또한 정치의 영역이므로 국회가 알아서 할 부분이라는 뜻 아닐까.

　비슷한 일이 2023년에도 있다. 윤석열 정부는 전임 정부인 문재인 정부와 민주당이 추진한 검찰 수사권 축소 법안이 헌법을 침해한 행위라며 헌재에 판단을 구했다.

결과는 2009년과 비슷했다. 헌재는 '절차상 문제는 있었으나 헌법과 국회법 위반은 없었으므로 법안은 무효가 아니다.'라고 판단했다. 또 헌재는 개정 법안이 "국회가 입법사항인 수사권·소추권의 일부를 행정부에 속하는 국가 기관 사이에서 조정·배분하도록 개정한 것으로, 검사들의 헌법상 권한 침해 가능성이 인정되지 않는다."라고 판단했다. 당시 여당인 국민의힘이 부당하다고 외치던 검찰 수사권 축소 법안을 두고, 헌재는 행정부 내의 권한 조정은 국회의 권한이라고 못 박은 정상적인 행위임을 인정했다. 입법 과정은 정치 행위이므로 오롯이 국회가 책임을 지는 것이 맞고, 이에 관한 결과도 국회가 감당해야 하는 것이 온당하지만 우리 국회는 아직 그럴 역량이 부족하다. 더욱이 입법 과정에서 국회에서 벌어진 일에 대한 잘잘못을 판단해 달라고 헌재에 결정을 맡기더라도 그 결정조차 반발한다. 이 사안에 대한 헌재의 결정을 두고 여당인 국민의힘 대표는 "민변, 우리법연구회, 국제인권법 연구회 출신들로 구성된 유사 정당 카르텔이 내린 이 결정은 민주당에 보은하겠다는 것으로 볼 수밖에 없고, 헌법 파괴 만행"이라고 강하게 비판했다. 헌법재판소가 편향된 인물로 구성되어 있어서 결론 역시 편향되었다는 주장을 한 것이다. 헌재의 결정이 본인들에게 유리하게 났더라도 이런 주장을 했을지 의문이다. 그리고 헌재가 편향되게 구성되었다고 생각한다면 왜 헌재에 입법 과정에 대한 적절성을 판단해 달라고 청구했는지 궁금하다. 이러한 일련의 과정을 보면 국회 스스로 '우리는 정치를 못해요.'라고 주장하는 것으로 보인다. 입법하라고 만든 기관이 국회인데, 입법 과정도 스스로 확립하지 못하겠고, 그 과정에서 발생한 문제도

적절성을 따지지 못하겠으니, 다른 헌법 기관에서 판단해 달라고 하는 것은 국회의 존재 이유를 스스로 부정하는 셈이다.

인간 세상을 규율하는 것은 정치였고 더 효율적으로 정치를 하기 위해 만든 것이 법이 아닐까. 그러나 지금은 정치가 실종되고 있고, 법 우선주의가 강해졌다. 심지어 법원이 정치의 수단으로 활용되는 것은 아닌지 걱정도 된다. 상대 당을 공격하는 주요 소재 중 부정부패와 위법 혐의가 단골 메뉴가 되었고, 더 심각한 것은 정치인의 가족까지 공격하는 시대가 되었다. 위법 혐의를 소재로 상대 당을 공격하고 선거에서 승리하려는 극단적 대립은 가속화되고 있다. 범죄 행위에 대한 옳고 그름을 판단하는 것은 정치가 아닌, 수사 당국과 범죄 여부를 판단하는 법원이 할 일이다. 선거에서 승리할 목적으로 상대 정당의 범죄 혐의만 홍보하는 행위는 정당 간에 서로 대화를 할 마음의 문을 닫게 만들고, 시민들의 정치 혐오를 심화시키는 것 아닐까.

정치권력이 스스로 해결해야 할 문제를 다른 권력 기관에 맡김으로써 정치권력의 힘은 약해지고 있다. 정당 간의 싸움에 대한 시시비비를 가리기 위해 사법부의 판단을 구하는 것은 정치에 사법부가 개입하도록 만드는 셈이다. 또한 정치권의 진흙탕 싸움에 수사 기관이 개입할수록, 정치에 대한 국민의 불신은 더욱 가중된다. 쌓이고 쌓인 불신은 정치의 본산인 국회가 앞으로 더 제 기능을 못 하도록 만들 수 있다. 정치는 국회가 하는 것임을 명심하고 그 책임을 다해야 한다.

10.
정치의 민낯
– 돈이 없는 사람이 정치를 할 수 없는 이유

우리나라에서 돈이 없으면 국회의원이 되기는 로또 당첨만큼 어렵다. 총선 영입 인재가 되어서 공천만 받으면 당선되는 좋은 지역구에 낙하산으로 내려가지 않는 이상, 정치권에서 스스로 성장하여 총선에 당선된다는 것은 불가능에 가깝다. 그만큼 국회의원 한 번 하기에 돈이 많이 든다.

우리나라는 공식 선거 운동 기간이 2주일이다. 2주 동안 사용한 선거 자금은 득표율 15% 이상인 후보자는 선거 비용 전액을, 득표율 10%~15%인 자는 선거 비용 절반을 돌려받는다. 세금으로 돌려받는 비용이므로 지출이 엄격하다. 선거관리위원회가 통상 거래 가격을 산정하여 금액 기준을 초과하지 못하도록 제한하고 있다. 예를 들어 현수막 가격은 20만 원을 초과하지 못한다는 식으로 품목별로 상세히 제한하고, 환급 대상 품목도 열거하여 세금 낭비를 원천 봉쇄한다. 환급 대상 품목이 아닌데, 선거 운동에 꼭 필요한 물품은 후보자 사비로 지출한다. 당선 가능성이 높은 후보라면 선거 운동 기간은 그래도 사비 지출이 적은 편이다. 선관위가 당선 이후에 비용을

돌려주는 항목만 지출해도 당락에 지장 없기 때문이다

　문제는 공식 선거 운동 기간 이전이다. 국회의원 될 사람이 2주 동안만 선거 운동을 해서는 당선될 수 없다. 오래전부터 지역구 행사에 참석하고, 후보자에게 한 표를 행사해 줄 사람을 만들기 위해 여러 모임도 만들고, 참여한다. 선거 운동 이전에 사용하는 비용들은 오로지 본인 사비로 집행해야 한다. 사무실을 두고 싶어도, 직원을 채용하고 싶어도 사비로 써야 한다. 반면, 현역 국회의원은 공식 후원회를 통해 후원금을 모을 수 있어 후원금으로 공식 선거 운동 이전에 사용하는 비용 일부를 집행할 수 있다. 지역 사무소를 운영하고, 보좌 직원 외 사무실을 운영할 직원을 고용할 수 있다. 현역 정치인이 절대적으로 유리하다. 정치 신인이나 낙선한 정치인이 현역 국회의원을 이기는 것이 이렇게 힘들다. 돈이 많은 정치인이라면 사비로 넉넉하게 사용하면 되지만, 그렇지 못한 정치인은 사무실은 언감생심이고 생활비 마련도 힘들다.

　고(故) 노회찬 의원이 현역 국회의원이 아닐 때 불법 정치 자금을 받은 것이 문제가 돼 2018년 세상을 떠났다. 돈 받은 사실이 부끄러워 목숨마저 버린 사람이 노회찬 의원이다. 국회의원 신분이 아닌 정치인은 선거 기간을 제외하고 후원회를 만들 수 없으므로 후원금을 받는 것 자체가 불법이다. 후보자가 되면 선거 기간 중에는 후원회를 만들어 공식 선거 자금을 모을 수 있지만, 이마저도 유세 차량이나 인쇄 홍보물과 같은 선거용도 로만 사용할 수 있다. 차기 선거를 위해 지역구에 사무실 하나를 운영하면 임대료에 직원 한 명 인건비만 해도 기본 월 500만 원은 필요하다. 현역 국회의원은 상시적으로 후원금을 모으는 것이 합법이고, 현역 의원이 아닌 정치인은 불법이라면 선거에서 누가 유리한지는 자명하다. 이러한 불공정한 구조 때문에 애초에 의사나 대형 로펌 변호사 같은 고소득자가 아니면 정치를 시작할 수도 없다.

정치판이 신인이나 재도전자에게 절대적으로 불리한 '기울어진 운동장'이 된 이유는 있다. 돈 선거가 판을 쳤던 한 사건 때문이다. 2004년 대선 당시 한나라당 이회창 후보 측의 '차떼기 사건'이다. 한나라당이 몇몇 대기업들로부터 800억 원의 불법 정치 자금을 트럭째 받은 사건이 밝혀지면서다. 이후 정치 자금에 대한 대대적인 개혁이 있었고 법인과 단체 후원 원천 금지, 후원금 모금 한도 설정, 지구당 폐지가 이뤄졌고, 지금까지 유지되고 있다. 돈 선거를 막겠다는 좋은 취지의 법이다. 그러나 이 법은 돈이 없는 자는 출마 자체를 못 하도록 만들고 있다. 좋은 의도는 살리되, 신인들이 숨 쉴 수 있는 구멍은 만들어줘야 정치판에도 세대교체가 일어나지 않을까.

이상만 바라보고, 현실에선 지키지 못할 법, 돈과 권력을 가진 자에게 유리한 법, 가지지 못한 자는 지킬 수도 없는 법. 이런 법을 계속 두어야 하나, 수정해야 하나.

11.
국민을 위해 일하는 국회, 진짜 방법 없나?
– 법안 심사 상설화 편 –

국회의원이 국가를 위해 일하는 구조를 만들어야 한다. 지역 발전은 지자체장과 지방 의원에 맡겨 두고, 국회의원은 지역 이기주의에서 벗어나 국익만 보고 일할 구조를 만들어야 한다.

일하는 국회 만들기는 간단하다. 먼저 법안 심사를 매일 하는 구조를 만들어야 한다. 국회의원들이 쟁점 법안을 두고 대판 싸울 때마다 하는 말이 있다. "아직 논의를 제대로 안 했어요! 시간을 조금 더 가집시다!" 그런 법안은 대부분 시간이 없어서가 아니라 의도적으로 논의를 안 했기 때문에 그런 말을 하는 것이다. 시간은 많다. 논의를 안 할 뿐이지.

정치 환경을 바꾸어야 한다. 지금과 같은 구조 속에서 국회의원에게 매일 법안 심사하라고 하면 지역구 관리 못 한다고 난리 날 것이다. 지역구에 대한 욕심을 포기하도록 만들어야 한다.

필자가 고민한 방법은 월요일~목요일까지 법안 심사를 강제하는 것이다. 회의가 자주 열리면 국회의원도 공부할 수밖에 없다. 주 4회 열리는 회의인데, 아무 것도 모른 채 회의 가기에는 부끄럽지 않을까. 또 법안 심사 회의가 주축이 되어 전문가 의견을 듣는 공청회도 자주 열고, 청문회도 이 회의체가 주축이 된다면 청문회 밀도도 높아질 것이다. 그렇게 해야만 완성도 높은 법안을 만들 수 있다. 스웨덴 국회는 평일에는 매일 법안을 심사한다고 한다. 그러니 스웨덴 국회의원은 3D 직업군 중의 하나이고, 높은 봉사 정신이 있는 분이 아니라면 잘 안 하려고 한다. 우리도 스웨덴처럼 매일 강도 높게 법안 심사를 하게 한다면 결국 국가를 위해 헌신적으로 봉사할 수 있는 사람만 남게 되지 않을까.

국회의원들은 '일하는 국회'를 만들겠다고 말만 하지 그것을 체계로 만들 생각은 없는 듯하다. 지금 체계가 일도 안 해도 되고, 편하기 때문이다. 300명 국회의원 모두 예외 없이 법안 심사에만 매진하도록 만들어야 한다. 월-목 법안 심사를 무조건 참석해야 한다면 다른 국회의원들도 같은 조건이므로, 지역구 행사를 나도 못 가지만 경쟁하는 국회의원도 못 가기 때문에 암묵적 신사협정이 가능하다. 지역구 관리는 금요일~일요일에만 하도록 만드는 것이다. 그렇게 되면 국회의원도 주말에는 국회 일정 고민 없이 지역구에만 매진할 수 있어서 시간이나 비용도 줄일 수 있다. 국회가 가끔 늦게 법안을 처리하여 주말에도 개회될 때가 있는데, 이럴 때 지역구 행사에 가기로 예정된 일정이 전면 중지되어 지역구 주민에게도 큰 실례가 된다. 국회의원의 업무를 '월-목 : 국회', '금-일 : 지역구'로 법제화하면 자연스럽게 국회는 일하는 국회가 될 것이다. 해야 할 일을 하지 않는다면, 강제로라도 하게 만들어야 한다.

청년 보좌관이 말하는 청년의 내일

12.
국민을 위해 일하는 국회, 진짜 방법 없나?
– 국정조사 활성화 편 –

국정감사는 많이 들어 봤을 텐데 국정조사는 생소할 수 있다. 국정감사와 조사 모두 입법부가 행정부를 견제하는 수단이라는 공통점이 있고, 차이는 국정감사는 매해하고, 국정조사는 사안이 심각할 때만 실시한다. 우리나라는 행정부의 권한이 많은 나라다. 예산 편성권도, 정부의 잘잘못을 상시 감시해야 할 감사원도 행정부 소속이다. 비대한 행정부의 권한을 견제하기 위해서는 국회가 제대로 된 역할을 해야 하고, 감사원처럼 상시 감시할 체계를 만들어야 한다. 권한을 많이 주면 어쩔 수 없이 국회도 일을 해야 한다. 법적으로 해야 할 일이 많은데 마냥 놀 수는 없을 테니까.

국정감사는 1년에 1번 시행하는데 1번만으로는 부족하다. 기한도 21일 정도에 불과하다. 국정감사는 상임위별로 진행되는데 감사를 받는 기관이 많은 상임위는 약 21일 동안 약 60~70여 개의 기관을 심사한다. 21일 동안 60여 개 피감기관의 업무를 공부하고 문제를 지적하는 것은 매우 어렵다. 담당 공무원이 "우리 과는 이것이 문제입니다."라고 말하는 사람이 한 명도 없다. 보좌진이 밤새도록 자료 읽어 가며 문제를 찾아내야 한다. 많은 기관의 자료를 짧은 기간에 봐야 하니 집행 예산이 적은 기관에 대한 감사는 소홀할 수밖에 없다.

국정감사 준비하기에도 벅찬데, 다른 업무가 겹치는 것도 감사를 제대로 못 하게 하는 요인이다. 정기 국회 기간에는 법안을 심사하고, 내년도 정부 예산안을 심의한다. 정기 국회 100일 동안 법안과 예산안만 심의하기에도 시간이 부족한데, 여기에 국정감사까지 해야 하니 어느 것 하나 제대로 할 수 없다. 이 모든 것을 준비해야 하는 보좌진은 정기 국회 시즌에 서류에 파묻혀 산다. 정기 국회 기간에 추석 연휴가 있는데 필자는 추석 연휴를 쉬어본 적이 손에 꼽는다. 업무에 비해 물리적 시간이 매우 부족하다

국정감사는 행정부의 업무 전반을 감사하는 수단인데, 이마저 부실하면 행정부를 견제할 수단은 거의 없다. 선출되지 않은 공무원이 법규를 어기거나 법규의 사각지대를 이용하여 부정한 행위를 했을 때 견제할 수단이 마땅치 않다. 내부감사 제도가 있지만 '제 식구 챙기기' 문화로 솜방망이 처벌이 여전하다. 정부의 잘못을 제대로 지적하고 바꾸지 않으면, 그 피해는 국민에게 돌아간다.

그래서 국정감사를 상시화하자는 주장도 있다. 1년 동안 필요할 때마다 자주 하자는 뜻이다. 정부에 대한 견제는 밀도 있게 해야 한다는 입장이나, 상시 국정감사 체계는 생각해 볼 문제이다. 행정

부 소관 공무원은 국정감사 준비에 치를 떨 정도이다. 국회의원실의 방대한 자료 요구로 업무가 마비될 지경이다. 각 과마다 의원실의 요청 자료를 준비하는 직원은 국회의원실 욕을 달고 살 정도이니 그 스트레스가 엄청나다는 것을 알 수 있다. 국회에 제출할 자료를 준비하는 직원의 스트레스 때문에 국정감사를 적게 하자는 뜻이 아니라, 행정부가 본연의 일을 잘 할 수 있도록 시간을 빼앗아서는 안 된다는 뜻이다. 행정부가 견제받는 것도 중요하지만, 그 존재 이유는 국민에게 서비스를 제공하는 기관이므로 서비스의 질에 문제가 될 지경이라면 견제가 아니라 방해가 아닐까. 행정부가 국민에게 서비스 잘하라고 견제하는 것이지, 견제 자체가 목적이 되어서는 안 된다.

정부에 대한 시의적절한 견제는 더욱 많아져야 한다. 국정감사를 자주 하는 것이 아닌, 국정조사를 자주 하는 방향으로 가야 한다. 국정조사는 국회가 국민을 대표하여 조사하고 진상을 밝혀 문제를 지적하고 국가 정책에 반영하는 국회의 권한 중 하나이다. 국정감사는 국정 전반에 대해 감사하고, 국정조사는 특정 사안에 대해 부정기적으로 의제를 중심으로 여러 기관을 조사할 수 있어 사회적 문제 해결에 더욱 효과적이다. 사안이 중요하고 시급할수록 한 부처만의 일이 아닌 경우가 많다. 갈수록 그런 사건이 많아지고 있어 동일한 문제를 두고 여러 위원회가 동시에 지적하는 경우가 있다. 이럴 경우 위원회별로 지적하는 것보다 관련 부처의 장관들을 모두 모아 놓고, 종합적으로 지적하는 것이 적합하다.

3권 분립 체계가 제대로 작동하기 위해 국정조사는 효과적인 방법이나 우리 정치권에서는 제대로 활용하지 못 하고 있다. 국정조사를 행정부에 대한 견제보다 집권 여당을 정치적으로 공격하기 위한 수단으로 야당이 활용하는 경우가 많기 때문이다. 당연히 야당이라면 정부를 견제하는 역할을 해야 하지만 그 명분이 정치적이라면 국정조사 요구의 목적 자체가 퇴색된다. 애초에 야당이 색안경을 끼고 국정조사를 제안하는데 여당이 회의 개최를 동의할 이유가 없다. 국정조사가 활발하지 못한 이유다. 아래는 국정조사가 얼마나 정치적 수단으로 이용되는지 알려 주기 위해 국정조사 요구 사례를 첨부하였다.

* 21대 국회, 23년 1월까지 국정조사 요구 건[77]

▲추미애 법무부 장관의 윤석열 검찰총장 직무 정지 명령 등으로 인한 법치 문란 사건 진상 규명을 위한 국정조사 요구 ▲문재인 정부의 대북 원전 건설 문건 의혹 관련 진상 규명을 위한 국정조사 요구 ▲ 3기 신도시 부동산 투기 의혹 진상 규명을 위한 국정조사 요구 ▲ 행복 도시 이전 기관 종사자 특별 공급 제도 악용 부동산 투기 의혹 진상 규명을 위한 국정조사 요구 ▲ 공군 15전투비행단 여군 부사관 성폭력 피해자 사망 사건 진상 규명을 위한 국정조사 요구 ▲ 청해부대 34진 집단 감염 사태 진상 규명을 위한 국정조사 요구 ▲ 더불어민주당 이재명 대통령 선거 예비 후보 대장동 개발 특혜 의혹 진상 규명을 위한 국정조사 요구

청년 보좌관이 말하는 청년의 내일

여기까지는 문재인 정부 시기에 당시 야당이었던 국민의힘이 제기한 국정조사 요구 건이다.

아래는 윤석열 정부로 정권이 이양되고 당시 야당인 더불어민주당이 제기한 국정조사 요구 건이다.

▲ 윤석열 대통령 집무실·관저 관련 의혹 및 사적 채용 진상 규명을 위한 국정조사 요구 ▲ 용산 이태원 참사 진상 규명을 위한 국정조사 요구

다음은 20대 국회에 실시한 국정조사를 보자. 20대 국회는 2건의 국정조사가 있었다. ▲ 박근혜 정부의 최순실 등 민간인에 의한 국정농단 의혹 사건 진상 규명을 위한 국정조사 ▲가습기 살균제 사고 진상 규명과 피해 구제 및 재발 방지 대책 마련을 위한 국정조사'이다.

국정과 민생에 지대한 영향을 미치는 사안을 조사했다는 점에서 적절한 국정조사였다. 그러나 20대 국회에도 적절한 국정조사 요청만 있었던 것은 아니다. 정치적 공격을 목적으로 하는 것들이 많았다. 아래는 20대 국회에서 채택되지 않았던 국정조사 요구 건이다.

▲ 더불어민주당과 정부의 공영 방송 장악 음모에 대한 진상 규명과 언론 자유 수호를 위한 국정조사 요구 ▲ 이명박·박근혜 정부

의 방송 장악 등 언론 적폐 사건 진상 규명을 위한 국정조사 요구 ▲ 김기식 금융감독원장 관련 의혹들에 대한 진상 규명과 청와대 인사 체계 점검을 위한 국정조사 요구 ▲ 조국 법무부 장관 등의 사모펀드 위법적 운용 및 부정 입학·웅동학원 부정 축재 의혹 등에 대한 진상 규명을 위한 국정조사 요구 등 수사 기관이 수사해야 할 사안이거나 정부를 정치적으로 공격하는 내용이 많았다.

국정조사 요구 건을 명시한 이유는 국정조사가 얼마나 정치적으로 활용되는지 보여주기 위해서다. 독자분들이 집권 여당의 원내대표라 할 때 야당이 앞서 열거한 정치적 목적의 국정조사를 요구한다면 합의할 수 있겠나. 그 누구도 흔쾌히 동의할 수 없다. 국정조사는 분명 정부를 견제하기 위한 좋은 제도다. 정치권이 신사협정을 맺어 정치적으로 활용하는 것을 자제하고, 민생에 심각한 영향을 미치는 사안에 대해 깊이 있는 논의를 할 장으로 국정조사를 활성화하면 어떨까.

13.
국민을 위해 일하는 국회, 진짜 방법 없나?
- 법제사법위원회 개혁 편 -

　국회에서 정쟁을 가장 많이 하는 곳이 법제사법위원회이다. 싸움터라고 생각하면 된다. 그런데 이곳은 싸움보다는 법안 심사를 어떤 상임위보다 열심히 해야 하는 곳이다. 바로 법안에 대한 체계·자구 심사권이 있기 때문이다.

　법안이 통과되는 과정을 다시 설명하자면, 먼저 국회의원 10명 이상이나 대통령이 법안을 발의하면 18개 상임위원회에 법안을 전문성에 따라 배포한다. 상임위원회에서 배포된 법안을 심의한 후 통화하면, 법제사법위원회로 보내서 체계·자구 심사를 하고 마지막으로 본회의에 부의된다. 우리 국회는 상임위원회 중심으로 운영되기 때문에 본회의에서는 정당 간에 큰 이견이 없는 경우는 법안 대부분을 통과시킨다. 일련의 과정에서 문제는 법제사법위원회다. 이 위원회는 체계·자구 심사권을 이유로 상원 역할을 하고 있다. 담당 상임위원회에서 오랜 논의를 거친 법안이더라도 법제사법위원회가 해당법안을 심사하지 않거나 바쁘다는 이유로 심사 일정을 잡아 주지 않으면 본회의에 상정하기 어렵다.

체계·자구 심사권은 말 그대로 법조문이 다른 법과 충돌하지 않는지, 법안 문구가 적합한지 살펴보는 것이다. 정확히 보면 '체계 심사'는 법안 내용의 위헌 여부, 다른 관련 법률과 저촉되는지 여부, 조항 간의 모순 유무를 심사하는 법률 형식을 정비하는 것이며, '자구 심사'는 법규의 정확성, 용어의 적합성과 통일성 등을 심사하여 각 법률 간 용어의 통일성을 기하는 것이다. 국회사무처도 "체계·자구 심사권은 체계와 자구의 심사에 한정하고 법률안의 정책적 내용까지 실질적으로 심사할 수는 없다."라고 말한다. 쉽게 말해 법안의 형식만 고칠 수 있다. 법제사법위원회는 이를 악용하여 법안 제안자의 취지와 담당 상임위의 심사 결과도 뒤집어 전혀 다른 새로운 법을 만들기도 한다.

일례로 기획재정위원회가 세무사법을 2016년에 통과시켰는데 법제사법위원회에서 심의 일정조차 잡지 않아 20대 국회 본회의에 상정 자체를 못 했다. 해당 법안은 변호사 자격을 취득한 자가 세무사 자격을 동시 취득하는 내용을 폐지하는 법안으로 변호사의 권한 중 하나를 제거하는 법안이었기에 변호사에게 불리한 법안이었다. 그런데 상식적으로 보더라도 변호사 중 세무 업무를 볼 수 있는 분도 계시겠지만, 변호사가 됐다는 이유만으로 세무사 자격을 부여하는 것은 과한 혜택이 아닐까. 더구나 세무사라는 전문직이 있는데 말이다. 해당 법안 심의를 하지 않은 이유는 모르겠으나 참고로 말하자면 법제사법위원회는 법률가 출신 국회의원이 많이 가는 위원회다. 법사위의 횡포는 뒤에 추가 서술하겠다.

체계·자구 심사의 필요성을 부정하는 것이 아니다. 그 권한이 법제사법위원회에 있어서는 안 된다는 말이다. 법제사법위원회는 대법원을 포함한 각급 법원의 행정에 관한 사항, 헌법재판소 사무에 관한 사항, 법무부, 대검찰청, 감사원을 견제하는 상임위이다. 또 탄핵 소추를 담당하는 상임위이기도 하다. 사법부와 행정부의 최고 권력 기관을 견제하는 곳, 대통령과 장관 등 탄핵 소추를 담당하는 곳. 누가 봐도 싸움터이다. 싸움터라는 명성답게 국회의원이 가장 많이 싸우는 상임위가 법제사법위원회다. 이런 곳에 체계·자구 심사권을 맡기는 것은 싸움터에서 공부하라는 격 아닌가. 어제 정쟁으로 대판 싸워 놓고 다음 날 체계·자구 심사하자고 여당이 제안하면 야당이 수용하겠나.

법제사법위원회는 사법부와 최고 권력 기관을 감시하는 역할만 하고 체계·자구 심사권은 법률 전문가가 하도록 바꿔야 한다. 국회에 입법고시를 통과한 유능한 공무원들이 있다. 전문가들이 체계·자구 심사를 한 후 본회의에 바로 송부되도록 만들어야 한다. 4차 산업혁명을 거론하며 모두 '속도'를 강조하면서 가장 속도가 느린 곳이 국회이다. 정쟁 때문에 민생을 볼모로 삼는 짓은 더 이상 그만해야 한다.

법사위 횡포: 체계·자구 심사권을 빙자한 상원 노릇, 집시법 개정안 사례[78]

집회 및 시위에 관한 법안은 행정안전위원회 소관 법률이다. 2018년 5월 헌법재판소는 집시법의 일부 조문이 집회의 자유를 침해해 헌법에 어긋난다고 판단했고, 국회에는 관련 조문을 개정할 것을 주문했다. 헌재의 판결을 존중하여 해당 상임위인 행정안전위원회는 법률 심사를 착수했고 국회의사당, 국무총리 공관, 각급 법원 및 헌법재판소의 경계 지점으로부터 100미터 이내의 장소에서 집회·시위를 예외적으로 허용하는 법안을 통과시키기로 합의했다.

행정안전위원회가 만든 개정안은 100m 이내 무조건 집회 반대에서, 예외적인 경우 허용하는 수준으로 집회·시위의 권리를 확대하는 방향이었다. 공공의 안녕과 집시의 자유 사이에 현실적으로 만든 대안이라 생각한다. 만약 주요 국가 시설에 집회·시위를 전면 허용한다고 생각해 보자. 법원이 사회적 관심이 높은 사건을 판결하는 날, 법원 주위에 질서 유지가 될까. 대통령 관저는 어떻게 될까. 세상에 억울한 사람은 모두 대통령 관저 앞으로 갈 것이고, 대통령과 비서실이 업무를 제대로 볼 수 있을까. 자유는 최대한 보장되어야 하지만 타인에게 해를 가하지 않는 선에서 보장되어야 한다. 행정안전위원회가 현실적인 대안을 만들었다 생각한다.

그런데 법제사법위원회는 행정안전위원회 소속 국회의원들이 논의 끝에 도출한 법안에 제동을 걸었다. 2020. 4. 29일 법제사법위원회 전체회의에서 당시 여당이었던 더불어민주당 A 의원은 행안위가 만든 법안이 헌재의 헌법불합치 결정 취지에 반한다는 취지로 발언을 시작했고, 경찰청장은 행안위 법안 심사 과정에서 논의가 충분히 이루어졌다는 취지로 방어했다. 더불어민주당 B 의원도 반대 의사를 표했는데, A 의원과 전반적으로 비슷한 의견이었고, 추가로 집회 시위 허용 기준인 100m도 자의적이라는 발언을 했다. 경찰청장은 100m 기준에 대해 항변도 할 만큼 행정안전위원회에서 숙의했던 내용을 법사위에 재차 설명한다. 오해의 소지를 없애기 위해 속기록을 그대로 옮겼다.

-경찰청장: "(B) 위원님께서 제기하신 100m 그 부분은 유래를 저희도 살펴보니까 투척 경기에서 세계 기록 등 그런 것을 감안해서 투척할 수 있는 거리가 100m입니다. 창 같은 경우에는 세계 기록이 98m 정도 나오고요, 해머 같은 것은 84m 나옵니다. 그래서 이런 위험한 물건을 던졌을 때 도달 가능한 거리가 100m쯤 이르니까 그 정도는 이격이 되어야 한다, 그런 점에서 100m 기준을 제시한 겁니다. 실제로 과거에 돌멩이라든가 이런 것들이 많이 투척이 되고 그랬을 때는 이 정도 거리는 저희는 꼭 필요하다고 생각합니다."

경찰청장의 답변은 행정안전위원회에서 논의를 충분히 했기 때문에 할 수 있는 준비된 발언이었다.

여당 의원이 이 법을 계속 반대하자 오죽하면 야당 의원인 C 의원이 정부 편을 드는 웃지 못할 상황도 벌어졌다. 아래는 회의록을 그대로 옮겼다.

- C: "청장님, 이 집회 및 시위에 관한 법률 일부 개정 법률안이 오늘 통과가 안 되면 어떤 현상이 생기지요?"

- 경찰청장: "금년 1월 1일부터 사실 법의 효력이 정지된 상태이기 때문에 국회라든가 법원, 헌재 이런 데서 제약 없이 집회·시위를 하는 그런 문제가 생깁니다. (후략)"

- C: "현실적으로 그런 상황이 생기는 거예요. 여기에 대해서 강력하게 주장을 하셔야지 그러한 무질서 상태, 특히 사법 기관인 법원, 법정 앞에서 반대파들이 재판을 못 하게 한다. 이 국가가 바로 작동이 되겠어요? 나는 이게 여당 위원들이 할 일인지 모르겠어요. 경찰청장 입장이면 강력하게 이야기해서 법 통과시켜야 합니다. 안 그러면 국가 무질서 상태 됩니다. 법치가 완전히 무너집니다."

여당 출신 B 의원은 계속해서 반대 주장을 강하게 했는데 그 논리가 흥미롭다.

- B: "청장님, 지금 집시법 현행 규정에 공공의 안녕이나 질서를 침해할 것 같은 집회를 금지하는 조항이 있습니까, 없습니까? 5조 있

청년 보좌관이 말하는 청년의 내일

잖아요. 그걸로 국회 앞이나 법원 앞에서 집회 신고 들어왔을 때 봐서 아, 이것 질서를 훼손할 것 같다, 안녕·질서를 훼손할 것 같다 그러면 금지할 수 있어요, 없어요?"

- 경찰청장: "지금 5조가, 그 조문을 보면 아시겠지만, 굉장히 중대한 폭행이라든가 어떤 물리적인 큰 충돌이 빚어지는 그런 상황을 상정을 하고 있습니다. 그런데 원래 이 집시법에 이런 절대적 금지 구역이 들어온 취지는 헌법 기관에서는 그런 물리적 충돌이 아니더라도 아주 소리를 내거나 지속적인, 이런 어떤 필요가 있기 때문에……."

- B: "청장님, 제가 민변 변호사일 때 이 5조를 경찰이 어떻게 써 왔는지 잘 알고 있습니다. 과거에 어떤 물리적 충돌이 있었던 시위를 주최하거나 또는 그러한 시위에 참여했던 단체가 집회의 주최자로 신고만 해도 이 5조를 적용해서 다 금지해 왔어요, 우려가 있다는 이유로."

- 경찰청장: "그런데 지금은 그렇게 적용할 수 없지 않습니까."

- B: "예, 그렇게 말씀해 주시니까 반가운데요. 일단은 그런데 금지할 수 있는 가능성이 이 조항에 의해서 열려 있다는 건 인정하실 수밖에 없을 것 같고요."

B 의원은 자신이 민변일 때 경찰이 5조를 들어 시민의 자유를 억압했다는 것을 주장하면서, 법 개정 없이도 5조를 들어서 집회·시위를 통제할 수 있다는 논조로 지적했다. 개정안이 헌재 결정문을 충분히 반영하지 못했다고 주장하면서 과거 경찰이 시민의 권리를 억압할 때 쓰던 논리 즉, 제5조를 들어 반대 논거로 사용했다. 5조 때문에 억압을 당했는데, 5조를 사용하면 된다는 주장을 한 것이다.

결국 이날 회의에서는 두 여당 의원의 반대로 통과되지 못했다. 여상규 위원장이 중재를 위해 "지금 청장님 말씀을 들어 보면 그 모든 게 다 검토가 되어서 이런 법률안이 행안위에서도 통과되었다라고 말씀을 하시는데, A 위원님 또 B 위원님 의견 바꾸실 의향 없습니까?"라고 물어보지만, 두 의원의 반대로 결국 이날 통과하지 못했다. 결국 집시법은 다음 회의인 5월 20일에 통과되었다.

국회 회의록을 그대로 소개한 이유는 독자들이 스스로 판단했으면 하는 마음에서다. 필자는 집시법 과정을 보면서 든 개인적인 생각은 있지만 밝히지 않겠다. 옳고 그름은 독자들이 판단할 영역이고, 필자가 말하고자 하는 바는 법사위의 무소불위 권능이다. 소관 위원회인 행정안전위원회에서 여야 국회의원이 충분히 논의를 했다. 그럼에도 법사위는 법안 내용을 두고 반대했다. 이런 것을 보면 법사위가 확실히 상원은 상원이다.

법사위 횡포: 체계·자구 심사권을 빙자한 상원 노릇: 주한미군 소속 한국인 근로자 지원 특별법

법사위가 얼마나 다른 상임위를 무시하는지 소개하겠다. 2020년 4월 29일 법사위 전체 회의에서는 〈주한미군 소속 한국인 근로자 지원 특별법〉이 상정되었다. 소관 위원회는 국방위원회이고 여야 간 합의의 끝에 통과된 법이다. 별다른 무리 없이 통과될 법안이었으나, 법사위 여당(당시 더불어민주당) 간사인 A 의원이 회의 중 일부 조항을 수정하자며 대안을 제시하면서부터 문제가 시작됐다. 예산이 투자되는 법안이라 기획재정부도 함께 배석한 회의였고, 기재부와 국방부는 무슨 영문인지 국방위에서 여야 합의 끝에 만든 법안보다 법사위의 A 의원이 제시한 법안을 동의하는 방향으로 흘렀다. 법사위원장이 "누가 수정한 대안이냐." 물어보니 "기재부가 만든 대안이다."라고 법사위 직원이 답했다. 국방위에서 논의 후 만든 대안을 기재부가 법사위 단계에서 뒤엎으려고 했던 것이었다. 법안 심의권은 국회의 권한인데 기재부가 법사위 소속 일부 의원을 설득하여, 기재부가 원하는 법안으로 교체하려는 시도를 했던 것이다.

그러자 여당 법사위 이철희 의원이 기재부의 행태를 강하게 비판했다.

- 이철희: "소관 상임위에서 충분히 논의해서 집어넣은 취지가 있잖아요. 이것을 왜 존중을 안 하시고……. 그리고 법안을 관련 상임

위에서 합의해서 올렸는데 기재부가 반대한다고 바꿉니까? 법안권이 기재부에 있어요? 장관님은 기재부 하라는 대로 합니까? 국방위원회 의견은 존중 안 되고 기재부 의견만 존중하면 돼요? 무슨 이런 경우가 있어요? 말이 되세요? 국방위원회에 있는 국회의원들이 합의해서 만든 안은 그냥 기재부 반대에 의해서 휴지 조각되는 겁니까? 국회의원들은 뭐예요, 그러면? 바보예요? 왜 그러세요?

이철희 의원 말대로 법을 만들 권한은 국회에 있다. 정부가 법도 만들고, 집행도 할 것이라면 국회는 존재 이유가 없다. 법사위만 막으면 상임위 합의쯤은 뒤집을 수 있다는 기재부와 국회 국방위원회를 존중하지 않는 국방부와 국회의원이라는 사람이 국회를 존중하기보다 정부의 의견을 주장하는 어이없는 상황이 벌어졌다.

기재부와 국방부 안을 제안한 A 의원은 이철희 의원의 반대에 당황하여 다음과 같이 말한다.

- A: "이 부분에 대해서 국방위하고 협의가 됐나요, 안 됐나요? 저는 국방위하고 협의가 됐다고 들었는데."
- 국방부 장관: "일단 여당 간사님께는 말씀을 드렸습니다."
- A: "야당 간사님한테는?"
- 국방부 장관: "다 충분히, 시간이 지금 안 됐기 때문에 저희는 다는 못 했고……."

국방위원회가 합의한 법안을 소관 위원회에 상의도 없이 정부부처가 법사위에서 법을 바꾸려고 했다. 기재부와 국방부의 사정을 도와주려 했던 국회의원은 소관 위원회에 사전 보고를 했는지 알아보지도 않고, 회의 석상에서 확인하는 웃지 못할 상황이 벌어졌다.

공방이 계속되자 기재부는 중재라도 이끌어 볼 마음에 다음과 같이 말하는데 이는 더 심각한 발언이다.

- 기획재정부 제2차관: 위원장님, 그렇다면 이것은 많이 수정하기 어려우니까……, 여기에 '금액으로 한다.' 그러면 딱 정해집니다. 그래서 '할 수 있다.' 정도로 해서, '준용을 할 수 있다.' 이렇게 좀 약간의 룸을 주셔야만, 준용할 수 있다, 이런 정도는 괜찮은데 그 금액으로 딱 주라고 하는 것은 이것은 진짜 너무 경직적입니다.

- 장제원 위원: 그것을 고칠 수 있나?
- A 위원: 법사위는 그렇게 많이 해 왔어요. 강행 규정을 임의 규정으로 많이 바꾸어 왔어요.

필자도 A 의원의 발언을 보고 알았다. 국회의원, 보좌진, 부처 차관을 비롯한 공무원 수십 명이 논의하여 상임위를 통과한 법이 법사위에서 이렇게 쉽게 칼질당할 수 있다는 사실을 말이다. 법에서 '해야 한다'와 '할 수 있다'는 엄청난 차이다. '할 수 있다'는 말은 안 해도 된다는 말이다. 그걸 관행적으로 해 왔다고 법사위 소속 의원 스스로가 자인하니 법사위가 상왕은 상왕인가 보다.

결국 이 법은 여야 할 것 없이 다수 의원의 반대로 국방위원회에서 만든 법안이 통과되었다. 정부 부처는 이견이 있는 법이라면 소관 위원회에 반대 의견을 피력할 수 있고, 타당하다면 국회도 강행하기 어렵다. 정부와 이견이 큰 법이라면 국회에서 통과하더라도 대통령이 거부권을 행사할 것이므로 국회도 무리하지 않는다. 기재부는 해당 법안에 이견이 있었음에도 국방위원회에 의견을 피력하지 않았다. 업무 태만을 했으면 반성하기는커녕 법사위에서 제멋대로 하려다가 들킨 셈이다.

이철희 의원의 발언을 곱씹어 본다. "국회의원이 합의해서 만든 안을 기재부가 반대하면 휴지 조각이 되는 거냐."

국회가 진정 입법권을 가지고 있는 것일까.

법사위 횡포: 체계·자구 심사권을 빙자한 상원 노릇: 데이터센터법

2022년 10월, 전 국민 메신저 '카카오톡'이 멈췄다. SK C&C 판교데이터센터에 화재가 발생하면서다. 여야 모두 발 빠르게 대책 마련하겠다고 발표했다. 주 내용은 재난 관리 계획 적용 대상에 데이터센터도 포함하는 것. 여야 모두 대책이라고 발표한 데이터센터법은 이미 2년 전에 깊이 있게 논의한 바 있으나 법사위의 반대로 통과하지 못했다. 그때 법사위에서 통과만 시켰더라도 이 정도 재앙은 일어나지 않았을 것이다.

2020년 5월, 법안이 최초 발의된 후 소관 상임위원회에서는 통과됐던 법인데, 법사위가 '체계·자구'를 이유로 막은 날이다. 놀랍게도 2년 전에는 체계·자구가 맞지 않다고 통과가 안 된 법이 카카오톡 먹통 사고 직후인 2022년 12월 8일에는 통과되었다. 국회는 진정 사람이 죽어야만, 혹은 대형 사고가 나야만 바뀌는 것인가. 당시 상황을 그대로 전하기 위해 회의록을 옮긴다.[79]

- A : "그래서 이게 중복 규제로 과잉 금지에 위배된다."

- B : "데이터베이스를 구축하는 과정에서의 영업 비밀 또 프라이버시 침해 이런 걸 굉장히 염려를 하고 있습니다."

- C : "이것은 21대 가서 해도 늦지 않아요."

계속된 반대에도 과학기술정보통신부 장관이 의지를 굽히지 않자, 법사위 차원에서 대안도 제시했다.

- B : "조금 전에 D 위원님하고 상의를 했는데 개정안 중 35조 4호 신설하는 문제, 그러니까 데이터센터를 방송 통신 재난기본계획 수립대상자로 하는 이 4호만 우선 삭제를 하고 추후에 정통망법

개정 등을 통해서 종합적인 법률 정비 작업을 하면 되지 않을까.
(후략)"

법사위가 제안한 대안을 과학기술정보통신부 장관이 완곡히 반대하자, 다수 의원은 체계·자구가 안 맞다는 이유로 법안 심사를 중지했다.

- D : "그렇게 안 되면 21대에 하시지요."
- C : "이것은 21대 가서 해도 늦지 않아요."

주무 장관인 과기부 장관은 "재난에 대해 대비하는 것이 굉장히 중요한 법안이라고 생각하고 있습니다."라고 답하며 "민생 법안이니 통과해 달라." 읍소를 하지만 결국 법사위의 높은 문턱을 넘지 못했다. 장관이 민생 법안이라고 한 말을 핀잔까지 주면서 말이다.

- D : "방송통신발전 기본법은 민생 법안이 아니잖아요."

2년 뒤 결국 데이터센터에서 불이 났다. 온종일 카톡이 멈추었고, 불편과 피해는 예상외로 엄청났다. 직장인들이 업무 시간에 편리하게 사용하던 파일 전송을 할 수 없었고, 카톡으로만 예약받던 식당은 셧다운해야만 했다. 카톡으로 금융 서비스를 이용했던 사람들은 결제, 송금 등을 할 수 없었고, 카카오택시도 멈춰 카카오콜을 받지 못한 택시 기사들도 있었다. 이러고도 민생 법안이 아닌가. 이 법을 반대했던 당시 법사위 의원들은 데이터센터 사고로 인한 국민의 피해에 대해 사과 한마디도 없었다. 국회의원은 늘 민생을 외친다. 그러나 정작 국민이 민생을 말할 때, 그들에게 민생이라는 단어는 가슴속에 있는 걸까.

'2년 전에 이 법이 법사위에서 통과되었더라면 대규모 카톡 먹통 사태는 일어나지 않았을 것'이라는 무책임한 말을 하고 싶지는 않다. 이런 대규모 사태를 예견했더라면 누가 반대를 했겠나. 문제는 논의 과정이다. 소관 상임위에서 '심도 있게 논의했다.'고 장관이 누차 얘기하고, 중복 규제가 발생하지 않도록 시행령을 잘 만들겠다고 말했음에도 법사위가 법안의 본질을 수정하려 한 만행을 지적하려는 것이다. 법안에 대해 여야 간 의견이 다르다면 소관 상임위에서 조율하는 것이 합당하지 법사위는 그럴 권한이 없다.

14.
정치 대개조 프로젝트, 선거구제 개편

정치를 바꾸려면 국회의원 선출 방법을 개편해야 한다. 현재 우리는 소선거구제를 채택하고 있다. 1개의 지역구에 1명의 국회의원이 선출되는 방식이다. 대비되는 제도로는 중·대선거구제가 있는데 1개의 지역구에 유권자가 1표를 행사하면 득표를 많이 받은 2인 이상이 당선되는 제도다. 두 제도의 장단은 분명하다. 소선거구제는 투표가 간단하고, 경쟁이 치열해 유권자가 선거에 관한 관심이 높다. 반면, 1명만 선출되기 때문에 다른 사람을 지지했던 국민의 의사는 대표되지 않는 단점, 1명만 당선되므로 정치 신인이 등용되기 어렵다는 점, 소수 정당이 당선되기 힘들다는 단점이 있다. 중·대선거구제는 유권자의 1표 행사로도 여러 명을 당선시킬 수 있으므로, 사표를 줄이고 국민의 의사를 보다 많이 반영할 수 있다. 또 2등도 당선될 수 있는 구조이므로 소수 정당 출신도 국회 진입이 가능하다. 단점은 투개표 비용이 많이 든다는 점, 군소정당의 난립으로 정국이 혼란스러울 수 있는 단점이 있다. 정치 교과서에서는 이렇게 알려준다.

필자는 중·대선거구제 도입을 위한 논의를 시작할 때라 생각한

청년 보좌관이 말하는 청년의 내일

다. 이유는 대립의 정치가 완화되어야 한다는 생각에서다. 그래야 국민이 보이고, 국민의 삶이 보이니까. 국회의원 선출 방식이 1명만 승리하는 구조다 보니 국회의원이 되더라도 지역구 일에만 매진한다. 그렇지 않으면 다음 선거에서 경쟁자를 이길 수 없다. 경쟁자보다 두드러진 활동을 한다는 것을 주민들에게 보이기 위해서는 상대 정당과 상대 정당이 공천할 유력한 후보에게 날 선 비판을 해야 하는 것은 숙명과 같다. 승자 독식이라는 선거제도 때문에 정적과의 대립이 심화되고, 지역 주민에게 잘 보이기 위한 활동이 많아지고 있다.

다수 국회의원이 국회에서 법안 심사를 하고, 정부의 잘못을 지적하는 국회 본연의 업무에 집중하기보다는 다음 총선에서 당선되기 위해서 지역구에 한 번이라도 더 인사를 가고, 심할 경우는 평일 업무 시간에 지역구에서 주민과 함께 운동하기도 한다. 자주 보면 당선에 유리하다. 국회의원은 출퇴근 강제 규정이 없다. 국회에 출근하지 않아도 아무도 견제할 사람도 제도도 없다. 9월부터 시작하는 정기 국회 100일, 나머지 달은 한 달에 1~2회 열리는 본회의와 상임위원회만 출석하면 다른 날은 국회에 출근 도장 찍을 필요도 없다. 물론 한 달에 1~2회 열리는 회의마저 출석을 안 하는 국회의원이 많다. 국회에서 회의가 없는 날은 대부분 지역구 주민을 만난다. 주민과 운동도 하고, 밥도 먹으면 친분이 쌓이는 것은 당연하고 그런 주민이 선거 때 누굴 뽑을지는 정해진 것 아닌가. 그래서 현역 국회의원들이 지역구 일을 최우선으로 생각하는 것이다. 법안 심사는 뒤로 한 채 말이다. 일이라고 보면 일이다. 정치인에게 이 말을 하면 굉장히 중요한 일이라고 한다. 독자들의 판단에 맡기겠다. 필자는 국회의원은 국민의 대표로서 국가를 위해 일해야 할 사람이라 생각한다. 비정상적인 상황을 정상으로 만들 방안에 대해 많은 고민을 했다. 방법의 하나로 1명만 당선되는 선거구제를 개혁해야 한다는 결론을 내렸다.

필자가 내린 국회의원이 본업을 하게 만드는 방법은 두 가지이다. 하나는 현재 소선거구제하에 평일 9시~6시 강제 출근하는 구조를 만들거나(출근한 만큼 월급을 주도록), 잘게 쪼개진 지역구를 하나로 묶어서 여러 명이 당선되는 중·대선거구제 도입을 하는 것이다. 그래야만 현역 국회의원들이 지역구에만 매몰되는 현상을 완화할 수 있다. 강제 출근 구조를 만들면 국회의원도 집회를 열고 난리 통일 것이다. 본인들 활동을 제약한다고 말이다. 그런데 사실, 국회의원 본인들이 법을 통과시키므로 절대 통과될 수도 없는 법이다.

그렇다면 또 어떤 방법이 있을까. 오히려 선거구제 개편이 더 현실적일지 모른다. 중·대선거구제를 도입하면 지역구는 현재보다 더 커진다. 정치인이 표를 위해서라면 무엇이든 할 사람이지만, 전에 비해 매우 커진 지역구를 기존처럼 관리하기에는 가성비가 낮다. 오히려 국회에서 의정 활동 열심히 해서 '의정 활동 정말 열심히 하는 국회의원이다.'라는 평을 얻는 것이 다음 총선에서 당선되는 좋은 방법이다. 일하는 국회를 만들 수 있다는 점이 중·대선거구제의 가장 큰 장점이다.

중·대선거구제는 국민의 다양한 의견이 국회로 전달된다는 점도 장점이다. 1표에 1명 당선되는 구조에서는 유권자는 아무래도 사표를 방지하고 싶은 마음 때문에 '되는 사람 밀어주자.'는 생각을 한다. 그러나 여러 명이 당선되는 구조라면 A후보는 거대 정당에서 공천했기 때문에 당연히 당선될 것이고, B후보는 소수 정당이지만 환경 문제에 관심이 많은 사람이라 나와 생각이 비슷하기 때문에 B후보에 투표할 수도 있다. 그렇게 되면 소수 정당 후보더라도 국회의원이 될 수 있고, 이런 국회의원이 많아지면 우리 사회의 소수 목소리도 공론화될 수 있다. 우리 동네를 개발하겠다는 정치인은 많지만, 국가적 환경 문제를 해결해 보겠다는 사람이 없는 이유가 선거구제 때문이다. 소수의 주장은 유달리 우리나라에서는 힘이 약하니까.

소수의 목소리가 공론화되는 것은 매우 중요하다. 소수는 소수라는 이유만으로 문제가 있어도 말할 곳도 없고, 들어 줄 곳도 없다. 우리 주변에 장애인이 잘 안 보이는 이유가 장애인이 우리나라에 적기 때문이 아니라, 사람들의 시선과 장애인이 생활하기에 불편한 사회 환경 때문이다. 우리는 누구나 장애인이 될 수도 있다. 비장애인도 한순간의 사고로 장애인이 될 수 있고, 원인 모를 질병으로 장애인이 될 수 있다. 그래서 우리는 장애인도 잘살 수 있는 나라를 만들어야 한다. 장애인을 위한 투자는 사실 모두 잘 살기 위한 투자다. 계단이나 문턱이 없어지면 비장애인에게도 편한 것처럼 말이다. 장애인이 편한 세상 만들기는 소수를 위한 배려가 아니라 국민을 위한 투자임에도 목소리가 작다는 이유로 적극적인 투자가 이루어지지 않고 있다.

장애인을 대변하는 국회의원이 선출된다고 세상이 바뀌느냐고 말하는 분이 계실 것이다. 바뀐다고 확신한다. 21대 국회의원 중 김예지 국회의원은 시각 장애인이다. 그분은 늘 진심으로 일하는 분이다. 상임위원회가 열리면 그분은 점자로 된 질의서를 읽으며 장관에게 최선을 다해 질의한다. 장애인의 삶을 조금이라도 개선하기 위해 정부를 상대로 화도 내시고, 대안도 제시하는 분이다. 일도 열심히 하지만 국회 문화도 바꾼 분이다. 사소하게 보이지만 그분 덕에 안내견과 동반하여 국회 본회의장을 출입하는 것이 가능해졌다. 모두 알다시피 국회 본회의장은 꼰대 문화가 정착된 곳이다. 국정을 논하는 신성한 자리이기 때문이므로 관행이 없으면 새로움도 없는 곳이다. 김예지 의원의 국회 입성으로 안내견의 국회 본회의장 출입이 가능해졌다.

장애인만이 아니다. 다양한 사람이 국회로 가야 한다. 국회의원 중 법조인이 너무 많다. 우리나라에 직업이 1만 1천여 개가 넘는다. 전체 국민 가운데 법조인 비율은 0.05%도 되지 않는다.[30] 그런데 21대 국회의원 중 법조인은 47명으로 15.6%에 달한다. 반면 과학기술인은 4명으로 1.3%에 불과하다. 하나의 직군의 의사가 과하게 반영된다는 의미이다.

한 사람의 철학은 살아온 인생을 통해 만들어진다. 국회에 다양한 경험을 가진 사람이 많아져야 그 사람의 철학이 세상에 반영되고, 소수의 목소리도 때론 다수의 의견이 될 수 있다. 조선시대 엄격한 신분제의 부당함은 소수가 품고 있었던 불만이었겠지만, 지금은 신분제가 부당하다는 것이 당연하게 받아들여지는 것처럼 말이다. 법조인만의 국회가 아닌 모든 사람의 국회가 되어야 한다. 그럴 때 국회가 국민의 의사를 대변하여 사회적 문제를 논의하는 장이 될 수 있다. 이것이 바로 일하는 국회다.

언제까지 극단적 대결 정치, 지역구만을 위한 정치, 개발 일변도 정치를 해야 하나. 게임의 룰을 바꾸지 않고서는 새로운 플레이어가 등장하더라도 게임은 바뀌지 않는다. 새로운 정치인이 혜성처럼 등장하더라도 기존 정치인과 같이 행동할 뿐이다. 이제 게임 자체를 바꿔야 할 때이다.

15.
정치 대개조 프로젝트, 권력 구조 개편

정치가 바뀌려면 권력 구조가 바뀌어야 한다. 우리의 권력 구조 상 한쪽이 살기 위해서는 다른 한쪽을 짓밟아야 한다. 국민은 정치 권이 싸우는 모습을 보기 싫어하지만, 우리 권력 구조상 싸움은 당연하다. 대통령의 권한이 강한 나라에서는 대통령직을 얻기 위해 피터지게 싸울 수밖에 없다. 권력 구조는 3권 분립을 통해 행정부-입법부-사법부가 서로 견제하는 구조라 배웠지만, 실상은 대통령이 마음먹기에 따라 3권 분립을 약화할 수도 있다. 대통령은 국회가 반대하더라도 법안을 발의할 수 있는 권한이 있다. 또 사법부의 판결을 무력화할 수 있는 대통령의 사면권도 있다. 행사할 수 있는 인사권도 막강하다. 부처 장관급, 차관급에 공기업과 공공 기관 사장단 등이 대통령의 의지에 달렸다.

대통령의 권력이 강하다 보니 권력을 탄생시킨 여당은 다음에도 권력을 쥐기 위해 대통령을 잘 지키는 것이 가장 중요한 일이고, 야당은 대통령과 여당을 깎아내리고 발목을 잡아야만 다음 대선에서 승리할 수 있으므로 국정을 방해할 수밖에 없다. 우리 권력 구조는 싸움을 필연으로 한다. 이 구조를 바꾸지 않는 이상 성인 군자가 정치를 하더라도 정쟁에 매몰될 수밖에 없다. 권력 구조를 이 상태로 두는 한 어떤 사람을 국회의원으로 선출하더라도 싸우는 국회, 일 안 하는 국회, 민생은 뒷전인 국회는 계속된다. 그리고 그 피해는 오 롯이 국민 몫이다.

경제 우선주의인 우리 사회에서 그 피해는 더 크다. 5년 단임 대 통령제이므로 5년 안에 성과를 내는 데에 집중해야 한다. 30년을, 100년을, 내다보는 장기 전략은 세워도 의미 없고, 실현도 불가능하 므로 시간 낭비, 돈 낭비에 불과하다. 국가 중대사는 분명한 비전과 구체적 계획이 수반되어야 하지만, 우리 권력 구조상 당연한 상식을 이행할 수조차 없다. 5년 안에 성과를 내야 하는 정부는 '5개년 계획' 을 세우고 이행하는 데 급급하고, 당연히 지난 정부가 핵심적으로 추진하던 정책은 폐기하거나 무시되기 일쑤다. 전 정부의 흔적을 지 우려는 목적도 있고, 전 정부의 과제를 충실히 이행하여 성공하더라 도 성공의 열매는 현 정부의 공이 아닌 전 정부의 공이 될 수도 있기 때문에 의도적으로라도 지워야 한다.

대표적 예시 몇 가지 들어 보자. 먼저 윤석열 정부는 2022년 12 월, 문재인 정부의 대표적인 업적인 〈문재인 케어〉를 대대적으로 손 보겠다는 의지를 표명했다. 문재인 케어는 건강보험 범위를 확대하 는 것이 핵심인데 비급여 항목을 급여 항목으로 전환하여 환자들이 직접 지출하는 병원비를 줄이려는 정책이다. 윤 정부가 문재인 케어 를 손보겠다는 이유는 다음과 같다.

22.12.13 국무회의 중 윤석열 대통령 발언 中

"지난 5년간 보장성 강화에 20조 원을 넘게 쏟아부었지만, 정부가 의료 남용과 건강보험 무임승차를 방치하면서 대다수 국민에게 그 부담이 전가됐다."

"국민 혈세를 낭비하는 인기영합적 포퓰리즘 정책은 재정을 파탄시켜 건강보험 제도의 근간을 해치고 결국 국민에게 커다란 희생을 강요하게 돼 있다."[81]

어떤 정책이 그 효과보다 문제가 더 크다면 수술하는 것은 당연하다. 윤석열 정부가 추진하는 건강보험 개편이 부디 전 정권 업적 지우기용 대수술이 아니라 문제가 있는 부분만 도려내는 국소 수술이길 바란다.

두 번째로 '한국판 뉴딜' 정책이다. 불과 몇 년 전에는 뉴스만 틀면 한국판 뉴딜이라는 단어를 볼 수 있었다. 당연히 지금은 사라진 단어다. 한국판 뉴딜은 문재인 정부가 마련한 국가 발전 전략이다. 문재인 대통령이 직접 발표할 정도로 중요한 전략이었다. 문 대통령은 한국판 뉴딜을 "대한민국 새로운 100년의 설계"라고 표현할 정도로 성공하려는 의지가 높은 정책이었다. 이 전략에는 문재인 정부 임기 마지막 해인 2022년까지 정부가 어떻게 일을 하겠다는 비전과 함께, 다음 정부가 어떻게 투자하면 좋을지에 대한 비전도 담았다.

전임 대통령의 바람은 당연히 이행될 수 없다. 보수 정권의 등장으로 한국판 뉴딜은 깨끗하게 사라졌다. 한국판 뉴딜 실무 지원단은 해체되었고, 존재했던 홈페이지마저 사라졌다. 이렇게 대한민국 100년의 설계라고 했던 사업은 정권 교체로 2년 만에 사라졌다. 윤석열 정부 등장으로 모든 정부 부처와 공공 기관은 '뉴딜'이란 단어를 지우기에 급급했다. 국책 은행인 KDB산업은행은 부서명에서 '뉴딜'을 지웠고, 금융위원회는 '뉴딜금융과'의 명칭을 '지속가능금융과'로 바꿨고, 중소벤처기업부 산하 한국벤처투자도 '지역뉴딜 벤처펀드'에서 뉴딜을 빼고 혁신으로 교체했다. 디지털 뉴딜 업무를 관장해 온 과학기술정보통신부는 감사원으로부터 정책 감사를 받기도 하였다.[82]

우리는 국가의 목표가 대통령 임기인 5년에 머물러 있는 나라이다. 5년 이상을 설계할 수도, 설계할 이유도 없는 나라. 그런 나라에서 "미래는 더 괜찮아질 것"이라고 말하는 정치인의 확신에 찬 연설을 누가 믿을까. 5년 단임 대통령제의 치명적 한계는 〈지금 당장의 성과〉에만 매몰될 수밖에 없다는 것이다.

사회적 갈등도 해소할 수 없다. 국가의 존립을 위해서는 반드시 풀어야 할 문제이지만, 국민 간 극심한 갈등을 겪는 문제는 애초에 정부가 나서지도 않는다. 갈등을 풀거나 문제의 원인을 해결하려고 나서는 순간 지지율 하락으로 이어져 이외 다른 정책을 수행하기 어렵기 때문이다.

대표적으로 원전 방폐장(원자력 발전소에서 나오는 방사성 폐기물을 처리하는 시설 또는 장소)을 생각해 보자. 사용 후 핵연료를 보관할 원전 방폐장은 1980년대부터 부지 선정을 시도했으나 2023년 현재까지 부지 선정조차 못 했다.

부지 선정 실패의 역사를 보자.[83] 1차 1986년 전두환 정부가 부지 조사 용역을 발주했고, 1988년 노태우 정부가 울진, 영덕, 영일 3개 지역을 후보지로 압축했다. 지역구 국회의원의 발표 이후 지역 내 대책위가 구성됐고 궐기 대회, 국도 점거 등 방폐장 반대 운동이 극심하게 전개되었다. 경북도지사와 군수가 주민을 설득했으나 시위는 군 전체로 퍼져 나갔고, 결국 조사가 중단되고, 백기 투항으로 그쳤다. 2차는 1990년 노태우 정부가 안면도에 설치할 계획이었는데, 주민과 학생 1만여 명이 서산경찰서 안면 지서에 화염병을 던져 불을 지르고 안면 읍사무소를 점거할 정도로 반대 운동이 심각했다. 태안고 고등학생 600여 명 등 군내 학생 2,000여 명이 수업을 거부하고 태안고 운동장에 모여 방폐장 철회를 요구하기도 했다. 3차는 1991년은 고성, 영양, 울진, 영일, 장흥, 태안, 안면도가 거론되었는데, 한 주민이 양심선언을 통해 원자력 연구소가 주민을 금품으로 매수해 처분장 유치 여론을 조성했다고 밝혀 3차 시도도 무산됐다. 이후 2005년 9차 시도까지 와서야, 절반의 성공을 거두었다. 2005년 노무현 정부는 중저준위 방폐장만 따로 건설하겠다는 방침을 정한 후 경주 일대에 중저준위 방폐장을 건설하는 것으로 일단락되었다.

위의 사례를 구체적으로 소개한 이유는 엄혹한 군사 정부 시절에도 고준위 방폐장은 건설하지 못했다는 것을 보여 주기 위해서이다. 사회적 갈등은 이렇게나 풀기가 힘들다. 노무현 정부는 갈등을 피하지 않고 적극적으로 조정하려는 의지가 높았기 때문에 가능한 성과였다.

사용 후 핵연료를 보관하는 고준위 방폐장은 2023년 현재까지 부지조차 선정하지 못했다. 원전은 지금도 가동하고 있고, 원전 폐기물은 계속 나오니 어쩔 수 없이 원전 부지 내에 핵연료를 임시 보관하고 있다. 부지 내에 계속 보관하면 좋겠지만 이미 부지 내 보관 장소가 포화 상태이다. 월성원전에는 사용 후 핵연료 임시 저장 시설 저장률이 2021년 한때 99%에 육박했다. 2022년 3월 임시 보관 시설을 추가로 7기 증설하면서 저장률은 떨어졌지만, 이조차 임시 조치다. 가동 중인 원전 24기에서는 매년 750톤 정도의 사용 후 핵연료가 발생하는데, 2021년 4분기 기준 전체 저장 용량 대비 포화율은 98.1%에 이를 정도다. 아직 2% 남았다고 생각하는 분이 계시겠지만, 외국 사례로 보면 안전한 방폐장 건설을 위해서는 부지 선정 착수부터 시설 운영까지 약 40년이 필요하다. 우리가 2023년 부지 선정 절차를 시작해도 대략 2060년대에나 실제 운영이 가능하다는 말이다.[84]

이런 상황에서 윤석열 정부는 취임 후 원전 확대 정책을 천명했다. 원전을 추가로 짓겠다고 발표했고, 2030년까지 에너지 중 원전 비중을 30%까지 확대하겠다는 목표도 덧붙였다. 원전의 위험성을 떠나서, 정치적인 견해를 떠나서, 한 가지만 윤 정부에 묻고 싶다. "화장실 없는 아파트가 가능하냐"고 말이다. 고준위 방폐장 문제 해결 없이 새로운 원전을 짓는 것은 무책임한 결정이다. 고준위 방폐장 포화도가 98%다. 남은 2%가 윤석열 정부 동안 100%로 채워지지는 않겠지만, 가까운 시일 내에 닥칠 문제이다. 그때 윤석열 정부가 선택한 이 정책이 어떤 평가를 받을지 궁금하다.

사회적 갈등을 해결하려고 노력하기 보다, 차기 정부에 떠넘기려는 무사 안일주의가 정말 큰 문제이다. '5년 이후에는 정권이 끝나니까 차기 정부가 잘할 것'이라 여기는 자세야말로 현행 권력 구조의 심각한 단점이다. 방폐장 문제는 1980년부터 거론되었다. 전두환 정부부터 윤석열 정부까지 모든 정부가 국가의 존립이 달린 문제라 여기고 사활을 걸었어야 했다. 정책을 추진할수록 걷잡을 수 없이 지지율은 떨어지겠지만, 원전이 계속 운영되려면, 전기가 생산되려면, 궁극적으로 국민이 편리하게 전기를 사용할 수 있으려면, 정권의 목숨을 걸어서라도 해결했어야 하는 문제다. 다행히 노무현 정부 때 고준위와 중저준위를 분리하는 방식으로 급한 불은 껐으나 여전히 문제는 해결되지 않았다. 윤석열 정부가 원전 확대 정책을 추진하는 것은 대통령의 결단이고, 이를 지지하는 국민의 의견도 존중받아 마땅하나, 문제에 대한 해결책은 발표하지 않고 부담은 미래에 넘기는 무책임만큼은 국민께 보이지 않았으면 한다. 책임 있는 정부의 모습을 보이길 바란다. 윤석열 정부가 고준위 방폐장을 추진하겠다는 뉴스가 임기 내에 보인다면 그 진심에 손뼉칠 것이다.

권력 구조 개혁은 여야의 문제가 아니다.

권력 구조 개혁은 정치인들만의 싸움거리가 아니다. 민생과 직결된 문제이다. 우리는 "동네에 도로를 신설하겠다."라는 정치인보다 "권력 구조를 개혁하는 데 힘을 보태겠다."라는 정치인에게 주목해야 한다. 적어도 나라를 진심으로 걱정하는 분들이니까 말이다.

대표적 인물로 노무현 전 대통령이 있다. 현직 대통령 시절 야당에 행정부를 함께 운영하자고 제안했던 분이다. 야당이 반대만 하는 것이 현재 권력 구조상 숙명이라면, 차라리 정부를 함께 운영하는 것이 낫다는 판단이었다. 정책을 만드는 과정에서 치열하게 토론하고, 정책을 만든 후에는 신속하게 처리하는 것이 국익에 도움이 되기 때문이다. 권력의 정점에 있는 대통령이 스스로 권력을 나누겠다는 선언은 헌정사에 놀라운 사건이었다. 놀라운 만큼 파장도 컸는데, 전 언론이 노 대통령의 진정성을 비판했고, 지지자들마저 노무현 대통령 욕을 해 댔다. 지지자들이 떠나는 것은 당연했다. 정치적 경쟁자에게 총리를 제안하고, 장관직을 나누자고 하니 지지자들이 배신감을 느끼는 것은 당연하다. 야당은 노 대통령의 진정성을 운운하며 결국 제안을 거부했고, 대연정은 무산되었다.

노 대통령의 꿈은 실현되지 못했지만 같은 꿈을 꾸는 정치인이 탄생한 것은 노 대통령의 정치적 유산이다. 민주당, 국민의힘 가릴 것 없이 정치 개혁을 갈망하는 정치인이 등장했다. 대표적으로 남경필 전 경기도지사가 있다. 남 지사는 당시 새누리당의 간판을 달고 경기도지사에 당선되었지만, 경쟁자였던 민주당에 경기도 살림을 같이 꾸리자는 제안을 했다. 남 지사의 연정에 대한 의지, 민주당의 대승적 참여 덕에 경기도 부지사직에 민주당 인사가 임명되었고, 부지사로서 정당한 권한도 행사했다. 남 지사가 도정을 잘 이끌었는지 평가하기에는 필자의 식견은 짧으나 여야가 함께 지자체를 운영하자는 제안은 훌륭했다고 생각한다.

"분열된 집은 지속될 수 없다." 링컨 대통령이 한 말이다. 링컨의 업적으로 노예제 폐지만 생각하는 분이 많지만, 그는 협치의 롤 모델로 손꼽히는 인물일 정도로 정치를 잘했다. 야당 인사를 국정 운영의 파트너로 참여시켜 혼란스러운 정국을 화합의 정치로 돌파했다.

독일은 연정을 제도화한 국가다. 독일은 누가 봐도 선진국이다. 독일은 복수의 정당이 모여 내각을 구성하고 정부를 운영한다. 그러다 보니 우리처럼 정당 간 사생결단식 극단적 대립은 찾기 힘들다. 독일은 정치만 아니라 기업 운영도 연정 형태로 운영한다. 독일 기업은 노동이사제를 도입하여 근로자가 이사 자격으로 이사회에 참가하여 기업 운영을 함께한다. 노사는 대립하는 존재 이전에 기업의 존망을 위해 함께 가야 할 파트너라는 인식에서 기인했다. 덕분에 독일은 노사 대립이 매우 적은 나라로 손꼽힌다. 독일은 극단을 배제하고 합리성을 추구하는 집단 지성 체제가 사회 전반에 녹아 있는 듯하다.

권력 구조, 어떻게 하면 좋을까?

권력은 나누고, 서로 견제할수록 사회가 건강해진다. 권력을 나누고, 이를 항구화해야 한다. 노 대통령처럼 지도자 한 명이 대연정을 제안하고 그것이 이행됐다고 하더라도 한 번의 이벤트로만 그친다면 정치 개혁을 이룰 수 없다. 항구적 대연정, 그 방법 중 하나로 내각제가 있다.

내각제가 되면 어떻게 될까? 서로 생각이 다른 정파들이 모여 정부를 구성하고 정부 내에서도 정당 간에 서로 견제하며 합리적인 대안을 만드는 정치를 한다. 또 내각제는 다양한 목소리가 정책에 반영된다는 점, 화합의 정치가 가능하다는 장점이 있는 권력 구조다. 다양성 존중, 구성원 간 화합 등이 지금 우리 사회에 필요한 것 아닐까.

내각제가 잘못된 방향일 수 있다. 개인 의견에 불과하다. 그러나 현행 권력 구조가 우리 사회를 한 치도 앞으로 못 나가게끔 막고 있다는 것을 심각하게 받아들여야 한다. 권력 구조 개편 논의를 지금이라도 해야 한다.

암담한 것은 이렇게 강하게 말하더라도, 다른 유명 인사가 같은 주장을 하더라도, 우리나라는 안 바뀔 거라는 것이다. 권력 구조는 헌법을 개정해야 하는데 지금과 같은 극단적 대립 구조 속에서는 개정 논의조차 할 수 없다.

문재인 대통령 임기 내에 헌법 개정안이 국회에 제출된 적이 있다. 학자들과 시민들이 제안한 것을 헌법 조문으로 만들었다. 현행 헌법 중 지금 시대와 맞지 않는 부분을 고치고, 현실을 반영하여 만든 헌법 개정안이었다. 국회는 이 헌법 개정안을 깊이 있게 논의했을까? 당연히 아니다. 아무리 좋은, 그리고 민주적인 절차에 의해 헌법을 만들면 뭐 하나. 국회에서 논의조차 없는데, 개정안을 잘 만드는 것이 무슨 소용이 있을까. 의식 있는 국회의원이라면 현행 헌법을 개정해야 한다는 공감대는 갖고 있다. 필요성은 인정하면서 정작 개정 논의를 하자고 한 정당에서 제안하면, 상대 정당은 선거에서 유리할지 불리할지를 따지고, 당에 도움이 될지 유불리부터 따지기 때문에 단 한 줄의 헌법도 고치기가 힘들다.

현행 헌법은 1987년에 개정되어 30년을 이어 왔다. 민주화의 열망을 그대로 담아 시대정신을 잘 반영했다는 평가를 받으나, 2023년 현재에도 시대의 열망을 담고 있는지 의문이다. 한 가지 예를 들면, 우리나라에서 대통령에 출마하려면 만 40세 이상이 되어야 한다(헌법 67조 4항). 굳이 헌법에 장유유서 이념이 녹아들어있을 필요가 있을까? 경륜을 무시하는 것은 아니다. 그러나 나이가 많다는 이유로 정치를 잘하는 것도 아니다. 우리는 지금 장유유서 이념을 따를 지도자보다 국민을 위해 일할 지도자가 필요한 것 아닌가. 2021년에 국회의원과 지방선거 출마 연령이 25세에서 18세로 낮아졌다. 40세 이하 나이에 국회의원과 지자체장을 할 수 있다면 대통령도 못 할 근거는 없다. 나이 어린 사람이 대통령이 될 수 없도록 막을 것이 아니라 투표권이 있는 누구나 입후보할 자격은 주되 선택은 국민의 투표로 받으면 될 일이다.

헌법이 개정되려면 국회의원이 바뀌고, 그보다 국회의 문화가 바뀌어야 한다. 서로 죽을 때까지 물어뜯을 수밖에 없는 문화를 바꾸지 않으면 변화는 없다. 반드시 가야 할 방향이다. 일하는 국회 만들기, 선거구제 개편 등 하나씩 바꿔 나가다 보면 국회의 문화는 바뀐다. 그때가 되어서야 권력 구조 개혁과 시대정신이 담긴 헌법으로 개정할 수 있다.

내가 납부하는 세금이
자랑스러워지려면,
세금은 더 낮은 곳으로
가야 하지 않을까?

1.
세금이 줄줄 새고 있다: 이북5도 편

"나라에 돈이 없는 게 아니다. 도둑이 많은 것이다."

허경영 대선 후보가 한 말이다. 이 말은 한동안 회자하였다. 필자도 동의한다. 세금이 잘 쓰이는 곳도 있지만, '이런 곳에도 세금을 지원한다고?'라고 할 만큼 세금 낭비라 생각되는 곳도 있다. 이번 장에서는 세금이 어디에서 낭비되는지, 알면서도 왜 안 바뀌는지 지적하고자 한다.

황해도, 평안남도, 평안북도, 함경남도, 함경북도.

북한 지역에 있는 행정 구역이다. 이산가족 상봉도 자유롭게 할 수 없는 상황에서 위의 5곳 도지사를 우리 정부가 임명하고 있다. 대한민국 정부가 임명하는 황해도지사. 뭔가 이상하지 않나.

이유를 알아봤더니 현재 북한 지역은 우리 헌법상 미수복 영토지만 이 지역을 관할하기 위해 도지사를 임명한다. 남북한이 통일되면 우리가 임명한 5명의 도지사들이 해당 지역으로 가서 도지사 역할을 수행한다. 5명의 도지사만 있는 것은 아니다. 도지사 사무를 돕는 조직인 '이북5도위원회'도 있다.

대한민국 정부가 임명하는 황해도지사. 실제 하는 일이 도지사 업무가 아니므로 무보수 명예직이 당연하나 차관급 대우를 받는 고위직 인사다. (과거에는 무보수 명예직이었다.) 5명의 도지사 임명권은 대통령에게 있다. 처우가 얼마나 좋냐면 신이 숨겨 둔 직장이라 감히 자부할 수 있다. 1년 연봉은 약 1억 4,000만 원, 월급으로 따지면 1,149만 원이다. 여기에 업무 추진비 월 100~300만 원을 별도로 받는다. 개인 운전기사, 개인 비서, 그리고 관용차까지 세금으로 지원한다. 이북5도위원회에 소속된 공무원 정원 46명(22년 기준) 중 절반에 육박하는 20명이 도지사이거나 도지사를 수행하는 비서 역할을 하는 직원이다. 직원들도 월급을 받는데, 일례로 황해도에 소속된 직원은 총 6명이고, 2022년 기준 이들에 대한 한 해 급여는 총 3억 원. 그중 사무국장은 1억 원을 받았다. 다른 도도 마찬가지다. 평안남도, 평안북도, 함경남도, 함경북도 역시 각각 직원 6명의 급여로 총 3억 원을 받았다. 이북5도위원회 업무를 총괄하는 사무국장 급여는 2022년 기준 1억 1천 7백만 원에 달한다.

하는 일만 많다면 세금은 아깝지 않다. 도지사를 비롯한 이북5도위원회가 하는 일을 살펴보자. 이북5도법 제4조에는 업무를 열거했는데, 이북5도의 사회 제반 분야 정보 탐색, 정책 연구, 북한 이탈주민과 이북 도민의 교류 협력 사업, 월남 이북5도민과 미수복 시군 주민 지원·관리, 이산가족 상봉 관련 업무 지원, 이북5도 등 향토 문화 계승·발전 등을 주요 업무로 열거하고 있다. 정보 탐색은 국정원과 우리 군이 담당하는 업무고, 남북한 교류 협력 사업과 북한 지역 연구는 통일부가 주무 부처다. 대통령이 임명한 민간인이 대한민국 최고의 안보와 통일 전문 기관인 국정원과 통일부를 능가할만한 능력이 될까.

이 정도면 신이 숨겨 놓은 일자리 아닌가. 실질적인 행정권을 발휘할 수 없는 도지사가 일이 많으면 얼마나 많겠나. 1년 연봉 1억 4,000만 원을 받으면서 차관급 대우를 받고, 일은 어떤 일을 하는지 잘 알기도 어려운 직장이 세상에 어디 있나. 이북5도지사가 꼭 필요하다면 무보수 명예직으로 하더라도 하고 싶은 사람은 많을 것이고, 만약 없다면 행정안전부나 통일부의 실장, 국장급이 겸직하면 된다. 정부가 운영하는 위원회 중 부처의 실장, 국장급이 겸직하는 위원회가 상당하다.

정부 기관은 예산 집행 내역만 보더라도 어떤 일을 하는지 가늠할 수 있다. 이북5도위원회 2023년 예산을 살펴보면, 총 101억 원 중에 인건비와 기관 운영비 명목인 기본 경비가 약 80억 원이고, 사업비는 21억 원에 불과했다. 무려 80%가 인건비와 기관 운영을 위한 경비다. 이 정도면 국민에게 공적 서비스를 제공하기 위해 존재하는 기관인지, 월급을 받기 위한 기관인지 헷갈릴 정도다.

21억 원에 불과한 사업비도 분석해 봤다. 21억 원 중 청사 시설 개보수와 청사 유지비로 약 6억 원을 사업비로 집행했다. 결국 사업비마저 기관 존립을 위한 예산으로 쓰고 있는 셈이다. 나머지 사업을 구체적으로 살펴보면, 이북 도민 체육대회, 국외 이북 도민 고국 방문단 초청 행사, 이북 도민 통일 미술대전, 이북 도민 청소년 통일 글짓기·그림 그리기 대회, 이북 도민과 북한 이탈 주민 간 가족의 연을 맺어 주는 가족 결연, 기업 연수 및 취업 알선 사업, 이북5도 무형 문화재 보존 및 관리 사업들이 있다.

우리가 낸 세금이 이런 곳에 쓰이고 있다. 이북5도위원회가 추진하고 있는 이 사업이 정말 필요하다면, 통일부가 해도 되는 일이다. 굳이 인건비와 운영 경비가 전체 예산의 80%인 기관에서 할 필요 없다. 주무 부처가 하면 된다. 통일부는 앞서 열거한 사업들 추진하라고 있는 기관이다. 통일도 대비하되, 북한 이탈 주민도 지원하는 기관이 통일부다. 통일부는 남북 교류 협력 사업, 북한 이탈 주민 지원 사업을 역점 사업으로 이미 추진하고 있다. 통일부 산하 공공 기관인 남북하나재단은 탈북민의 초기 정착부터 생활 보호, 취업과 생활 교육, 국민 인식 개선 캠페인까지 탈북민의 경제적 자립을 지원하고, 사회 통합을 목적으로 교육과 인식 개선 사업도 전문으로 하는 기관이다. 남북통일 주무 부처인 통일부가 유사한 사업을 하고 있고, 더구나 전문성도 높을 텐데, 이북5도위원회가 따로 사업을 추진할 필요가 있을까. 이북5도위원회만 통폐합시키더라도 한 해에 80억 원을 절약할 수 있다. 이 80억 원 예산을 아껴서 탈북민 정착에 조금이라도 더 지원을 할 수 있다면 얼마나 좋을까.

〈이북5도위원회 23년도 예산 세부 내역〉

자료: 이북5도위원회, 단위: 백만 원

사 업 명	23년 예산
예산 총액 (① 사업비+② 공통 경비)	10,121
① 공통경비 총액	7,953
인건비	3,983
기본 경비	3,970
② 사업비 총액	2,168
북한 이탈 주민 및 이북 도민 지원	478
사회 통합 남북 이음 교육 과정	197
가족 결연 관련 사업	82
기업체 연수 교육 사업	93
도민 행사 참가 지원	20
이북 도민 실태 조사 등 연구협의체 운영	4
북한 이탈 주민 상담 도우미 운영	82
이북5도 청사 시설 개보수	581
건축 분야 구조물 보수 공사	90
기계·전기 분야 정비 및 교체	411
전산 분야 시스템 개선	70
종사자 등 안전 관리	10
이북 도민 관련 단체 및 행사 지원	1,109
대통령기 이북 도민 체육대회	276
통일 미술대전, 청소년 글짓기·그림그리기 대회 등	32
이북 도민 단체 민간경상보조	531
무형 문화재 민간경상보조	80
남북 실향민 문화 육성 사업	190

이북5도지사는 애초에 명예직이었다. 역사는 장구한 편인데 1948년 남한 단독정부 수립 직후 이승만 대통령은 이북5도지사를 임명했다. 당시에는 도지사 월급도, 기관 예산도 없었으나, 이북 지

역이 미수복 지역이며 대한민국 영토라는 것을 홍보하기 위해 상징적으로 임명하는 자리였다. 지금도 상징적인 역할에 머무는 수준이고, 다른 부처가 전문성을 갖고 있는 업무를 중복해서 한다면 명예직으로 운영하는 것이 맞지 않을까.

도지사만 임명하는 것이 아니다. 평양시장, 개성군수 등 이북 5도에 있는 기초자치단체장인 시장과 군수도 임명한다. 명예시장과 군수는 97명이 있는데, 월 37만 원, 연 444만 원을 지급한다. 놀랍게도 읍, 면, 동장도 있다. 911명에게 월 14만 원씩, 연 168만 원을 지급한다.[85] 이렇게 명예직을 위해 지급하는 예산은 한 해 약 20억 원이다. 시도별 이북5도 사무실 운영 비용도 세금으로 지원하는데, 최근 5년 17개 시도사무소에 지원한 예산은 2억 5천만 원가량이다. 누가, 어떤 절차로 평양시장이 되는지, 개성군수가 되는지, 황해도의 A읍 읍장이 되는지 아무도 모른다. 세금이 이렇게 쓰이는 게 옳은 것인가.

〈이북5도 시도사무소 예산지출 총액〉

자료: 이북5도위원회, 단위: 백만 원

	2018	2019	2020	2021	2022
계	54.6	45.3	49.2	49.2	49.2

한 해에 이북5도위원회를 운영하기 위해 100억 원의 국민 혈세가 투여된다. 이런 꼴을 보고도 국민이 세금 내는 것을 자랑스러워

할까. 100억 원의 예산을 차라리 자본주의 체제에 아직 적응하지 못한 탈북민, 예를 들어 사기를 당해 경제적으로 어려운 탈북민이나 저소득 탈북민을 지원하는 편이 통일을 위해 더 좋은 일이 아닐까.

이북5도위를 통일부 같은 행정부처와 통폐합을 하든지, 이북5도위가 무보수 명예직으로 바뀌든지 어떤 방식으로든 개혁해야 한다. 알 만한 사람은 세금 낭비가 얼마나 심한지 다 안다. 그럼에도 바뀌지 않는 이유는 다음에도 당선되는 것이 목적인 정치인의 한계 때문이다. 문제가 되지 않았던 사안을 문제로 만들었다가 지역구 주민에게 민원이라도 받는다면 다음 선거 당선에 지장을 초래하기 때문이다.

2.
세금이 줄줄 새고 있다:
대한민국예술원, 대한민국학술원 편

죽을 때까지 매달 180만 원을 받는 직장이 있다. 그것도 세금으로 말이다. 부럽다. 글을 쓰고 있는 중에도 부럽다는 생각만 든다. 공무원은 정년이라도 있지만 이 자리는 정년도 없다. 지금부터 대한민국 최고의 철밥통을 소개한다.

대한민국예술원. 예술 분야에서 공적이 뛰어난 원로 예술가를 지원하기 위해 정부가 만든 특수 예우 기관이다. 회원 정수는 100명으로 하고, 하는 일은 관련 법에 따르면 예술 진흥에 관한 정책 자문 및 건의, 예술 창작 활동의 지원, 국내외 예술의 교류 및 예술행사 개최, 예술원상 수여, 그 밖에 예술 진흥에 관한 사항의 업무를 한다고 법에 기재되어 있다(예술원법 제2조).

이 법에는 재미있는 조문이 있다. 제6조 ①항 '회원의 임기는 평생 동안으로 한다.' 제7조 ②항 '회원에게는 대통령령으로 정하는 바에 따라 수당이나 연금을 지급한다.' 대통령령에는 매달 180만 원을 지급하도록 규정하고 있다. 공로가 얼마나 뛰어나길래 올림픽에서 금메달을 따면 받는 연금 상한액인 100만 원보다 많이 받을까.

이 연금의 목적이 예술가 중 생계가 너무 어려워 생활이 어려운 사람에게 드리는 최저 생계비라면 이해라도 한다. 그러나, 이 사람들은 각자의 분야에서 두각을 드러내신 분이고, 또 대부분 대학교수 출신이 많다. 정년퇴직하셨을 테니 매달 300~400만 원의 사학 연금을 받는다. 이 사람들에게 국가가 무상으로 평생 180만 원을 드리는 것이 정의로운가.

1인당 매달 180만 원이면 누군가에게는 적은 돈일 수 있겠지만 근로의 대가가 아니라는 점에서 금액의 크기를 떠나서 과연 공정한가 의문이다. 그리고 전체 예산을 보면 적지 않다. 기존 회원의 사망이나 신규 회원 가입으로 매달 지급 건수는 차이가 있으나 매달 평균 90명에게 180만 원을 지급하고, 한 달에 총 1억 6천만 원의 예산이 쓰인다. 전용기 국회의원실이 예술원 사무국으로부터 받은 자료에 따르면 2020년 연금 명목으로 지급된 예산 총액은 약 20억이다. 20억을 매년 지급하고 있다.

"노동에 대한 대가 아니겠냐?"고 누군가 생각하겠지만 전혀 아니다. 회의 수당은 별도다. 2020년 회의 수당으로 약 2천만 원이 세금으로 지급되었다. 지급 내역을 살펴보면 2020년에는 '신입회원 선출위원회 회의 수당'으로 1,000만 원을 지급했다. 2019년에는 '임시총회 참석 수당'으로 660만 원을 지급했다. 신규 회원을 심사하는 회의에도, 임시 총회에도 별도 수당이 지급되고 있다. 매달 주는 180만 원은 노동의 대가가 아니라는 말이다. 수당을 세금으로 받을 만한 회의인지, 정말 모르겠다. 아래는 수당 지급 내역을 그대로 복사해 붙인 내역이다.

〈2019년, 2020년 지급된 회의 수당〉

자료: 대한민국예술원, 단위: 원

일자	금액	건명
2020-02	400,000	제1차 미술관 운영위원회 회의 참석 수당 지급요청
2020-04	500,000	2020년도 예술원 음악회 관련 1차 소위원회 회의 참석 수당 지급
2020-05	600,000	임원회 참석 수당
2020-06	10,350,000	신입회원 선출위원회 회의 수당 지급
2020-06	1,050,000	회의 참석 수당 지급 요청
2020-06	900,000	임원회 참석 수당 지급
2020-07	2,400,000	예술원상 심사위원회(연영무 부문) 참석 수당 지급
2020-07	300,000	종합심사위원회 서면 투표 개표 참석 수당
2020-09	600,000	예술원 음악 분과 영상 제작 회의 참석 수당 지급
2020-09	600,000	임원회 참석 수당 지급
2020-10	450,000	음악 분과 영상 제작 2차 회의 참석 수당 지급요청
2020-10	900,000	제3차 미술관 운영위원회 회의 참석 수당 지급요청
2020-12	750,000	임원회 참석 수당 지급
2019-02	600,000	제1차 임원회 참석 수당
2019-03	700,000	예술원 음악회 관련 1차 소위원회 회의 참석 수당 지급
2019-04	700,000	예술원 음악회 관련 2차 소위원회 회의 참석 수당 지급
2019-04	500,000	제1차 미술관 운영위원회 회의 참석 수당 지급요청

청년 보좌관이 말하는 청년의 내일

일자	금액	건명
2019-05	600,000	제2차 임원회 참석 수당 지급
2019-05	7,800,000	신입회원 선출위원회 참석 수당 지급
2019-06	600,000	제3차 임원회 참석 수당 지급
2019-07	6,300,000	정기총회 참석 수당 지급
2019-09	7,000,000	예술원상 심사위원회(2차) 참석 수당
2019-09	1,300,000	예술원상 종합심사위원회 참석 수당 지급
2019-09	200,000	예술원 음악회 관련 3차 소위원회 회의 참석 수당 지급
2019-09	600,000	제2차 미술관 운영위원회 회의 참석 수당 지급요청
2019-10	400,000	문학 작품 낭독회 소위원회 참석 수당
2019-11	600,000	제4차 임원회 참석 수당 지급
2019-11	6,600,000	임시 총회 참석 수당
2019-12	300,000	회의 참석 수당 지급

세금으로 장례 보조비도 지급된다. 회원 사망 시 세금 100만 원이 지원된다. 2018~2020년 지급 금액은 총 1,400만 원이다. 부조 문화는 어색해할 것 없지만, 세금으로 하는 부조는 어색하다. 이런 조직이 또 있을까. 세금이 이렇게 쓰이는 걸 알면 세금 내고 싶은 국민이 있을까.

예술원 회원이 되기 위한 과정도 공정하지 못하다. 매우 폐쇄적이다. 기존 회원들의 추천이 있어야 신규 회원이 될 수 있는데, 아무리 뛰어난 예술 업적이 있는 분이더라도 추천이 없으면 회원이 될 수 없다. 소설 〈토지〉의 작가이며 한국의 현대 문학을 대표하는 소설가

인 박경리 작가나, 소설 〈광장〉, 〈소설가 구보 씨의 일일〉의 작가이자 역시 한국 문학을 대표하는 최고의 봉우리라 평가받는 최인훈 작가도 회원이 아니다. 박경리와 최인훈이 예술원에 들어갈 자격이 없는 분들인가. 아니면 선출과정이 공정하지 못하다는 말인가. 기존 회원의 추천이 있어야 가입 가능하다는 말은 '지인 찬스'가 절대적이라는 뜻 아닌가.

어떻게 이런 조직이 만들어졌을까. 예술원 제도는 유럽에서 시작되었다. 절대왕정 하에 예술적 취향을 왕실에 맞추기 위해서 시작된 것이고, 이를 일제가 차용하여 만들었고, 우리 정부가 해방 직후 1954년에 만들었다. 6.25 전쟁 직후에 탄생한 이유는 이데올로기 전쟁이 문학계에도 있었기 때문이다. 전쟁 당시 남한에 있는 예술가들이 북으로 많이 넘어갔고, 남에서는 체재 경쟁을 위해서 예술가를 붙잡을 필요가 있었다. 생각해 보자. 남북한 체재 경쟁의 산물로 시작한 조직이 지금 존재할 이유가 있을까. 남한이 정치, 경제, 사회, 문화 등 모든 면에서 북한에 비해 우월하다는 것이, 그리고 자본주의가 이겼다는 것이 증명된 요즘, 체재 경쟁의 산물이 존재할 이유가 있는지 의문이다.

해외에도 비슷한 조직이 있으나 우리처럼 운영하지는 않는다. 프랑스에서 시작된 제도이니 프랑스를 먼저 보자. 프랑스는 정부 기관에 소속되어 있지 않고 독자적으로 운영하는 민간 조직에 가깝다. 또 신규 회원은 기존 회원들이 모여 비밀 투표 방식으로 선출하며,

회원 선출은 유효 표의 절대 다수자로 결정된다. 신진 예술가를 지원하는 프로그램도 운영하는데, 특히 예술의 산실이라 할 만한 건축물이나 여러 공간에서 교육 연수를 제공하여 예술의 명맥이 이어지는 데 노력한다.[86]

영국도 비슷하다. 원로들이 신진 예술가 양성에 힘쓰는데, 체계적인 교육 프로그램을 운영하고, 세계 최대 오픈 엔트리 전시인 여름 전시회를 추진하여 영국 예술을 홍보하는 역할도 한다.

독일 예술원도 사회적 임무를 수행하는 데 집중한다. 예술원 회원이 된다는 것 자체가 예술가로서는 최고의 명예이기 때문에 별도의 예우도 없다. 또한 예술인과 대중 간에 소통을 돕는 역할도 하여 난해한 현대 미술을 이해하는 데 도움을 주기도 한다. 후학 양성에도 적극적이다. 청년 작가 예술원을 운영하여 우수한 예술가의 창작을 지원하고 있다. 이런 것이 앞서 길을 걸어가 본 선배의 자세 아닐까.

대한민국예술원과 쌍벽을 이루는 대한민국학술원도 있다. 예술원과 마찬가지로 매달 180만 원을 평생 받는다. 학술원 회의에 참석하거나 연구 업무를 수행하면 수당은 별도 지급한다. 매달 180만 원 지급은 오로지 회원이 되었기 때문에 주는 연금 같은 돈이다. 학술원 회원이 되기 위해서는 학술원 회원 또는 학술원이 지정하는 해당 분야 학술 단체(학회)로부터 후보자를 추천받아 회원 선출을 진행하고 있다. '지인 찬스'가 이곳에서도 매우 중요하다.

대한민국예술원과 대한민국학술원은 예술과 학계에서 최고가 되어야만 들어갈 수 있는 조직이다. 그러나 한 분야의 최고라 할지라도 정당한 이유 없이 세금을 월급처럼 받는 것을 어떤 국민이 이해할까. 대한민국예술원과 학술원이 예술과 학계의 최고의 전당으로 자리매김하려면 회원들은 오직 명예만 취하고, 정부로부터 세금을 지원받을 게 아니라 후배 예술가들의 창작을 지원하고, 한국 예술계를 성장시킬 교육 시스템을 갖추고, 금전적으로 어려운 연구자나 장래가 촉망되는 후배들을 육성하는 조직으로 바꾸어야 한다. 노블레스 오블리주. 이게 그것 아닌가?

청년 보좌관이 말하는 청년의 내일

3.
세금이 줄줄 새고 있다: 대한민국헌정회 편[87 88]

직장 생활 4년만 하면 65세 이후 세금으로 매달 월 120만 원 받을 수 있는 직업이 있다. 바로 국회의원이다. 국회의원 딱 1번만 하더라도 월 120만 원을 사망 시까지 받는다. 이렇게 세금을 받는 전직 국회의원은 약 300명(2022년 말 기준). 2020년만 하더라도 약 360명이 지원받았다. 다행히도 2012년 5월 29일 이전에 국회의원을 한 사람만 돈을 받을 수 있도록 개정되어 요즘 활동하는 국회의원은 대상이 아니다.

전직 국회의원이라는 이유로 국가가 세금으로 월 120만 원을 주는 것은 옳은 일일까? 국회의원이 얼마나 대단한 존재이기에 국회의원직이 끝난 이후에도 세금으로 지원해야 하는 걸까. 지금도 배곯는 노인이 많은 나라에서, 한 푼이라도 생계비에 보태려고 새벽마다 원룸 단지와 상가를 돌아다니며 폐지 줍는 노인이 많은 나라에서, 노인에게 최저생계비 명목으로 지급되는 기초연금은 월 32만 원인 나라에서, 전직 국회의원에게 명분 없는 세금을 지원하는 것이 타당한가.

많은 국민이 "전직 국회의원이 받는 연금은 진즉에 없어진 것 아니야?"라고 하겠지만 이름만 바꿔서, 기준만 살짝 바꿔서 지급하고 있다. '대한민국 헌정회 연로 회원 지원금'이라는 명목으로 바꿨다. 내가 납부하는 피 같은 세금이 어떻게 쓰이는지 들으면 놀랄 것이다. 2022년에만 총 44억 원이 전직 국회의원에게 지급되었다. 이렇게 연금으로 지급한 돈은 3년간(20~22) 142억이다. 이 돈으로 제대로 된 노인 일자리를 만들거나, 하루하루 살아가기 벅찬 사람에게 반찬값이라도 보내 주는 게 세금이 제대로 쓰이는 것 아닐까.

〈2020~2022년 연로 회원 지원금 지급 총액〉

(자료: 국회사무처, 단위: 명, 백만 원)

구분		지급 인원	지급액
2020년	1월	363	435
	2월	361	433
	3월	361	433
	4월	360	432
	5월	359	430
	6월	357	428
	7월	353	423
	8월	351	421
	9월	351	421
	10월	350	420
	11월	348	417
	12월	344	413

구분		지급 인원	지급액
2021년	1월	340	408
	2월	338	405
	3월	335	402
	4월	331	397
	5월	330	369
	6월	327	392
	7월	327	392
	8월	323	388
	9월	320	384
	10월	318	382
	11월	318	382
	12월	315	378
2022년	1월	318	382
	2월	315	378
	3월	315	378
	4월	315	378
	5월	311	373
	6월	307	368
	7월	308	370
	8월	304	365
	9월	306	367
	10월	304	365
	11월	300	360
	12월	299	359

2016년 지하철 구의역 사고로 숨진 19살 청년 '김 군'의 가방 안에는 컵라면 하나와 숟가락 하나가 있었다. 아마 그 숟가락은 라면 국물에 밥이라도 말아 먹을 때 요긴하게 쓰이는 도구였을 것이다. 김 군이 매달 받는 월급은 140만 원 남짓. 어떻게든 이 악물고 살아 보

려는 청년은 밥 먹을 시간도 없어서 컵라면으로 끼니를 때우며 일하다가 생을 마감했다. 제대로 된 나라라면 세금은 이렇게 열심히 살고, 한 줄기의 빛만 있다면 다시 일어날 의지가 있는 분께 우리의 피 같은 세금이 지원되어야 하는 것 아닌가.

모든 전직 국회의원에게 주는 것이 아니라, 소득과 재산 기준을 적용해서 일부에게만 지원한다고는 하지만, 핵심이 틀렸다. 전부냐, 일부냐가 핵심이 아니라, 보통 사람은 받지 못하는 세금을 왜 전직 국회의원이라고 받는지가 핵심이다.

정말 먹고살기 어려운 국회의원에게만 주는 것도 아니다. 부동산과 금융 자산을 포함하여 18.5억 원 이하인 자는 종신 연금 120만 원을 받을 수 있다. 부동산은 공시지가 기준이며, 소득과 자산 기준에는 자녀의 것은 포함되지 않으므로 자녀에게 증여한다면 쉽게 받을 수 있다. 18.5억이라는 기준선도 헌정회 회원들이 정관으로 정하므로 줄이거나 늘리는 것도 자의적으로 할 수 있다.

전직 국회의원이 얼마나 대단한 일을 하기에 세금으로 월급을 받을까. 헌정회 홈페이지에 있는 회장 인사말에는 '회원들은 모든 신념과 능력을 국가 발전과 국민 행복을 위해 생애를 마치는 날까지 봉사하기를 원합니다.'라는 말이 있다. 봉사라기에는 너무 큰 대가를 받는 것이 아닌가 하는 생각이 들지만, 세금을 받아서 국익을 위해 도움이 되는 일을 하고 있다면 비판하기 애매하니 헌정회의 사업을 하나씩 뜯어 봤다.

세금으로 인당 월 120만 원 지원받는 것 외에 헌정회에 지원되는 각종 사업비도 상당하다. 한 해에 사업비 명목으로 지원하는 세금은 약 15억. 일만 제대로 한다면 아까운 돈은 아니나, 비판받아야 할 정도이므로 소개한다.

먼저, 회원 경조사비를 세금으로 내고 있었다. 2022년에만 1억 3천만 원을 경조사비로 썼다. 요양하는 회원에게는 요양 생계비도 지원한다. 2022년에는 1천 4백만 원을 지원했다. 경조사비와 요양비를 세금으로 지급하는 것을 어떻게 이해해야 할까?

점심 식사비도 지원한다. 2022년에만 점심 식사비로 1억 3천만 원을 썼다. 국회에는 가성비 높은 구내식당이 있다. 점심 식사가 필요하다면 그곳에서 먹으면 될 일이다. 헌정회 운영을 위한 인건비도 세금으로 지급한다. 이 단체에서 일하는 직원은 총 13명. 2022년 한 해 인건비로 약 4억 원을 집행했다. 초과근무 수당 1천 2백만 원도 살뜰히 챙겼다. 초과근무는 어떤 이유로 한 건지 정말 궁금하다.

회의비도 지원한다. 2022년도에 1억 5천만 원을 회의비로 사용했다. 무슨 회의를 하길래 이렇게 큰 금액을 회의비로 받을까. '각 대별 위원회 지원'이라는 명목도 있는데 국회 14대, 13대 등 대별 모임비를 지원한다. 2022년도에 2천 6백만 원을 사용했다. 모임 비용도 세금으로 지원한다. 정말 좋은 곳이다. 친목 모임을 하는데, 나라에서 돈을 주다니!

그뿐이겠는가. 여행비도 지원한다. '역사 탐방'이라는 명목으로 1천 6백만 원을 지급한다. 역사 탐방을 세금으로 다니는 것을 어떤 국민이 이해할까. 실제 역사 탐방이라 하더라도 세금으로 탐방 다니는 것을, 그것도 현직 국회의원이 공무 중에 가는 것도 아닌 전직 국회의원이 세금으로 여행 다니는 것이 온당한가. 한술 더 떠 해외 여행비도 지원한다. 명분은 '참전국 방문 및 의회 네트워크'다. 2022년도에 약 7천만 원을 사용했다. 의원외교는 현직 의원들이 상당히 활발히 하고 있다. 국회의원마다 담당하는 의원외교 활동국이 지정되어 있을 정도고, 의원들이 외교 활동을 의정 활동보다 활발히 하고 있다. 본회의와 상임위원회가 개최되더라도 상대국 의원이나 귀빈과 미리 일정 조율이 끝난 경우가 많으므로 불참하는 것이 결례이기 때문이다. 의원외교의 중요성은 인정하는 바이나, 이는 현직 국회의원이 상당히 신경을 쓰는 영역이다. 그런데 전직 의원이 세금으로 의원외교를 빌미로 예산을 지원받는 것은 납득하기 어렵다.

이외에 차량 유류비 3백만 원, 복리 후생비 3천만 원, 업무 추진비 1천 5백만 원, 기관 업무비 2천 6백만 원을 지원받는다. '헌정회방송'이라는 유튜브 운영비도 1천 3백만 원 지원받는다. 영상을 보면 행사 녹화 후 업로드 수준이다. 도대체 1천 3백만 원은 어디에 어떻게 쓰이는 걸까. '정책연구개발사업' 명목으로 3천 6백만 원을 사용

청년 보좌관이 말하는 청년의 내일

했는데, 필자가 그간 국회에서 일하면서 헌정회가 제안한 법안을 심의 해 본 적이 단 한 번도 없다. 세미나 개최비가 대부분이라고 하는데, 어떤 세미나를 하기에 이렇게나 큰돈을 사용할까.

독자들이 판단해 주길 바란다. 세금으로 계속 지원하는 게 맞는지, 아닌지. 낭비라는 판단이 들었다면 투표를 통해 국회의원을 바꿔야 진정한 변화를 이끌 수 있다. 선배 정치인이니까 눈치 보며 비판도 못 하는 국회의원은 사익을 위해 일하는 것일 뿐 국익을 위해 일하는 사람이 아니다. 이제 정신 차리고 바꿔야 할 때다. 주권자가 직접 나서야 한다.

〈2022년 헌정회 예산 사용 내역〉

(자료: 국회사무처, 단위: 백만 원)

구 분	최종 예산	결산
○ 연로 회원 지원	4,608	4,442
○ 단체 지원	1,506	1,438
• 사업비	952	901
－ 정책연구개발사업	38	36
세미나 개최	32	31
연구위원회 간담회	6	5
－ 사회공헌사업	107	100
헌정 대상	10	9
헌법 학교(아카데미)	12	8
참전국 방문 및 의회 네트워크	71	69
국군위문 및 사회 봉사	5	5
국민 소통 홍보	9	9
－ 헌정 발전 사업	525	493

구 분		최종 예산	결산
	제헌절 및 창립 행사	78	78
	각 대별 위원회 지원	26	26
	회의비 지원	175	155
	역사 탐방	26	16
	헌정지 발간	153	153
	헌정 백서	51	51
	헌정 TV 운영	15	13
	회원 연구 저술 활동 지원	1	1
− 복지 사업		282	272
	회원 경조	138	129
	헌정원로 요양 생계 지원	14	14
	당직 회원 등 오찬 지원	130	129
• 인건비		404	402
	직원 급여 (13인)	382	382
	연가 보상비	9	8
	초과 근무 수당	13	12
• 경상경비		150	135
	일반 수용비	34	34
	공공 요금 및 제세	11	11
	특근매식비	1	1
	임차료	7	4
	차량 유류대	3	3
	시설 장비 유지비	3	2
	복리 후생비	31	30
	국내 여비	11	6
	업무 추진비	18	15
	기관 업무비	28	26
	자산 구입비	3	3
계		6,114	5,880

청년 보좌관이 말하는 청년의 내일

참고 문헌

I. 배만 부르면 뭐 하나, 평생 아등바등 살아야 하는데

1 동아일보 (22.09.15). 실업 급여 23년간 8,500만 원… '상습 수급자' 감액 법안은 국회서 낮잠

2 통계청 (22.09.27) 2021년 사망원인통계

3 유엔산하지속가능발전해법네트워크. 2022세계행복보고서

4 뉴스핌 (22.12.20). 서울 영어 유치원 월평균 '112만 원'…대학 등록금 2배

5 교육부 (22.04.29). 2022년 4월 대학정보공시 분석 결과 발표 보도자료

6 통계청 (20.05.07). 2019년 연간지출가계동향조사

7 통계청 (22.03.11). 2021년 초중고 사교육비 조사 결과 보도자료

8 UNICEF Innocenti (2020). "Worlds of Influence: Understanding what shapes child well-being in rich countries"Innocenti Report Card 16(원출처: OECD PISA 자료 활용)

9 머니투데이 (23.02.15). '월급 168만원' 알고는 있었지만…MZ, 공무원 외면하는 진짜 이유

10 신동아 (23.01.16). 은행 희망 퇴직은 '돈 잔치'… 노조도 대상 확대 요구

11 파이낸셜뉴스 (22.07.21). 10명 중 3명 1년 이내 그만둬… 조기 퇴사 하는 MZ들

12 통계청 (23.03.07). 2022년 초중고 사교육비 조사 결과

13 보건복지부 (21.06.29). 통계로 보는 사회 보장 2020

14 통계청 (22.11.16). 2022 사회조사결과

15 통계청 (22.07.26). 경제활동인구조사 고령층부가조사

16 통계청 (22.07.26). 위의 조사

17 한국경제 (22.12.16). "퇴직연금 수익률 여전히 낮은데"… 금융 기업 대표들 소집 이유

18 아이뉴스24 (22.07.11). [300조 퇴직연금]① 美·호주 연금 부자는 어떻게 탄생했나?

II. 서울에는 둥지가 없고, 지방에는 먹이가 없는데 누가 알을 낳나요?

19 통계청 (23.03.23). 2022 한국의 사회 지표

20 한국경제연구원 (21.03.22). 물가 · 세금 · 실업 급여 · 국민연금 · 집값··· 성실 근로자 울리는 5대 요인

21 국토연구원 (22.02.23). 국토 이슈 리포트 58호

22 김회재 국회의원실 (22.06.14). [보도 자료] 김회재 "미성년자 주택 구입 2천719건··· 구입액 4천 7백억 원"

23 민보경 (22.11.28). 「국가 미래 전략 Insight」청년은 어느 지역에 살고, 어디로 이동하는가? 〈제58호〉. 국회미래연구원

24 김경수 외 (22.2). 부산 청년 인구 유출입 특성과 청년 인구 유지 방안. 부산연구원

25 부산광역시. (21.4). 인구 정책 브리핑

26 이상호 (22.04.29). 「지역 산업과 고용, 일자리 양극화와 지방 소멸 위기, 대안적 일자리 전략이 필요하다.」『지역산업과 고용 2022년 봄호』. 한국고용정보원

27 한겨레 (19.04.29). 혁신 도시로 지방세수 · 인재 채용 · 이전 기업 늘었다

28 신동아 (04.03.29). 박정희 정권의 행정 수도 이전 계획 비화

III. 청년 주거 정책의 허상

29 프레시안 (18.11.30). 타워팰리스보다 비싸다는 '호텔식 고시원'의 위엄

30 주택도시기금 홈페이지

31 경향신문 (22.08.20), 수염세, 창문세 걷던 시대에 탄소세를 상상이나 했겠나··· '세금의 흑역사'

32 JTBC (22.04.23). [밀착 뉴스] "월세 29만 원에 관리비 31만 원··· 전기 · 수도는 별도예요"

33 박미선 · 조윤지 (22.06.20). 청년가구 구성별 주거여건 변화와 정책 시사점. 국토연구원

Ⅳ. 저성장 시대, 청년이 원하는 일자리는 무엇일까? 그리고 일자리는 어떻게 만들어야 할까

34 민플러스. (19.05.08). '자유 시장경제' 위해 독점자본 규제한 미국

35 민플러스. (19.05.08.). 위의 기사

36 국세청 (21.11.09). [보도 자료] 코로나 경제 위기에 호황 업종을 영위하면서 반사 이익을 독점하고 부를 편법 대물림한 탈세 혐의자 세무 조사 실시

37 국세청 (21.11.09). 위의 보도자료

38 중소벤처기업부 (19.04.25). 기술탈취ZERO-기술탈취 · 기술유출 피해사례와 대응전략

39 국세청 (21.11.09). 앞의 보도자료

40 통계청 (23.02.20). 국민 삶의 질

41 서울경제 (19.09.30). [청론직설] "저출산은 치열한 생존 경쟁 탓… 복지 차원서 해결될 문제 아냐"

42 고용노동부 (21.04.14). 2020년 산업재해 사고사망 통계 발표 보도자료

43 연합뉴스 (22.11.06). 중대재해처벌법 이후 산재 사망 오히려 늘어… 1~9월 510명

44 근로감독관집무규정 제17조(감독 계획 통보) '지방관 서장은 정기 감독을 실시하려는 경우에 특별한 사유가 없는 한 감독일 10일 전에 해당 사업장에 그 사실을 문서로 통보하여야 하며, 사업장의 요청이 있는 경우에 10일의 범위에서 감독 일자를 조정할 수 있다.'

45 김린 (2021). 「국가 사무로서 근로감독 업무의 효율적 수행에 관한 법적 검토」 용역보고서. 고용노동부

46 EBN 산업경제 (22.09.12). 쿠팡, 일자리 창출 1위 비결은… "자동화 기술 대규모 투자

47 한겨레 (20.01.28). 배달의 민족처럼… 유니콘 기업 90% 국외 자본이 키웠다

48 고용노동부 (22.12.12). 미래시장노동연구회 권고문

49 동아일보 (23.02.09). '60세 정년' 도입 이후…퇴직 연령 53세→49.3세로 빨라졌다

50 우먼타임스 (22.12.05). 한국, OECD에서 26년째 부동의 1위는… 31% 남녀 임금 격차

51 헤럴드경제 (22.10.07). 예보관, 월 야근 52시간 · 초과 근무 33시간

V. 사람 나고 돈 났지 돈 나고 사람 났나, 사람을 존중하는 일자리는 진짜 만들 수 없는 걸까

VI. 지구를 이렇게 막 써도 될까, 정치가 환경 문제에 조금 더 관심을 기울인다면

VII. 모두가 아는 문제지만 바뀌지 않는 이유, 문제는 정치다

72 박상훈 (20.12.31). 국회의 기능과 역할, 무엇이 문제이고 어떻게 개선할 수 있을까. 국회미래연구원

73 박상훈. 위의 글

74 뉴스타파 (18.12.17). 20대 국회의원, 2년여 동안 문자발송비 40억 지출

75 동아일보 (23.03.02). '국회의원은 구속 중에도 月 1,300만 원' … '수당 방어'엔 여야 합심

76 한겨레 (09.07.22.). 날치기 방송법, 대리·재투표 흠집 '법정행'

77 국회 의안정보시스템

78 국회 회의록 (20.04.29). 법제사법위원회 전체 회의 회의록

79 국회 회의록 (20.05.20). 법사위 전체 회의 회의록

80 SBS 뉴스 (22.06.26). [SDF다이어리] 법조인 출신 국회의원 성적표는?

81 연합뉴스 (22.12.13). 尹 대통령 "포퓰리즘이 건강 보험 근간 해쳐" 文 케어 폐기 선언

82 이데일리 (23.03.11). 文 정부 지우기에 '한국판 뉴딜' 홈페이지도 닫았다

83 뉴스민 (22.05.20). [핵폐기물, 빨간불] ③ 고준위 방폐장 부지 선정 실패의 역사

84 한겨레 (22.11.08). 원전 폐기물 98% 포화…'영구 방폐장' 공론화 머리 맞댄다

VIII. 내가 납부하는 세금이 자랑스러우려면,
세금은 더 낮은 곳으로 가야 하지 않을까

85 아주경제 (22.06.29). [이북5도위원회 대해부-②] '역할 모호' 시장·읍면장에 연 수백만원 지급…친인척간 임명 의혹도

86 류정아 (2016). 대한민국예술원 발전전략 수립을 위한 기초연구, 한국문화관광연구원

87 민중의소리 (20.07.12). [하승수의 직격] 전직 국회의원 생일 축하까지 국민 세금으로?

88 연합뉴스 (19.11.21). 녹색당 "국회, 헌정회 지원 예산 상당 부분 세금 낭비… 삭감해야"